Disciplina Positiva
para crianças com deficiência

Disciplina Positiva
para crianças com deficiência

Como criar e ensinar todas as crianças a se tornarem resilientes, responsáveis e respeitosas

Jane Nelsen, ED.D.

Steven Foster, LCSW

Arlene Raphael, MS

Tradução de Fernanda Lee e Adriana Silva Fernandes

Título original em inglês: *Positive discipline for children with special needs: raising and teaching all children to become resilient, responsible, and respectful*
Copyright © 2011 by Jane Nelsen, Steven Foster e Arlene Raphael. Todos os direitos reservados.
Publicado mediante acordo com Three Rivers Press, selo da Crown Publishing Group, uma divisão da Random House, Inc., Nova York, EUA.

Esta publicação contempla as regras do Novo Acordo Ortográfico da Língua Portuguesa.

Editora-gestora: Sônia Midori Fujiyoshi
Produção editorial: Cláudia Lahr Tetzlaff

Tradução:

Fernanda Lee
Mestre em Educação, treinadora certificada em Disciplina Positiva para pais e professores, membro e conselheira internacional do corpo diretivo da Positive Discipline Association, fundadora da Disciplina Positiva no Brasil
www.disciplinapositiva.com.br | www.facebook.com/disciplinapositivaoficial

Adriana Silva Fernandes
Fonoaudióloga, pós-graduada em Educação inclusiva, terapeuta DIR/Floortime, educadora de pais e professores em Disciplina Positiva, criadora do projeto Afetoterapia

Revisão de tradução e revisão de prova: Depto. editorial da Editora Manole
Diagramação: Anna Yue
Capa: Ricardo Yoshiaki Nitta Rodrigues
Imagem da capa: istockphoto

CIP-BRASIL. CATALOGAÇÃO NA PUBLICAÇÃO
SINDICATO NACIONAL DOS EDITORES DE LIVROS, RJ

N348d

Nelsen, Jane
    Disciplina positiva para crianças com deficiência : como criar e ensinar todas as crianças a se tornarem resilientes, responsáveis e respeitosas / Jane Nelsen, Steven Foster, Arlene Raphael ; tradução Fernanda Lee, Adriana Silva Fernandes. - 1. ed. - Santana de Parnaíba [SP] : Manole, 2019
    240 p. ; 23 cm.

    Tradução de: Positive discipline for children with special needs : raising and teaching all children to become resilient, responsible, and respectful

    Apêndice
    Inclui bibliografia
    ISBN 9788520455456

    1. Crianças deficientes - Educação. 2. Educação especial. 3. Disciplina infantil. 4. Disciplina escolar. I. Foster, Steven. II. Raphael, Arlene. III. Lee, Fernanda. IV. Silva, Adriana. V. Título.

18-53811
                             CDD: 371.904
                             CDU: 376-05.34

Meri Gleice Rodrigues de Souza - Bibliotecária CRB-7/6439

Todos os direitos reservados.
Nenhuma parte desta publicação poderá ser reproduzida, por qualquer processo, sem a permissão expressa dos editores. É proibida a reprodução por fotocópia.
A Editora Manole é filiada à ABDR – Associação Brasileira de Direitos Reprográficos.

Os nomes e as características dos pais e crianças citados na obra foram modificados a fim de preservar sua identidade.

Edição brasileira – 2019

Direitos em língua portuguesa adquiridos pela:
Editora Manole Ltda.
Alameda América, 876
Tamboré – Santana de Parnaíba – SP – Brasil
CEP: 06543-315
Fone: (11) 4196-6000 | www.manole.com.br | https://atendimento.manole.com.br/

Impresso no Brasil
Printed in Brazil

Dedicatória de Jane
Apoio e amor incondicionais – seu nome é Barry.

Dedicatória de Steven
Este livro é dedicado com muito amor e gratidão infinita a minha esposa, Jean, e a minha filha, Jordan.

Dedicatória de Arlene
Dedico minhas contribuições escritas a meus amados pais, Mary e William, em carinhosa memória; a meu querido marido, Ravid; e a minha preciosa filha, Leila. Sou grata por tudo que eles têm me ensinado sobre gentileza, compaixão e amor incondicional.

SUMÁRIO

Sobre os autores   ix
Comentários sobre o *Disciplina Positiva para crianças com deficiência*   xi
Prefácio à edição brasileira   xv
Agradecimentos   xvii
Introdução   xxi

Capítulo 1   "Mas meu filho é diferente!"   1
Capítulo 2   Experimente estas novas lentes   11
Capítulo 3   Entendendo o cérebro – o seu e o deles   31
Capítulo 4   Pausa positiva   41
Capítulo 5   A história de Hannah: reconhecer e apoiar a criança como um todo   53
Capítulo 6   A história de Jamie: fortalecer o senso de aceitação e importância da criança   63
Capítulo 7   A história de Ricky: influenciar o potencial do seu filho   77
Capítulo 8   A história de Benjy: entrar no mundo da criança   91
Capítulo 9   A história de Natalya: oferecer oportunidades de conexão e contribuição sociais   111
Capítulo 10   A história de Damon: focar na criança, não em seu diagnóstico   127

Capítulo 11 A história de Lance: inspirar a criança por meio de suas interações   145

Capítulo 12 A história de Ari: acreditar na criança – a profecia autorrealizável   165

Capítulo 13 Combinar tudo: Disciplina Positiva ao longo do dia   187

Conclusão   205
Apêndice   207
Notas   209
Bibliografia   211
Índice remissivo   213

SOBRE OS AUTORES

JANE NELSEN é uma prestigiada terapeuta de casais e famílias da Califórnia e autora ou coautora de vinte livros, incluindo *Disciplina Positiva*, *Raising Self- Reliant Children in a Self-Indulgent World, Serenity, When Your Dog Is Like Family*, e mais 12 livros da série Disciplina Positiva. Ela completou seu pós-doutorado na University of San Francisco, mas seu treinamento formal foi secundário ao seu treinamento como mãe de sete filhos, avó de 22 e bisavó de 14. Ela agora compartilha essa riqueza de conhecimento e experiência em palestras e *workshops* em todo o mundo.

STEVEN FOSTER é um renomado assistente social clínico que vem trabalhando com crianças e famílias na área de Portland há mais de trinta anos. Durante o tempo em que trabalhou lá, dirigiu e projetou vários programas de tratamento para crianças pequenas e famílias que enfrentam desafios emocionais, sociais e comportamentais, sempre usando uma abordagem baseada em relacionamentos. Nos últimos dezesseis anos ele tem trabalhado como especialista em primeira infância no condado de Clackamas no serviço de educação de Portland. Lá, ele ajudou a criar uma variedade de serviços oferecidos a crianças desde o nascimento até os 5 anos e suas famílias. Educador de pais em Disciplina Positiva desde 2001, Steven também é um treinador certificado em Disciplina Positiva, certificando outras pessoas para o ensino em *workshops* sobre parentalidade. Ele também é um palestrante requisitado por seu trabalho com famílias e crianças com problemas de saúde mental.

ARLENE RAPHAEL é mestre em educação especial e treinadora certificada em Disciplina Positiva. Por mais de 35 anos, Arlene tem oferecido serviços para crianças com transtorno do espectro autista e para crianças com outras deficiências significativas. Isso inclui ensinar alunos em sala de aula e no contexto clínico, treinando seus instrutores em escolas públicas e privadas, bem como educando suas famílias por meio de *workshops* de educação de pais e consultas familiares. Ela tem desenvolvido e ministrado *workshops* de Disciplina Positiva para pais e professores de crianças com deficiência, incluindo crianças com transtorno do espectro autista. Arlene trabalha como professora adjunta em educação especial na Portland State University, onde supervisiona os professores e auxilia no desenvolvimento dos currículos dos cursos para candidatos a professores que atendem alunos com deficiências significativas.

COMENTÁRIOS SOBRE O DISCIPLINA POSITIVA PARA CRIANÇAS COM DEFICIÊNCIA

"Eu era culpado por mimar meu filho, inventar desculpas por ele e subestimar suas habilidades. Além disso, não o coloquei 'no barco' com meu outro filho. Eu tinha chegado a acreditar, de alguma forma, que ele tinha de fato necessidades 'especiais' – quando, na verdade, ele tem as mesmas necessidades de todas as crianças: se sentir aceito e importante. A leitura deste livro me ajudou a perceber que eu raramente (se é que alguma vez) perguntava ao meu filho como ele estava se *sentindo*. Agora eu faço disso uma prática comum. A cultura do autismo é um aspecto real, e nossa família luta contra esses desafios diariamente. Se o autismo ameaçar prejudicar sua capacidade de se comunicar e de interagir, nós revidamos. Mas meu filho não deve ser uma vítima desse cabo de guerra. Este livro nos pede para projetar trinta anos no futuro e imaginar a criança como um adulto. Ao completar o exercício, examinei meus próprios desejos: *O que eu quero?* Este livro forneceu minha resposta: Quero que ele se sinta aceito e importante. Eu não posso 'controlar' o autismo e não posso fazer promessas para um futuro que não é meu. No entanto, posso trabalhar nesses desejos agora e garantir que meu filho se sinta importante, amado e ouvido todos os dias. E isso não será mais feito por meio de mimos ou de desculpas, mas encorajando-o a pedir ajuda, a expandir seus limites, tendo expectativas ainda maiores sobre o que sei que ele é capaz de realizar e amando-o incondicionalmente – não porque ele é meu filho com deficiência, mas porque ele é meu filho."

—Amy Azano, Ph.D., Curry School of Education, University of Virginia

"Um recurso maravilhoso para pais e professores... proporciona um importante guia para entender o comportamento das crianças e a comunicação subjacente que ele representa. Aborda um conjunto muito empolgante de ferramentas para extrair o melhor das crianças com comportamentos difíceis, transformando esses comportamentos em comunicação mais clara e direta... Pais e professores de crianças com deficiência não devem deixar de buscar aqui a ajuda que precisam para trazer mais harmonia e conforto para suas vidas desafiadoras."

— **Deborah Herzberg, psicóloga escolar**

"A Disciplina Positiva nos ensina uma nova maneira de ver o comportamento da criança. O livro nos informa, profissionais e pais, que alguns dos comportamentos e 'erros' das crianças com deficiência são inocentes. Nós aprendemos que muitos comportamentos que causam disputas de poder e angústia na família são parte da deficiência da criança. Com esse conhecimento e com as ferramentas da Disciplina Positiva, podemos lidar com nossos filhos com maior compreensão e, consequentemente, ter menos disputas de poder."

— **Hilde Price-Levine, assistente social**

"Estou muito feliz que alguém finalmente tenha acertado!!! Existem numerosos livros que falam sobre como identificar uma criança com deficiência, mas poucos dão exemplos e ferramentas para ajudar os pais e os professores a lidarem com situações desafiadoras. Eu vibrei quando li na introdução que muitos só querem mandar nas crianças em vez de compreendê-las. Amei!!!"

— **Kim Dillon, educador de pais, Raleigh, Carolina do Norte**

"Este livro é excepcional... Os autores mostram uma profunda sensibilidade ao mundo interior das crianças com deficiência e apresentam intervenções sintonizadas que honram a criança de forma individual. Eles respeitosamente mostram o crescimento nos adultos quando aprendem a usar técnicas de Disciplina Positiva. Os conceitos apresentados neste livro são profissionais e educacionais. No entanto, o formato e a linguagem usados para explicá-los são facilmente compreendidos por uma ampla gama de pais e professores."

— **Nancy Lamb, Ph.D., psicóloga**

"A abordagem relacional e centrada na criança da Disciplina Positiva é intuitiva, comprovada, empática e 'baseada no cérebro' – concentrando-se em promover competências socioemocionais e de resolução de desafios sociocomportamentais para *todas* as crianças com alguma deficiência."
— **David W. Willis, MD, FAAP, pediatra comportamental e de desenvolvimento, diretor médico do Artz Center for Developmental Health and Audiology, Portland, Oregon**

"Depois de quarenta anos de experiência trabalhando com crianças com deficiência, é revigorante encontrar um livro que reconhece que toda criança precisa ser tratada como um indivíduo com potencial para o sucesso – especialmente uma criança com deficiência. Este livro guia o caminho com uma abordagem empolgante e fortemente embasada – incluindo uma estrutura clara e ferramentas práticas. É certamente uma fonte de informação e encorajamento para os pais."
— **Mary Jamin Maguire, MA, LP, assistente social**

"Como professor de educação, reforço aos meus futuros professores a ideia de que todas as respostas a perguntas dos alunos, certas ou erradas, têm uma lógica interna. Nós, como professores, devemos descobrir essa lógica antes de ajudarmos uma criança a descobrir outras formas de resolver a questão. O que eu amo neste livro é o reconhecimento da lógica dentro de *todas* as crianças e o compromisso de ouvir a criança com todos os nossos sentidos, enquanto as ajudamos a ir além dos comportamentos mal direcionados... Em um nível pessoal, ler este manual me lembrou de como acessar meu próprio eu mais elevado em todos os meus relacionamentos... Eu recomendo este livro fortemente."
— **Peter R. Thacker, Ph.D., professor associado, School of Education, University of Portland**

"[Este livro] é baseado na premissa de que todos os seres humanos têm necessidade de aceitação e de estarem conectados aos outros. Crianças com deficiência não são diferentes, no entanto, muitas vezes temos a visão equivocada de que são, o que pode resultar na visão distorcida do potencial dessas crianças. Todos nos sentimos melhor quando nos sentimos competentes e apreciados, e as crianças são do mesmo jeito... Este livro nos lembra de ter uma visão de longo prazo em mente: *todas* as crianças merecem saber que são amadas e importantes, e que elas têm a capacidade de trazer alegria e significado para a vida dos outros."

— Linda Dorzweiler, diretora associada, Clackamas County Children's Commission Head Start

"Escrito em um estilo prático, relevante e eficaz, este livro oferece percepções e orientação para os pais, e é uma leitura obrigatória para profissionais que trabalham com crianças com deficiência."

— Nocona Pewewardy, MSW, Ph.D., professora assistente, Portland State University School of Social Work

"As informações e histórias facilitam a leitura. Os escritores convidam o leitor a implementar as informações em suas próprias vidas."

— Debbie Stedman, professora do Head Start

"Proporciona aos pais uma série de estratégias para ajudar a fortalecer seus relacionamentos com os filhos, interagindo mais positivamente quando desafios de comportamento acontecem... As histórias [neste livro] são experiências diárias poderosas que são transformadoras quando olhamos para a situação do ponto de vista da criança e quando aplicamos as ferramentas certas para atender às necessidades de nossos filhos."

— David Allen, Ph.D., Portland State University

PREFÁCIO À EDIÇÃO BRASILEIRA

Quem conhece a fundo os princípios teóricos da Disciplina Positiva sabe que não ensinamos técnicas para manipular as crianças, mas sim ensinamos ferramentas práticas baseadas em neurociência para empoderar os adultos a educarem as crianças com respeito e dignidade, com firmeza e gentileza, com liberdade e limites. O caminho traçado por Jane Nelsen tem a consciência como chave para a mudança. Quando os responsáveis pela educação da criança entendem que a autoestima saudável tem como base o desenvolvimento da crença "eu sou capaz", eles podem concentrar seus esforços em ajustar seu próprio comportamento ao mesmo tempo que nutrem um ambiente em que a criança realmente se sinta aceita e importante em seu contexto social.

A forma que a Disciplina Positiva enxerga o papel da educação é uma grande quebra de paradigma, e convida a nossa sociedade a considerar uma nova mentalidade de educar em uma era de expansão tecnológica, pais super ocupados e crianças cada vez mais diagnosticadas em escolas e consultórios. Infelizmente, a maioria das escolas insiste em ensinar via punição e recompensa, os profissionais de saúde em rotular e medicalizar, e assim não se renovar frente às necessidades da atualidade. É preciso que não sejamos mais enganados pelos resultados imediatos que as ameaças e prêmios podem proporcionar em curto prazo, e estejamos mais dispostos a aprender abordagens que produzem resultados em longo prazo. Não são as crianças que estão doentes, mas é a nossa falta de preparo e de ferramentas para responder de maneira proativa aos diferentes estilos de aprendizagem e diversidade humana. Não são as crianças que estão malcomportadas, somos nós que não sabemos acolher crianças desencorajadas. Não são as crianças que têm deficiências, é a nossa visão sobre inclusão e diversidade que está deficiente. Estamos agindo de forma a impor às crianças para que elas sejam obedientes aos comandos ou para que sigam padrões, em vez de buscarmos maneiras de conquistar essas crianças em suas individualidades, e com isso obter delas cooperação espontânea. A Disciplina Positiva nos convida a experimentar novas lentes para enxergar essas e tantas outras questões da educação infantil.

Apresentamos este livro à Editora Manole para ser traduzido, pois acreditamos e praticamos todos os ensinamentos descritos nele. Ele é fruto da parceria de Jane Nelsen com os especialistas Steven Foster e Arlene Raphael, que trabalhando com crianças com deficiência e suas famílias perceberam o quanto a Disciplina Positiva pode potencializar a comunicação entre eles e com isso trazer alegria e valores respeitosos para criar as crianças. Esta edição brasileira é um presente das tradutoras para todos os pais, educadores e profissionais da saúde que acreditam que todas as crianças maximizam o seu potencial não por causa da ausência de desafios, mas essencialmente por causa deles. Por meio de histórias inspiradoras, os autores nos mostram que ao superar os muitos desafios cotidianos – sejam físicos, emocionais e/ou mentais – damos um novo significado ao sentido da vida e desenvolvemos resiliência por meio das nossas adversidades e a de nossas crianças (as quais acreditamos serem nossos maiores professores!). Em outras palavras, somos mais plenos quando aprendemos sobre nossos pontos fortes e fracos e superamos algo juntos. Por acaso, você leitor, conhece alguém que não tenha nenhum tipo de deficiência?

As crianças podem nos ensinar muito e queremos salientar que escolhemos traduzir o título *Disciplina Positiva para crianças com deficiência* por uma questão de terminologia adotada pela Convenção Internacional para Proteção e Promoção dos Direitos e Dignidade das Pessoas com Deficiência. Assim como pesquisamos a melhor maneira de apresentarmos as informações valiosas a esse respeito, você entenderá por meio da leitura deste livro sobre o *comportamento inocente*, ou seja, o que a criança faz como consequência das características do diagnóstico. Você também compreenderá que é a *resposta* do adulto que pode reforçar a experiência da criança como positiva ou negativa, ao passo que modifica a sua própria atitude.

Esperamos que aproveitem a leitura e coloquem em prática o que estão aprendendo!

As tradutoras

AGRADECIMENTOS

AGRADECIMENTOS DE JANE

Meus agradecimentos serão concisos – Steven e Arlene. Não tenho conhecimento na área de educação especial, no entanto, fiquei muito animada quando Arlene e Steven compartilharam o sucesso que estavam obtendo ao usar os conceitos e as ferramentas de Disciplina Positiva para crianças com deficiência, seus pais e professores. Eu imediatamente sugeri que eles escrevessem sobre isso – sabendo que o que tinham aprendido seria útil e encorajador para outras pessoas. Essa crença foi aprofundada após o primeiro *workshop* no *Think Tank* anual da Positive Discipline Association quando Aisha Pope foi até eles (com lágrimas nos olhos) e compartilhou: "Vocês estão me ensinando que eu consigo criar meu filho em vez de apenas gerenciá-lo".

Essencialmente, Steven e Arlene escreveram este livro. Nosso acordo foi que eles adaptariam os conceitos e ferramentas do primeiro livro de Disciplina Positiva para ilustrar o quão efetivas elas são com a população de crianças com deficiência. Eu, então, adicionei o toque de "Jane" depois de pronto, o que significa que eu teria que ver se tinha alguma coisa para adicionar. A escrita deles é tão requintada que eu tive muito pouco para adicionar.

Depois, teve Nate Roberson. Todo autor deseja um editor como Nate – responsivo, prestativo e encorajador. Nate concordou comigo sobre a escrita requintada e tinha apenas três sugestões de mudanças após ler o manuscrito.

Disciplina Positiva se baseia na filosofia e no trabalho de Alfred Adler e Rudolf Dreikurs, que tão firmemente ensinaram que todas as pessoas deveriam ser tratadas com dignidade e respeito. Eu sou muito grata a Arlene e Steven, que tiveram a percepção de ver como a dignidade e o respeito são adaptados para a população de crianças com deficiência.

AGRADECIMENTOS DE STEVEN

Eu li muitas vezes no passado que qualquer autor se ilumina na luz daqueles que brilharam antes. Agora sei que isso é verdade. Gostaria de agradecer a Jane Nelsen, que fez Adler e Dreikurs ganharem vida para mim e teve a confiança de me convidar para fazer parte deste projeto. Jody McVittie me ensinou que é sempre possível entender Adler mais profundamente e me encorajou a continuar fazendo isso. Arlene Raphael tem sido uma parceira fenomenal de escrita e colaboradora. Ela é um modelo de "conexão antes da correção". Nate Roberson, nosso editor na Three Rivers Press, compartilhou informações valiosas que me fizeram olhar para nosso material por um caminho diferente. (Ele realmente precisa parar de dizer que não é um escritor.) Janet Dougherty Smith, a recém-aposentada e sempre visionária diretora do Departamento de Educação dos Serviços de Primeira Infância do condado de Clackamas, que reconheceu o valor de trazer a Disciplina Positiva para o nosso programa e me apoiou para fazer isso acontecer. E, finalmente, as crianças e famílias com quem tive o grande privilégio de trabalhar e brincar. Afinal de contas, eles foram meus verdadeiros professores.

AGRADECIMENTOS DE ARLENE

Enquanto escrevia este livro, muitas vezes me lembrava da minha professora do 5º ano, Srta. Muransky, que passou inúmeras horas comigo depois da escola, durante um gelado inverno de Chicago, editando o romance de mistério que eu havia começado. Ela foi a primeira professora que reconheceu meu potencial criativo e encorajou-me a expressá-lo escrevendo sobre assuntos de grande interesse. Por tudo o que ela me ensinou, não apenas sobre a mecânica da escrita, mas sobre o coração e a alma da escrita, eu sou verdadeiramente grata.

Além disso, existem professores importantes que me deram *feedback* encorajador durante a escrita deste livro. Eu gostaria de agradecer a meus coautores brilhantemente produtivos, Jane Nelsen e Steven Foster, bem como o nosso editor altamente qualificado da Three Rivers Press, Nate Roberson. Suas sugestões perspicazes para melhorar a clareza dos capítulos que eu havia escrito foram extremamente úteis.

Sinto muita gratidão também pelos treinadores líderes da Disciplina Positiva dra. Jody McVittie e Jane Weed Pomerantz. Por meio dos seus ensinamentos inspiradores, entendi mais completamente a sabedoria dos princípios e práticas adlerianos.

Adicionados ao meu círculo de grandes professores estão as crianças, pais, especialistas, assistentes de educação e coordenadores de programas com quem tive o privilégio de me conectar durante meus muitos anos de trabalho no Programa de Educação dos Serviços de Primeira Infância do condado de Clackamas. Portanto, minha escrita foi influenciada por memórias vivas do dedicado e encorajador trabalho da especialista em autismo Patty Binder e outros membros da Equipe de Autismo Infantil. As famílias dedicadas e amorosas das crianças a quem atendi, e as próprias crianças, "meus filhos", que me ensinaram muito sobre como ajudá-los a aprender.

Finalmente, desejo expressar minha mais profunda gratidão ao meu marido, Ravid, por me ensinar o valor da atenção plena, equilíbrio e brincadeira em meio ao dilúvio de trabalho. E à minha filha Leila, por me ensinar, por meio de suas ações, como verdadeiramente servir aos outros seres humanos.

INTRODUÇÃO

Neste momento, em todo os EUA, e no mundo, existem pais e professores que estão lutando para criar ou ensinar alguma criança com deficiência. Essas crianças podem ter nascido com alguma condição cuja causa seja desconhecida, como o autismo. Elas podem ter desenvolvido tal condição como resultado de experiências ainda no útero, como é o caso do efeito do álcool sobre o feto. Ou elas podem ter adquirido uma condição, como lesões por traumatismo craniano, nas primeiras fases de desenvolvimento. Às vezes, essas crianças se comportam de maneira preocupante e perturbadora para os adultos que as amam e querem ajudá-las a aprender. Muitos desses pais e professores – e você pode ser um deles – se encontram usando ferramentas obsoletas que são tanto ineficientes como, muitas vezes, profundamente insatisfatórias.

Disciplina Positiva não é uma cura para nenhuma dessas condições que as crianças com deficiência podem ter apresentado ao nascimento ou adquirido depois. É uma abordagem voltada para criar e ensinar crianças que enfatiza ajudá-las a aprender valores sociais e habilidades de vida que irão auxiliá-las a tomar decisões responsáveis, que levam a uma vida mais produtiva e satisfatória. Ao contrário das abordagens tradicionais, que usam punições e recompensas para ensinar, a Disciplina Positiva oferece um conjunto completamente diferente de ferramentas. Todas essas ferramentas, que são discutidas em detalhes ao longo deste livro, são fundamentadas em respeito mútuo (isto é, respeito pelas nossas crianças e por nós mesmos), compreensão empática pelo ponto de vista das crianças e comunicação assertiva que as encoraja a aprenderem a resolver problemas. É uma abordagem que tem sucesso comprovado e, de fato, tem mudado a vida de muitos pais e professores. Para pais e professores de crianças com deficiência, a Disciplina Positiva oferece as mesmas perspectivas poderosas e práticas para ajudar as crianças a viverem felizes e capazes.

Neste livro, procuramos preencher uma lacuna na literatura para pais e professores de crianças com deficiência. Três coisas nos convenceram de que o tempo é ideal e a tarefa é vital. Primeiro, nós acreditamos fortemente que *todas* as crianças têm a necessidade de se sentirem aceitas e importantes de forma socialmente útil. Segundo, nós temos visto resultados surpreendentes quando tratamos crianças (com ou sem deficiência) e nós mesmos com dignidade e respeito, usando gentileza e firmeza ao mesmo tempo e tentando entender suas crenças por trás dos comportamentos. Terceiro, nós temos ouvido com muita frequência pais e professores com os quais temos trabalhado que, sim, Disciplina Positiva é uma perspectiva muito atraente, mas que não se aplica à *minha* criança ou aluno porque ela/ele tem (preencha aqui a deficiência). Nós queremos reafirmar aos pais e professores que Disciplina Positiva é de fato muito útil para as crianças com deficiência.

Nós nos dirigimos a pais e professores de crianças desde o nascimento até por volta dos oito anos. Não significa que a Disciplina Positiva não se aplica a crianças mais velhas. Optamos por isso apenas para manter controle sobre o escopo do livro.

Como suas crianças frequentemente se destacam de alguma forma, pais de crianças com deficiência também devem argumentar contra julgamentos de estranhos, professores, e até mesmo membros de suas próprias famílias. A maioria das informações e muitas das sugestões que recebem se referem a como *gerenciar* suas crianças. Arlene e Steven tiveram a oportunidade de apresentar alguns de seus materiais em Disciplina Positiva para pais de crianças com autismo na reunião anual de Disciplina Positiva para profissionais certificados. Um dos participantes também era pai de um menino de 4 anos com transtorno do espectro autista. Ela se aproximou deles depois da apresentação e, com os olhos cheios de lágrimas, disse: "Todas as pessoas que trabalham com intervenção precoce querem que eu apenas gerencie meu filho. Vocês estão dizendo que eu posso criá-lo".

Introdução

A ESTRUTURAÇÃO DO LIVRO

O Capítulo 1 dá uma breve informação sobre Disciplina Positiva, especialmente como ela se refere a crianças com deficiência tanto em casa como em sala de aula. No Capítulo 2, nós apresentamos mais detalhes sobre a abordagem da Disciplina Positiva para compreender os comportamentos, tanto o "mau comportamento" como o "comportamento inocente", no que concerne a crianças com deficiência. O Capítulo 3 apresenta algumas informações úteis sobre o cérebro, com foco na resolução de problemas. No Capítulo 4, discutimos um conceito chamado "pausa positiva", um dos pilares da filosofia da Disciplina Positiva que é não punitiva e respeitosa ao mesmo tempo. Os Capítulos 5-12 irão familiarizar você com a estrutura, baseada no trabalho de Alfred Adler, que constitui o alicerce da abordagem da Disciplina Positiva. Esses capítulos irão oferecer as principais ferramentas da Disciplina Positiva e discutir como podemos adaptá-las para crianças com vários tipos de deficiência. Cada um dos capítulos dessa seção se desenvolve em torno da história de uma criança. As crianças descritas nesses capítulos são crianças reais. Em alguns casos modificamos as informações sobre a identidade para preservar o anonimato, tanto das crianças como de suas famílias. O Capítulo 13 é um resumo abrangente das variadas ferramentas usadas em Disciplina Positiva com informação clara sobre como adaptá-las e aprimorá-las para o uso com crianças com deficiência.

Aqui vai um alerta: é simplesmente impossível entrar em detalhes sobre alguma das deficiências de modo a abrangê-la plenamente. Seria necessário um livro inteiro para cada uma delas. Contudo, queremos demonstrar como praticamente qualquer ferramenta da Disciplina Positiva para uma criança em desenvolvimento típico pode ser adaptada para uso com crianças com deficiência. Adaptação significa alteração no "sistema de entrega", ou seja, como a ferramenta é usada com o seu filho. A essência da ferramenta e a adesão aos valores da Disciplina Positiva são imutáveis.

Convidamos você a iniciar a leitura!

1

"MAS MEU FILHO É DIFERENTE!"

Por volta do início do século XX, em Viena, havia um psiquiatra, Alfred Adler, que foi contemporâneo e, por um período curto, colega de Sigmund Freud. Em um trabalho inovador, Adler rompeu com Freud e desenvolveu teorias de desenvolvimento humano que, mais tarde, foram significativamente aprimoradas por Rudolf Dreikurs. A Disciplina Positiva é baseada em teorias e métodos de Adler e Dreikurs.

Adler acreditava que a motivação primária de todos os seres humanos é serem aceitos e se sentirem importantes, e que pessoas psicologicamente saudáveis buscam esse senso de aceitação e importância de maneiras socialmente úteis. Com o "socialmente útil" queremos dizer duas coisas: primeiro, que as tentativas de uma pessoa de se conectar e se sentir importante atraem respostas positivas das pessoas ao seu redor; segundo, nós fazemos referência ao conceito criado por Adler e chamado por ele de *Gemeinschaftsgefühl*, traduzido como "interesse social". Adler acreditava que a saúde mental pode ser medida pelo grau de contribuição positiva de um indivíduo para sua comunidade. Assim, o propósito principal do *comportamento* é agir de acordo com essa motivação para alcançar um senso de aceitação e importância. Às vezes, as crianças (e os adultos) cometem "erros" sobre como encontrar aceitação e importância e "se comportam mal".

> O objetivo primário do comportamento é desenvolver um senso de aceitação e importância. Todos nós estamos constantemente tomando decisões relacionadas ao modo como vamos alcançar isso.

Todos estamos constantemente tomando decisões, conscientes ou inconscientes, em nosso cotidiano, relacionadas a como alcançaremos esse senso de aceitação. Esse processo começou no dia em que nascemos (e alguns acreditam que começa no útero). Essas decisões se desenvolvem no contexto das comunidades em que nos encontramos desde o nascimento: famílias, creches, escolas de educação infantil, salas de aula, grupos de amigos, grupos de trabalho e comunidades maiores. É crucial entender que as crianças com deficiência também tomam decisões sobre como encontrar aceitação e importância. Essas decisões podem parecer diferentes. Se as crianças são mimadas (uma enorme tentação para muitos pais de crianças com deficiência), elas podem decidir sentirem-se amadas quando os outros lhes dão "tratamento especial" e podem decidir usar suas deficiências para ganhar um senso de aceitação e importância. Portanto, pais e professores perdem as oportunidades de ajudar suas crianças a tomar decisões que as levem a se sentirem capazes. Outra possibilidade é que as crianças com deficiência podem ser negligenciadas, o que poderia, igualmente, confundir suas decisões sobre como conseguir aceitação e importância.

Dreikurs observou que as crianças podem facilmente satisfazer sua necessidade de aceitação por meio de maneiras equivocadas, referindo-se a essas maneiras como "objetivos equivocados de comportamento" (que discutiremos com mais detalhes no Cap. 2). Ele apontou que as crianças são excelentes expectadores e observadores; se você duvida disso, dê um passeio em torno do quarteirão com seu filho e observe quanto tempo leva para ele achar tudo infinitamente fascinante. No entanto, as crianças são notoriamente pobres intérpretes do que elas veem. Assim como interagem com as pessoas em seu mundo, as crianças tomam decisões com base em sua compreensão dos eventos. Essas decisões, muitas vezes baseadas em interpretações errôneas, levam-nas a buscar aceitação e importância de maneiras confusas e, às vezes, enfurecem os adultos que as amam.

> *Courtney, de 3 anos, tem síndrome de Down. Ela está brincando com a mãe quando o telefone toca. Sua mãe se levanta para atender o telefone e, enquanto ela está falando, Courtney se agarra aos joelhos da mãe e chora copiosamente. A mãe pede silêncio a Courtney, obtendo sucesso, mas, poucos instantes depois, ela percebe seus joelhos sendo atacados mais uma vez. Essa é uma cena que se repete inúmeras vezes, e a mãe está irritada novamente. Contudo, ela desliga o telefone com rapidez, pega Courtney e retoma a brincadeira, um pouco ressentida.*

O que poderia estar acontecendo com Courtney? Ela estava brincando com sua mãe, que deixa o jogo quando o telefone toca. Courtney observa isso, é claro, mas aprendeu a interpretar a situação erroneamente. Ela pode pensar que, para a mãe, o telefone é mais importante do que ela. Por qual outro motivo a mãe dela vai embora? Claro que isso não é verdade. No entanto, "verdade" não importa aqui. Se Courtney acredita que é verdade, ela pode desenvolver uma crença equivocada sobre o que deve fazer para sentir um senso de aceitação com sua mãe. (Há mais informações sobre crenças equivocadas no Cap. 2.) Ela pode acreditar que deve ser o centro da atenção de sua mãe, a fim de que se sinta conectada e importante. E sua mãe pode se sentir como se estivesse negligenciando a filha sempre que Courtney desvia sua atenção.

Essa cena pode acontecer – e com frequência acontece – em muitas casas, independentemente da condição da deficiência. Este é um ponto importante porque, quando Adler e Dreikurs sugeriram que todos os seres humanos são levados a buscar aceitação e importância de formas socialmente úteis, eles não queriam dizer *exceto para crianças com autismo, ou paralisia cerebral, ou síndrome de Down, ou transtorno do déficit de atenção e hiperatividade (TDAH), ou atrasos no desenvolvimento, ou qualquer uma das inúmeras condições que consideramos "necessidades especiais".* Todas as crianças estão aptas a interpretar mal suas experiências e a buscar objetivos equivocados. No entanto, Adler entendeu que as tendências das crianças para tomar decisões com base em suas interpretações errôneas são exacerbadas quando uma ou mais das seguintes questões é verdadeira:

1. Elas são mimadas.
2. Elas são negligenciadas.
3. Elas têm necessidades especiais. (Adler usou essas palavras antes de se tornarem politicamente inaceitáveis).[1]

Crianças com deficiência podem ser mimadas. Quando as mimam, os pais frequentemente subestimam as capacidades de seus filhos e usam sua condição como justificativa para baixas expectativas. Essas crianças podem ser inteligentes o suficiente para usar a simpatia de seus pais a fim de convencê-los de que elas possuem mais necessidades do que pode ser o caso.

---

[1] N.T.: O termo "pessoa com deficiência" é o mais correto atualmente.

Outras crianças com deficiência podem ser negligenciadas porque seus pais estão tão desanimados que desistem e negligenciam seus filhos emocionalmente, ou até no aspecto físico. Essas crianças não recebem a orientação que precisam para aprender a encontrar aceitação e importância de formas socialmente úteis.

Comportamentos inocentes

Como veremos em capítulos posteriores, as crianças com deficiência podem demonstrar algum comportamento que não seja socialmente aceito, mas sim "inocente", ou seja, relacionado à deficiência da criança. Por exemplo, uma criança com síndrome de Tourette, quando faz barulhos incomuns, muito provavelmente não está demonstrando um mau comportamento. Em geral, trata-se de um "comportamento inocente" decorrente de sua condição.

A maneira como respondemos a esse comportamento pode determinar se ele se torna ou não um comportamento de objetivo equivocado. A deficiência da criança não torna *todos* os seus comportamentos "inocentes". Como veremos em capítulos posteriores, as crianças com deficiência também seguem objetivos equivocados. Diferenciar entre os dois tipos de comportamento (inocente e objetivo equivocado) é o grande desafio para pais e professores. Nossa intenção é apresentar conceitos e ferramentas da Disciplina Positiva que serão úteis para ambos.

As lentes

Disciplina Positiva não é, certamente, uma cura para nenhuma das condições mencionadas. No entanto, uma vez que aceitação e importância são tão vitais para uma vida feliz e satisfatória, precisamos encontrar maneiras de ajudar *todas* as crianças a alcançá-las. Pais de crianças pequenas com deficiência têm dificuldades com uma série de tarefas extras que devem ser conciliadas constantemente. Essas tarefas incluem todas aquelas que qualquer pai enfrenta: retirar as crianças da cama e sair com elas de manhã, fazê-las dormir, vesti-las, alimentá-las, gerenciar o aprendizado do uso do banheiro (uma maneira muito mais agradável de pensar do que "treinamento"), encontrar instituições de cuidado/cuidadores etc. Eles devem adicionar a essas tarefas a sobreposição, muitas vezes complicada, de alguma deficiência de seu filho. Além disso, muitas vezes precisam comparecer a consultas médicas ou clínicas e reuniões de educação especial, enquanto tentam descobrir como pedir ainda mais tempo de *folga* do trabalho ou como fazer para estar no jogo de futebol do seu outro filho.

Em grupos de apoio/estudo de pais de crianças com deficiência, nós trabalhamos duro para apresentar a Disciplina Positiva não como uma cura, mas como uma *lente* para os pais enxergarem seus filhos (e a si mesmos) de forma diferente. Dizemos que esses pais têm duas perspectivas a superar. A primeira é a perspectiva tradicional de educação infantil, que defende que, quando as crianças se comportam mal, elas devem ser punidas de tal forma que aprendam a não repetir o mau comportamento; e que, quando elas são "boas", devem ser recompensadas para garantir que esse bom comportamento continue. A segunda visão é talvez mais difícil de superar para alguns pais. Por causa da gama de comportamentos desafiadores que as crianças com deficiência podem apresentar, podemos pensar que elas não têm as mesmas necessidades de aceitação e importância que outras crianças. No primeiro encontro, nós distribuímos óculos tridimensionais para os pais, como uma maneira experimental de enfatizar que devem olhar de forma diferente os comportamentos de seus filhos e suas próprias respostas a esses comportamentos.

Vamos dizer claramente: crianças com deficiência de qualquer tipo ainda têm as mesmas necessidades de aceitação e importância, e demonstram isso de maneiras que despertam respostas positivas daqueles que os rodeiam. O que difere é como nós, pais e professores, devemos adaptar nossas interações com essas crianças, entendendo de fato suas deficiências, sem permitir que as necessidades delas bloqueiem nossa visão acerca do que elas são realmente.

Educação

Os pais de crianças com deficiência sempre souberam que suas crianças mereciam o mesmo amor e atenção que as outras crianças. Eles também sempre souberam que seus filhos tinham direito a serem educados considerando o melhor de suas habilidades. Como sociedade, nem sempre tratamos a educação de crianças com deficiência com a devida urgência.

Em 1975, o Congresso dos Estados Unidos aprovou um marco da legislação chamado de Lei de educação de todas as crianças deficientes, Direito Público 94-142. Ao longo dos anos, o ato foi alterado e atualizado, e é agora chamado de Lei de educação de indivíduos com deficiências (IDEA, do inglês *individuals with disabilities education act*). Em essência, a lei começou a acompanhar o que os pais sempre souberam: nossas crianças, *todas as nossas crianças*, devem ter sua educação levada a sério. A lei garante a todas as crianças com deficiência o direito a uma "educação pública apropriada e gratuita". Também garante aos pais de crianças com deficiência o direito de se envolverem na educação de suas crianças, defender seus direitos e ser ouvidos.

Segundo o Department of Education dos Estados Unidos, em 1970, apenas uma em cada cinco crianças com deficiência estava sendo educada. Vários estados, na verdade, tinham leis *excluindo* crianças com deficiência de frequentar escolas *públicas*. Muitas crianças foram internadas, e sua educação, negligenciada. Embora aqueles de nós que trabalhamos em educação especial estejamos bem cientes dos requisitos de burocracia, por vezes esmagadora, é fato que, a partir do momento que os pais de crianças com deficiência convenceram o Congresso a promulgar a lei, a IDEA tem sido fundamental na mudança de como nossa sociedade, como um todo, vê essas crianças.

Professores em educação especial e educação regular são confrontados com o atendimento das necessidades educacionais das crianças cujas deficiências representam um amplo espectro de condições. Algumas dessas crianças estão em educação especial em tempo integral, algumas em educação regular em tempo integral, muitas em alguma combinação dos dois. Algo que todas elas têm em comum é que, quando seu comportamento não é "socialmente útil", isso interfere em sua capacidade de absorver as experiências acadêmicas tanto como poderiam. Não é exagero dizer que os professores de crianças com deficiência podem se sentir muito desafiados por esses comportamentos.

Kaleb, de 4 anos, frequenta a pré-escola no programa americano "Head Start". Ele tem sido acolhido pela educação especial da primeira infância (em inglês, early childhood special education – ECSE) para atrasos no desenvolvimento. Embora, obviamente, muito brilhante, Kaleb tem dificuldade com as mais simples expectativas de uma sala de aula pré-escolar. Ele se recusa a vir para a hora da roda, em vez disso, se esconde embaixo do cavalete de pintura. Quando encorajado a sair e encontrar um lugar com o grupo, ele grita "Não!" e diz ao professor que quer sair da sala imediatamente. Após assegurá-lo de que o grupo irá lá fora mais tarde, mas que esse momento da roda vai acontecer antes, ele pula, corre para o centro da sala, cruza os braços dramaticamente e grita "Tudo bem!". Mesmo assim, ele permanece longe da roda.

Escolas de educação em todo os Estados Unidos estão enfrentando desafios de comportamento como esse em seus currículos para professores aspirantes. Existem várias abordagens diferentes sendo oferecidas. O que todas elas têm em comum é que veem comportamentos como os de Kaleb como obstáculos que devem ser superados para que as crianças possam obter maior acesso a todas as experiências educacionais positivas que suas escolas oferecem. (Voltaremos ao caso de Kaleb no final deste capítulo.) Para entender o comportamento no contexto de sala de aula, muitos programas ensinam avaliação comportamental funcional, uma ferramenta que usa observação meticulosa para determinar o que pode ser que as crianças como Kaleb estão querendo dizer com seu comportamento ou o que elas podem estar tentando evitar ao agir assim. Além disso, muitas abordagens comportamentais agora ensinadas na graduação de escolas de educação, para seu mérito, estão começando a reconhecer o poder da relação entre professores e alunos a fim de ajudar estes últimos a desenvolverem as habilidades para gerenciar seu próprio comportamento. E, finalmente, sistemas bem pesquisados como Intervenções e apoios comportamentais positivos descobriram que qualquer sistema deve ser ensinado pelo menos em toda a escola (e de preferência em todo o distrito escolar) e em diversos níveis, desde um currículo geral para a maioria dos alunos até intervenções mais especializadas para crianças cujos comportamentos apresentam desafios mais significativos.

Criar e educar com uma visão de longo prazo

Com esse tipo de preparação disponível para professores aspirantes, é razoável se perguntar o que a Disciplina Positiva tem a oferecer de diferente e que poderia melhorar e aprofundar sistemas como Intervenções e apoios comportamentais positivos. Para começar a responder a isso, vamos realizar um exercício juntos. Pense no seu filho com deficiência, no seu próprio filho se você for pai ou mãe, ou em um estudante que você conhece, se você for um professor. Faça uma lista dos comportamentos que você acha mais desafiadores. Se você é como os pais e professores em nossos *workshops*, a lista se parecerá com esta:

- Grita
- Bate
- Faz birras
- Choraminga
- Exige

- Fixações estranhas
- Interrompe a aula
- Foge
- Esconde-se
- Recusa-se a fazer as coisas

Para muitos grupos, a lista poderia continuar eternamente. Agora, vamos idealizar um outro momento. Depois de ler este parágrafo, coloque o livro de lado e feche os olhos. Imagine que você está sentado confortavelmente em sua sala de estar ou sala de aula e trinta anos se passaram. Você ouve alguém bater à porta. A porta se abre, e entra a criança que você tinha em mente quando nós fizemos a lista de comportamentos desafiadores. Essa criança agora está crescida, tem entre 30-38 anos. O que você gostaria que fosse verdade sobre esse adulto em sua sala de estar ou sala de aula?

Novamente, se suas respostas forem como as dos grupos em nossos *workshops*, a lista incluirá pontos como:

- Confiante
- Educado
- Compassivo
- Com senso de humor
- Trabalhador
- Honesto

- Respeitoso
- Independente
- Saudável
- Bom pai/mãe
- Simpático
- Gentil

(Uma de nossas respostas favoritas foi a de um pai que, quando perguntado o que ele queria que fosse verdade sobre seu filho trinta anos depois, respondeu: "Basta vir me visitar". Que maneira maravilhosa de descrever a independência!)

Ao adotar a abordagem da Disciplina Positiva, estamos adotando uma abordagem de visão de longo prazo. Estamos preocupados com os tipos de homens, mulheres, pais e cidadãos que nossos filhos serão. As abordagens comportamentais defendidas em muitos encontros para pais e ensinadas na

"Mas meu filho é diferente!"

maioria das escolas, de fato, funcionam. *Sim, você leu corretamente!* Recompensas e punições funcionam. Sistemas construídos por meio de adesivos para bom comportamento e de perda de privilégios para mau comportamento são todos eficazes no curto prazo. Disciplina Positiva – uma abordagem competente construída sobre uma base de respeito mútuo, utilizando gentileza e firmeza ao mesmo tempo, com ênfase na solução de problemas e no ensino de valiosas habilidades sociais e de vida – pode não fornecer resultados rápidos, em especial se você estiver usando um estilo muito diferente atualmente. Contudo, acreditamos que isso levará as crianças a desenvolverem os traços de caráter e as habilidades necessários para a segunda lista que você fez anteriormente. Disciplina Positiva é baseada em pesquisas recentes de saúde pública que demonstraram que uma abordagem focada em disciplina leva as crianças a desenvolverem uma responsabilidade maior sobre suas vidas e aumento do sucesso acadêmico.[1] É também baseada em pesquisas realizadas nas duas últimas décadas que atestam a importância da conexão emocional entre crianças e adultos (pais *e* professores) para o desenvolvimento potencial do cérebro.

De volta à sala de aula de Kaleb, sua professora, usando uma técnica da Disciplina Positiva, primeiro se perguntou como *ela* estava se sentindo a respeito do comportamento de Kaleb, sabendo que esta era a pista para ajudá-la a entender a crença por trás do comportamento e, portanto, algumas soluções possíveis. Ela percebeu que ficava irritada quando o comportamento se repetia e preocupada que Kaleb não estivesse se beneficiando da diversão que o resto da turma estava desfrutando na roda. A reação emocional da professora foi uma pista poderosa de que Kaleb estava desenvolvendo o objetivo equivocado de "atenção indevida". (Você aprenderá como determinar o objetivo equivocado no próximo capítulo.) Munida desse conhecimento, ela fez um plano.

Antes da hora da roda seguinte, ela mostrou a Kaleb uma folha "primeiro/depois". Nessa folha estavam duas fotos: logo abaixo do título "Primeiro" havia uma foto de crianças na hora da roda; logo abaixo do título "Depois" havia uma foto de crianças brincando lá fora. Ela também disse a Kaleb que estava realmente animada para brincar de pique-esconde com ele lá fora. Na hora da roda, Kaleb ainda estava ansioso. A professora viu Kaleb olhar repetidamente para a folha "primeiro/depois", mas ele ficou na roda até a hora de sair. A brincadeira de pique-esconde depois foi muito divertida.

Pode ser muito encorajador pensar em um desafio de comportamento como uma oportunidade para ensinar habilidades sociais e de vida que ajudem sua criança a crescer como um adulto contribuinte, capaz e feliz. Mantenha os resultados finais em mente enquanto aproveita o momento com a criança agora.

2

EXPERIMENTE ESTAS NOVAS LENTES

Alan, de 4 anos, tem uma linguagem verbal extremamente limitada; é raro ele interagir com outras pessoas, exceto com seus pais. Ele não brinca com brinquedos, como outras crianças da sua idade, e se mostra alarmado ou chateado quando ouve certos sons do ambiente ou quando as pessoas ficam muito perto dele.

A equipe de avaliadores da escola de Alan determinou que ele atende aos critérios para o transtorno do espectro autista, e, com seus pais, foi decidido que suas necessidades educacionais poderiam ser mais bem atendidas na educação infantil especial dentro da escola pública de ensino fundamental I.

Durante as primeiras duas semanas, na chegada à escola, Alan caminhou do carro para o prédio de mãos dadas com a mãe. Mas, assim que passava pela porta da escola, começava a se apoiar em sua mãe e depois parava de andar. A mãe o lembrava verbalmente de que ele deveria andar, enquanto gentilmente o puxava. Alan várias vezes puxava o corpo na direção oposta. Depois, sentava-se no chão do corredor da escola e começava a bater repetidamente no chão com as palmas das mãos. Alguns dias, a mãe de Alan reagiu pegando-o e levando-o para a sala de aula. Outros dias, ela tentou ajudá-lo a andar, levantando-o para uma posição em pé para que seus pés pudessem sustentar algum peso e arrastando-o pelo corredor até a sala de aula. Na maioria dos dias, Alan passivamente permitiu que ela o carregasse ou o levasse "andando". Ocasionalmente, ele usou mais força física para fugir dela, arranhou seus braços e depois sentou-se no chão enquanto gritava e chorava.

Esse comportamento é exclusivo de uma criança com deficiência? Não. Uma situação como essa, em que a criança mostra relutância em iniciar um novo programa escolar, é comum em ambientes de educação infantil, independentemente de a criança ter deficiência. Uma nova sala de aula com pessoas desconhecidas, no início do ano letivo, pode ser uma experiência assustadora para qualquer criança pequena. Por conhecer muito poucas pessoas na sala, ela pode não sentir um senso de pertencimento. Tendo passado pouco tempo na sala de aula, qualquer criança pode inicialmente não entender as propostas, nem sentir uma sensação de importância enquanto estiver lá. Como resultado, ela pode tentar ganhar a aceitação e a importância de maneiras que não são socialmente úteis.

Quando uma criança tem uma deficiência, as limitações associadas a essa condição (p. ex., atrasos na comunicação, dificuldades com o processamento de informações de seus vários sentidos, atrasos na cognição etc.) podem levar a níveis ainda maiores de desconforto. Os comportamentos resultantes podem parecer exagerados por dois motivos. Primeiro, a criança pode ter muitos medos plausíveis em relação a aceitação e importância nesse ambiente novo e desconhecido. Segundo, suas maneiras de demonstrar desconforto podem parecer incomuns, e até mesmo assustadoras, para as pessoas ao seu redor (p. ex., uma criança que não fala pode fazer barulhos altos, uma criança com deficiência na regulação sensorial pode mover seu corpo de maneiras atípicas, uma criança que tem problemas de processamento de informações pode não responder rapidamente ou pode não parecer compreender).

A perspectiva da Disciplina Positiva sobre comportamentos equivocados é a mesma, tanto para crianças com deficiência como para crianças sem: (1) crianças têm necessidade de se sentir aceitas e importantes; (2) uma criança que tem uma crença equivocada sobre como conseguir aceitação e importância pode decidir se envolver em comportamentos que não são socialmente úteis; (3) entender essas crenças equivocadas permite que pais e professores respondam de maneiras úteis.

Perspectiva da Disciplina Positiva

- As crianças precisam se sentir aceitas e importantes.
- Uma crença equivocada sobre aceitação e importância pode levar a criança a "se comportar mal".
- Compreender as crenças equivocadas nos permite responder de maneira útil.

Além disso, a perspectiva da Disciplina Positiva vê cada criança como única e valiosa e leva em conta tanto os pontos fortes como os desafios de aprendizado. Da mesma forma que encorajamos *qualquer* pai, mãe ou professor a escolher uma ferramenta de Disciplina Positiva apropriada para a criança e a situação, encorajamos a adaptação das ferramentas para torná-las úteis e apropriadas para crianças com deficiência.

Neste capítulo, usaremos exemplos para ilustrar como os desafios de comportamento de crianças com deficiência podem ser vistos através da lente da Disciplina Positiva. Além disso, apresentaremos o Quadro dos objetivos equivocados, o "mapa" da Disciplina Positiva para (1) determinar qual crença equivocada está operando quando uma criança com deficiência se comporta de maneiras que não são socialmente úteis e (2) decidir o que fazer, preventivamente e em resposta ao comportamento equivocado. É importante para você, mãe, pai ou professor de crianças com deficiência, entender que nós podemos determinar a crença por trás do comportamento dessa criança exatamente da mesma maneira que nós faríamos para *qualquer* criança. A esse respeito, a deficiência do seu filho é apenas uma consideração, pois *qualquer* criança pode desenvolver e apresentar um comportamento equivocado.

A lente da Disciplina Positiva

Todas as crianças buscam aceitação e importância

Alan, na história citada, tem necessidade de aceitação e importância? Alguns podem dizer: "Não, Alan não tem necessidade de se sentir aceito. Ele tem autismo!", e continuar a perpetuação do mito de que crianças com autismo são incapazes de relações sociais íntimas e não demonstram necessidade de pertencer ou senso de pertencimento. Da mesma forma, eles podem dizer: "Não, Alan não tem necessidade ou senso de importância porque seus atrasos nas habilidades de desenvolvimento, combinados com sua deficiência sensorial, impedem sua compreensão de sentir-se importante".

Através das lentes da Disciplina Positiva, acreditamos que Alan e todas as crianças com deficiência, independentemente do tipo ou grau, têm *uma necessidade e um senso de aceitação*. Especialmente para crianças que têm dificuldades em formar e manter relacionamentos, ser aceito em uma comunidade apoiadora e carinhosa é crucial.

Além disso, as crianças que são acometidas significativamente por uma condição que afeta sua capacidade de interagir efetivamente com os outros de fato têm um senso de aceitação. Observamos isso, por exemplo, quando a criança pequena com autismo corre na direção do pai (após a chegada do pai na escola) e começa a pular, abre seus braços e faz sons alegres, o tempo todo sem olhar diretamente para o rosto de seu pai. Isso é evidente quando a criança com um transtorno de ansiedade se agarra à mãe quando visitam a casa de um vizinho. Nós vemos isso também quando a criança profundamente afetada, com múltiplas deficiências (visual, motora, mental), sorri ao ouvir a voz de seus pais ou vira a cabeça na direção do seu cuidador. Alan, na história citada, segurou a mão da mãe, puxou-a e permitiu que ela o carregasse ou o levasse "andando" pelo corredor. Esses são apenas pequenos exemplos das muitas maneiras pelas quais crianças com deficiência mostram seu senso de aceitação.

Reconhecemos que pode ser difícil para nós discernirmos se os comportamentos de uma criança indicam necessidade e senso de aceitação. No entanto, os esforços da criança para preencher essa necessidade de um senso interno de aceitação por meio de suas ações são implacáveis. Como pais e professores dessas crianças, devemos estar atentos para o desafio de ver as coisas que elas fazem como tentativas de serem aceitas, como nós faríamos com qualquer criança. Então devemos ajudá-las a expressar essas tentativas de forma mais clara e socialmente útil.

Através das lentes da Disciplina Positiva, acreditamos que Alan e todas as crianças com deficiência, independentemente do tipo ou grau, têm necessidade e senso de importância. Se oferecemos um método de escolha que esteja dentro de suas capacidades (p. ex., usando palavras, apontando para fotos, olhando ou orientando o corpo para um objeto desejado etc.), crianças com deficiência geralmente respondem de acordo, demonstrando quais escolhas são significativas e importantes para elas. E se for oferecido algo que não seja do seu agrado, crianças com deficiência podem usar variados meios para recusar (usando palavras, chorando, empurrando, afastando-se, fechando os olhos etc.).

> Devemos superar o desafio e olhar as coisas que nossas crianças fazem como tentativas de se sentir aceitas, como faríamos com qualquer criança.

Ao fazer escolhas e ao recusar objetos ou atividades, as crianças com deficiência comunicam sua necessidade e senso de importância. Suas vocalizações ou ações comunicam: *eu escolho isso porque é importante para mim*, ou *eu rejeito isso porque não é importante para mim.*

Na história sobre Alan, sua necessidade e senso de importância são demonstrados quando ele para na porta da escola, quando puxa sua mãe e quando permite que ela o carregue ou o leve "andando". Há muitos comportamentos que as crianças com deficiência apresentam para tentar ganhar importância. Quando você adquire um nível de compreensão elevado sobre como seus filhos demonstram sua necessidade e senso de importância, você pode ajudá-los a adquirir maneiras mais úteis socialmente de se expressar.

Crenças equivocadas sobre aceitação e importância levam a um comportamento mal direcionado

Para entender como ajudar crianças com deficiência que apresentam desafios de comportamento, devemos primeiro entender as crenças equivocadas por trás desses comportamentos. Muitas vezes sem ter consciência disso, nossas crianças estão tomando decisões sobre si mesmas, sobre seu mundo e o que elas devem fazer para prosperar ou sobreviver nele. Como nós vimos por meio da história sobre Courtney, no Capítulo 1, essas decisões podem ser tomadas com base em interpretações imprecisas sobre aceitação e importância – em outras palavras, com base em crenças equivocadas. Quando as crianças agem com base em crenças equivocadas, envolvendo-se em comportamentos que não são socialmente úteis, é provável que elas despertem sentimentos indesejados nos pais e professores e possam ainda provocar respostas indesejadas. Uma análise do Quadro dos objetivos equivocados ajudará você a ter clareza sobre possíveis crenças equivocadas que fundamentam os comportamentos desafiadores das crianças.

Como podemos ver no quadro, há quatro crenças equivocadas por trás dos comportamentos das crianças quando esse comportamento não é socialmente útil (quinta coluna). Associado a cada uma das crenças equivocadas há um objetivo equivocado (primeira coluna) que a criança, sem consciência disso, revela mediante suas ações equivocadas. Ambas as crenças e objetivos relacionados são considerados *equivocados* porque eles as levam a realizar tentativas falhas de conseguir aceitação e importância.

Os sentimentos e reações do adulto em relação ao comportamento da criança (segunda e terceira colunas) e a forma como a criança responde às tentativas do adulto para parar o comportamento (quarta coluna) são pistas para o objetivo equivocado do comportamento da criança. Ao descobrir o objetivo equivocado, o adulto pode entender a crença equivocada por trás do comportamento da criança, entender a "mensagem decodificada" que a criança realmente quer comunicar (sexta coluna), e substituir as respostas ineficazes do próprio adulto (terceiro coluna) por respostas proativas e encorajadoras (sétima coluna).

Como você saberá quando os comportamentos da criança com deficiência estão relacionados a crenças equivocadas que levam a tentativas equivocadas de conseguir aceitação e importância? Os exemplos a seguir irão ajudá-lo.

Noah, de 5 anos, gostava da hora da roda na pré-escola do bairro que frequentava. Embora tivesse um histórico de atraso do desenvolvimento, em especial na área de comunicação, ele frequentemente usava a linguagem que tinha para comunicar suas necessidades e desejos e expressar suas opiniões sobre as coisas. Todos os dias, na hora da roda, não era incomum que Noah interrompesse sua professora de forma barulhenta, muitas vezes durante a atividade, para pedir suas músicas e histórias favoritas ou para expressar sua insatisfação pelo que ela tinha escolhido. Sentindo-se irritada com as interrupções repetidas de Noah, a professora o lembrava frequentemente de que ele deveria manter sua voz quieta quando ela ou os outros estivessem conversando. Ele geralmente parava por cerca de um minuto, mas depois voltava a interromper. Em alguns dias, Noah se mostrava especialmente persistente em expressar seus pensamentos e em levantar-se enquanto falava, em um esforço incansável para conseguir que sua professora o escutasse e respondesse a ele.

Quais são as pistas nesse cenário que nos ajudam a entender a motivação subjacente dos atos contínuos de Noah ao interromper a atividade de roda? Primeiro, vamos ver as respostas da professora: ela *se sentiu incomodada* e lhe deu *lembretes frequentes* para que Noah ficasse quieto quando as pessoas estavam conversando. E o que fez Noah em resposta aos lembretes? Ele *parou temporariamente*, mas depois *retomou* as verbalizações indesejadas e, em seguida, levantou-se enquanto falava, quando só falar não era o bastante. Uma análise da segunda, terceira e quarta colunas do Quadro dos objetivos equivocados revela que Noah, erroneamente, acredita que ele é aceito ou é importante somente quando está sendo notado (quinta coluna), e o objetivo equivocado relacionado a suas ações é atenção indevida (primeira coluna). Isso é, a motivação decodificada aos atos de interrupção de Noah é a crença equivocada de que, recebendo atenção indevida, ele vai conseguir um senso de aceitação e importância. Se Noah usasse uma camiseta com sua mensagem oculta escrita nela em negrito, para que sua professora pudesse ver, ela diria: *"Perceba-me! Envolva-me de maneira útil"*.

Para responder à mensagem decodificada de Noah, a professora pode convidá-lo para escolher uma música ou história favorita antes da hora da roda. Durante a atividade, se Noah interromper, a professora pode gentilmente colocar a mão no ombro de Noah enquanto não dá atenção às suas explosões. Pode demorar um pouco para Noah mudar seu comportamento, mas será mais fácil para a professora seguir adiante sem dar atenção ao "mau comportamento" quando ela sabe que deu a Noah a atenção apropriada, tendo paciência e confiança de que ele aprenderá o que funciona e o que não funciona.

Rebecca, de 6 anos, gosta de colecionar miniaturas de cavalos. Esse interesse começou há dois anos, quando ela estava na pré-escola e sua turma fez uma excursão a uma fazenda local. A caminho da fazenda, a mãe de Rebecca parou em um mercado próximo. Enquanto sua mãe comprava as coisas para o jantar, Rebecca encontrou o cavalo que estava perto do caixa. Quando a mãe de Rebecca começou a retirar suas compras para pagar, Rebecca colocou vários cavalos de brinquedo na esteira. A mãe falava e fazia sinais para Rebecca, explicando para a filha deficiente auditiva que apenas a comida para o jantar seria comprada naquele dia. Rebecca se recusou a devolver os cavalos na prateleira e, em vez disso, segurou-os na esteira do caixa. Sentindo-se desafiada pela falta de cooperação de Rebecca, a mãe levou-a rapidamente até a prateleira e obrigou-a a devolver os cavalos. Quando a mãe voltou para o caixa, Rebecca pegou os cavalos e correu com eles para um corredor próximo, onde sua mãe podia vê-la, mas não conseguia alcançá-la facilmente. A mãe chamou Rebecca, agora em uma voz mais alta ao fazer os sinais, mandando que devolvesse os cavalos para a prateleira. Rebecca segurou os cavalos perto do peito e ficou parada. Não querendo criar uma cena no mercado, a mãe de Rebecca disse-lhe que compraria um cavalo para ela. Rebecca devolveu dois dos cavalos e trouxe um com ela para o caixa. Desde aquele dia, a mãe de Rebecca compra-lhe um pequeno cavalo toda vez que vão juntas a uma loja que venda seu brinquedo favorito. Sua coleção agora excede cem cavalos.

Quadro dos objetivos equivocados

O objetivo da criança é:	Se o pai ou mãe/educador se sente:	E tende a reagir:	E se a resposta da criança é:	A crença por trás do comportamento da criança é:	Mensagens decodificadas:	Respostas proativas e encorajadoras dos pais/ educadores incluem:
Atenção indevida (para manter os outros ocupados ou conseguir alguma vantagem especial)	Aborrecido Irritado Preocupado Culpado	Lembrando Adulando Fazendo coisas pela criança que ela poderia fazer por si mesma	Para o mau comportamento por um tempo, mas depois retomá-lo ou assume outro comportamento irritante	"Sinto que sou aceito somente quando estou sendo percebido ou conseguindo alguma vantagem especial". "Sinto que sou importante somente quando mantenho você ocupado comigo".	Perceba-me. Envolva-me de maneira útil	Redirecione o comportamento da criança para uma tarefa útil para ganhar atenção; diga o que você vai fazer (ex.: "Eu amo você e vou passar um tempo com você depois"); evite oferecer vantagens especiais; tenha confiança na criança para lidar com sentimentos (não faça as coisas por ela nem a resgate); programe um momento especial; ajude a criança a criar um quadro de rotina; envolva a criança na solução do problema; faça reuniões de família/classe; crie um sinal não verbal; ignore o comportamento colocando a mão no ombro da criança.

(continua)

Quadro dos objetivos equivocados (*continuação*)

O objetivo da criança é:	Se o pai ou mãe/educador se sente:	E tende a reagir:	E se a resposta da criança é:	A crença por trás do comportamento da criança é:	Mensagens decodificadas:	Respostas proativas e encorajadoras dos pais/educadores incluem:
Poder mal direcionado (para estar no comando)	Desafiado Ameaçado Derrotado	Brigando Cedendo Pensando: "Você não vai conseguir escapar dessa" ou "Vou forçar você" Querer ter razão	Intensifica o comportamento. Obedece, mas com resistência. Acha que venceu quando pais/educadores estão irritados mesmo quando ele/a obedece. Poder passivo (diz sim, mas não faz o que se espera)	"Sinto que faço parte somente quando sou o chefe ou estou no controle, ou provando que ninguém manda em mim". "Você não pode mandar em mim".	Permita-me ajudar. Dê-me escolhas	Redirecione o comportamento e foque no poder positivo ao pedir ajuda à criança; ofereça escolhas limitadas; não dispute ou ceda o poder; afaste-se quando houver conflito; seja firme e gentil; não fale, aja; decida o que você vai fazer; deixe a rotina ser o chefe; afaste-se e acalme-se; desenvolva respeito mútuo; estabeleça alguns limites razoáveis; pratique acompanhamento firme e gentil; faça reuniões de família/classe.

(continua)

Quadro dos objetivos equivocados *(continuação)*

O objetivo da criança é:	Se o pai ou mãe/educador se sente:	E tende a reagir:	E se a resposta da criança é:	A crença por trás do comportamento da criança é:	Mensagens decodificadas:	Respostas proativas e encorajadoras dos pais/ educadores incluem:
Vingança (pagar na mesma moeda)	Magoado Decepcionado Descrente Ressentido	Magoando de volta Humilhando Pensando: "Como você pode fazer isso comigo?"	Ofende Intensifica Agrava o mesmo comportamento ou escolhe outra "arma"	"Acho que não sou aceito, então vou magoar os outros da mesma maneira que me sinto magoado. Não acredito que possam gostar de mim ou me amar".	**Estou magoado. Valide meus sentimentos**	Valide os sentimentos feridos; evite se sentir magoado; evite punição e retaliação; desenvolva confiança; pratique escuta ativa; exponha seus sentimentos; peça desculpas à criança e tente reparar o que foi feito ou dito; demonstre que você se importa; não fale, aja; estimule os pontos fortes; não favoreça nenhum dos lados (ficar neutro); faça reuniões de família/classe.

(continua)

Quadro dos objetivos equivocados (continuação)

O objetivo da criança é:	Se o pai ou mãe/educador se sente:	E tende a reagir:	E se a resposta da criança é:	A crença por trás do comportamento da criança é:	Mensagens decodificadas:	Respostas proativas e encorajadoras dos pais/educadores incluem:
Inadequação assumida (desistir e não ser incomodado)	Desesperado Desesperançoso Impotente Inadequado	Desistindo Fazendo coisas pela criança que ela poderia fazer por si mesma Ajudando além do necessário	Recua ainda mais Torna-se passivo Não mostra melhora Não é responsivo	"Não consigo ser aceito. Eu não sou perfeito, por isso vou convencer os outros a não esperar nada de mim". "Sou incapaz e impotente. Nem adianta tentar porque não vou fazer a coisa certa".	Não desista de mim. Mostre-me um pequeno passo	Decomponha uma tarefa em passos menores; pare toda e qualquer crítica; valorize todas as tentativas positivas; demonstre confiança nas habilidades da criança; foque nos pontos fortes; não tenha pena; não desista; planeje e prepare oportunidades para a criança ter sucesso; ensine habilidades/mostre como fazer, mas não faça por ela; aprecie a criança; conheça seus interesses; faça reuniões de família/classe.

Vamos examinar algumas das pistas que nos ajudam a entender a motivação interna para as ações indesejáveis de Rebecca. Sua mãe estava se sentindo *desafiada* pela falta de cooperação de Rebecca. Além disso, ela exigiu que a filha seguisse suas instruções, *forçando-a* a colocar os cavalos de volta. Rebecca, em resposta, *intensificou seu comportamento*, agarrando e correndo com os cavalos. A mãe *cedeu*, deixando Rebecca ter um dos cavalos, e Rebecca *cumpriu o acordo* quando devolveu dois cavalos.

Certamente, parece que Rebecca está agindo pela crença equivocada de que ela é aceita ou importante apenas quando está no controle e provando que a mãe não pode mandar nela. Se esse for o caso, o objetivo equivocado de Rebecca é poder mal direcionado. Os sentimentos de aceitação e importância de Rebecca são alcançados quando ela age de maneiras que a levam a se sentir no controle e poderosa, mesmo quando essas ações reduzem muito o prazer de um passeio mãe-filha. Se Rebecca usasse uma camiseta com sua mensagem decodificada, nela poderia ser lido: *"Deixe-me ajudar. Dê-me escolhas!"*.

Se a mãe de Rebecca tivesse respondido à mensagem na camiseta, ela poderia ter lidado com a situação dando à filha a seguinte escolha: "Eu preciso da sua ajuda para economizar dinheiro para comprar os cavalos. Você prefere que eu guarde dinheiro para comprar um ou três cavalos? Quanto tempo você acha que vai levar? Você decide". É muito provável que Rebecca tivesse feito uma escolha porque ela teria se sentido fortalecida por poder escolher.

Jasmine era uma aluna muito ocupada na sala de aula do segundo ano. Embora ela estivesse apresentando bom desempenho em todas as matérias, suas ações impulsivas e verbalizações durante a aula, combinadas com seu movimento constante (levantando e saindo da cadeira com frequência ou balançando-a, a ponto de cair de vez em quando), levavam a professora a mandá-la para a diretoria diariamente. Na direção da escola, Jasmine conversava com o vice-diretor, que a ensinava sobre o comportamento esperado em sala de aula.

O que mais preocupava seus pais e professores eram suas interações desrespeitosas com uma nova aluna na sala. Por exemplo, ao retornar da diretoria da escola um dia, Jasmine, sentada em sua carteira, colocou o pé no corredor quando sua colega de classe estava passando. A garota tropeçou e caiu no chão, machucando as palmas das mãos e quebrando os óculos. A professora de Jasmine ficou chocada e chateada por Jasmine se comportar dessa maneira em relação à nova colega de classe. Ela mandou-a de volta para a diretoria e disse-lhe que ela poderia ser suspensa da escola por alguns dias.

Quando Jasmine voltou para a sala de aula, depois de outra conversa com o vice-diretor, foi pega abrindo um buraco na superfície da carteira usando a ponta da caneta. Por iniciativa, de seus pais, Jasmine acabou sendo encaminhada para uma avaliação da equipe multidisciplinar, que determinou que ela tinha transtorno do déficit de atenção e hiperatividade.

Essa história demonstra claramente como *uma criança malcomportada é uma criança desencorajada*. Vamos olhar para essa história no contexto do Quadro dos objetivos equivocados para entender os comportamentos de Jasmine através das lentes da Disciplina Positiva. O ato impensado de Jasmine em relação à sua colega de classe despertou sentimentos de *decepção e descrença* em sua professora. Ela reagiu mandando Jasmine de volta para a diretoria e acrescentou uma pequena "ferroada" a essa punição, *ameaçando* com possível suspensão da escola. Após seu retorno, Jasmine *escolheu outra "arma", danificando propriedade da escola*. Uma análise dessa situação nos leva a concluir que o senso de aceitação de Jasmine foi muito comprometido pela punição que ela recebia diariamente: afastá-la da sala. Não é de surpreender que ela tivesse esta crença errônea: "Eu não sou aceita, então vou magoar os outros da mesma maneira que me sinto magoada". O objetivo equivocado de vingança era a força motriz por trás de suas ações mal direcionadas. Se Jasmine usasse uma camiseta com sua mensagem decodificada, leríamos: *"Estou sofrendo; validem meus sentimentos"*.

Se a professora e o vice-diretor entendessem o objetivo equivocado de Jasmine, eles poderiam parar o ciclo de vingança, compreendendo o que magoava Jasmine e validando seus sentimentos. Crianças que têm o objetivo equivocado de se vingar geralmente se sentem encorajadas quando seus sentimentos são validados. Jasmine poderia então estar disposta a trabalhar em uma solução que funcionasse para que ela ficasse em sua cadeira. Quando o ciclo de vingança fosse quebrado, ela provavelmente não magoaria os outros. Se ela o fizesse, seria ainda mais eficaz validar seus sentimentos e depois trabalhar em soluções com todas as crianças envolvidas.

Joshua, de 6 anos, tem um atraso significativo de fala e comunicação que foi descoberto quando ele tinha 2 anos. Embora ele entenda a maior parte do que lhe é dito, sua linguagem expressiva é visivelmente atrasada em relação à das outras crianças da mesma idade. Como Joshua se esforça para expressar claramente seus pensamentos em frases completas, ele parece estar ciente de que seus colegas de classe nem sempre entendem suas palavras mal articuladas.

No primeiro mês da escola, durante as discussões do grupo do primeiro ano, a professora muitas vezes se sentia inadequada em sua habilidade de envolver Joshua. Ele não tinha iniciativas, e, sempre que ela o chamava para compartilhar com o grupo, ele se encolhia em sua cadeira, olhava para baixo e não falava. Depois de várias semanas assim, a professora de Joshua pediu que ele fosse avaliado para entrar na turma de educação especial, porque ela tinha pouca esperança de que o incluir em um ambiente de classe regular seria útil para ele.

Muito desanimado por suas dificuldades de comunicação, Joshua era *passivo e não respondia* aos esforços de sua professora de convidá-lo a participar. A professora *se sentiu inadequada e desesperançada* e acabou *desistindo* de Joshua, pensando que colocá-lo em uma sala especial seria melhor para ele do que seu ambiente de sala regular. Uma análise do Quadro dos objetivos equivocados sugere que a crença equivocada de Joshua é a de que ele não consegue ser aceito e que é incapaz de participar adequadamente com seus colegas. Joshua estava operando a partir do objetivo equivocado da inadequação assumida. Se ele usasse uma camiseta com sua mensagem decodificada, ela diria: *"Não desista de mim!"* e *"Mostre-me um pequeno passo"*.

Uma professora que entendesse o objetivo equivocado de inadequação assumida faria todos os esforços para se concentrar em pequenos passos que ajudassem Joshua a se sentir encorajado e a desistir da crença de que ele é inadequado. Primeiro, ela poderia criar oportunidades para Joshua e seus colegas de classe se sentirem bem-sucedidos, fazendo as crianças da turma se juntarem em duplas para falar sobre questões específicas. Então, ela poderia pedir que todas as crianças formassem um grande grupo para compartilhar o que aprenderam, todos sentados ao lado de seus parceiros. O sucesso que Joshua experimentaria trabalhando um a um com um parceiro poderia aumentar seus sentimentos de aceitação e importância, bem como melhorar sua confiança para falar no grupo.

Nos últimos capítulos deste livro, descreveremos algumas ferramentas fundamentais da Disciplina Positiva, respostas proativas e encorajadoras dos pais/educadores (sétima coluna) que podemos usar quando as crianças com deficiência agirem de maneira equivocada. Essas ferramentas ajudarão as crianças a substituir seus comportamentos associados aos objetivos equivocados de atenção indevida, poder mal direcionado, vingança e inadequação assumida por comportamentos que irão, em longo prazo, ajudá-las a alcançar e manter um verdadeiro sentido de aceitação e importância em suas famílias e comunidades.

Alguns comportamentos inocentes podem estar disfarçados de mau comportamento! Como podemos falar sobre isso?

Em nossa análise inicial para entender a crença escondida por trás do desafio de comportamento das crianças com deficiência, uma das mais importantes perguntas para fazermos sobre o comportamento delas *não é* "Esse comportamento é socialmente útil?". A grande probabilidade é de que não seja, e é isso que preocupa você. Mais importante do que isso, você pode se perguntar inicialmente: "Isso é um comportamento socialmente motivado?", o que, em termos de Disciplina Positiva, significa: "Esse comportamento surge da crença equivocada da criança sobre aceitação e importância?".

Em nosso exemplo anterior sobre Alan, vimos que ele apresentou uma série de comportamentos que não são socialmente úteis e que poderiam ser analisados sob a perspectiva da sua motivação social. Para considerar quais comportamentos são socialmente motivados e associados a crenças equivocadas relacionadas a aceitação e importância, é útil listar a sequência de seus comportamentos e pensar sobre cada um individualmente. Veja o que Alan fez que não foi socialmente útil:

- Ele se inclinou sobre a mãe na porta de entrada e parou de andar.
- Ele se afastou da mãe.
- Ele se sentou no chão do corredor da escola.
- Ele bateu no chão repetidamente com as palmas das mãos.
- Ele permitiu passivamente que a mãe o levasse para a sala de aula.
- Ele usou mais esforço físico para se afastar dela.
- Ele arranhou a mãe.
- Ele se sentou no corredor enquanto gritava e chorava.

Qual desses comportamentos é socialmente motivado e, portanto, relacionado às crenças equivocadas de Alan sobre aceitação e importância? Para responder a essa pergunta, vamos consultar o Quadro dos objetivos equivocados. Um entendimento claro desse quadro nos ajudará muito a determinar em que ponto os comportamentos de Alan se tornaram problemas motivados socialmente.

Para nossa análise atual dos comportamentos de Alan, vamos nos concentrar na segunda coluna, que mostra o sentimento do adulto, na quinta coluna, que mostra a crença por trás do comportamento da criança, e na primeira coluna, que mostra o objetivo da criança. A crença equivocada subjacente, relacionada a cada um dos comportamentos apresentados por Alan (já listados), está relacionada aos sentimentos que esses comportamentos despertaram em sua mãe. Por meio de conversas com a mãe de Alan, sua professora observou que os sentimentos da mãe de Alan eram os seguintes:

- Ele se inclinou sobre a mãe na porta e parou de andar: neutra.
- Ele se afastou da mãe: levemente irritada.
- Ele se sentou no chão do corredor da escola: preocupada.
- Ele bateu no chão repetidamente com as palmas das mãos: neutra.
- Ele permitiu passivamente que a mãe o levasse para a sala de aula: culpada.
- Ele usou mais esforço físico para se afastar dela: desafiada.
- Ele arranhou a mãe: incrédula.
- Ele se sentou no corredor enquanto gritava e chorava: desamparada.

Então, vamos voltar à pergunta anterior: quais dos comportamentos de Alan são socialmente motivados e, portanto, relacionados às suas crenças equivocadas sobre aceitação e importância? Pelos sentimentos da mãe associados a cada um dos comportamentos, vemos que os seguintes comportamentos foram motivados socialmente e estão, portanto, relacionados a objetivos equivocados:

- Ele se afastou da mãe: atenção indevida.
- Ele se sentou no chão do corredor da escola: atenção indevida.
- Ele permitiu passivamente que a mãe o levasse para a sala de aula: atenção indevida.
- Ele usou mais esforço físico para se afastar dela: poder mal direcionado.
- Ele arranhou a mãe: vingança.

- Ele se sentou no corredor enquanto gritava e chorava: inadequação assumida.

Sobre o primeiro comportamento de Alan, que não despertou sentimentos em sua mãe: inclinando-se sobre ela na porta e parando de andar. É certo que não foi socialmente útil ele fazer isso porque não era útil para sua mãe, a qual estava tentando conduzi-lo com suavidade para sua sala de aula. No entanto, como não foram despertados nela sentimentos desconfortáveis e ela permaneceu neutra em suas interações com ele, isso não é considerado um comportamento socialmente motivado. Então, qual foi a motivação para o comportamento de Alan de se inclinar e parar? Provavelmente, pelo que sabemos sobre os desafios de processamento sensorial de crianças com autismo, inclinar e parar foram as respostas inocentes de Alan aos estímulos em excesso no corredor da escola aos quais ele não estava acostumado: os cartazes brilhantes e coloridos nas portas e paredes na entrada, a corrida de crianças e pais passando por ele, a iluminação no corredor, os cheiros de dentro do prédio da escola, os sons das vozes e do sistema de ar-condicionado etc.

A mãe de Alan sabe que novos ambientes são difíceis para ele no primeiro momento, por isso, a inclinação do filho sobre ela ao entrar inicialmente não despertou sentimentos desconfortáveis nela. No entanto, e se ela não soubesse que seu sistema sensorial comprometido o leva a experimentar dificuldades quando inserido em novas configurações? E se ela tivesse ficado irritada, preocupada ou se sentisse desafiada por ele ter inclinado e parado, acreditando que ele estivesse "fazendo isso de propósito" e, em seguida, demonstrasse seu sentimento e crença, elevando a voz de forma agressiva ou ameaçadora? Os comportamentos dele que são *socialmente neutros* (comportamentos inocentes) porque estão associados à sua deficiência e não relacionados com o seu sentimento de aceitação e importância estariam correndo o risco de se tornar problemas socialmente motivados.

Agora vamos considerar o outro comportamento de Alan que não despertou uma resposta emocional desconfortável em sua mãe: bater no chão repetidamente com as palmas das mãos. Esse também é um comportamento inocente que não é socialmente motivado. A mãe de Alan entende que bater nas coisas é um dos comportamentos repetitivos que Alan frequentemente apresenta e está associado com o autismo. Se a mãe de Alan tivesse interpretado mal o comportamento e, em vez disso, reagisse a ele de forma negativa, sentindo-se irritada, preocupada, desafiada, zangada, desapontada, incrédula, desesperada ou inadequada, o movimento inocente de Alan poderia ter se tornado socialmente direcionado. Por exemplo, se sua mãe tentasse *fazê-lo* parar, ele poderia ter continuado batendo as palmas das mãos no chão com maior intensidade, demonstrando o objetivo equivocado de poder mal direcionado e acreditando que *"Eu só sou aceito quando estou no controle. Você não pode me fazer parar!"*. Como sua mãe permaneceu neutra em seus sentimentos e respostas, o comportamento de Alan não se intensificou e permaneceu socialmente neutro.

Se pais e professores não entenderem os comportamentos atípicos das crianças com deficiência, esses comportamentos inocentes que estão associados às suas condições (p. ex., comportamentos repetitivos em crianças com autismo, tiques em crianças com síndrome de Tourette, tempo de resposta mais lento em crianças com atrasos cognitivos, comportamentos impulsivos em crianças com TDAH etc.), eles podem responder involuntariamente às crianças *como se* os seus comportamentos fossem socialmente motivados, *como se* houvesse intenção social que leva a tais comportamentos. Quando comportamentos socialmente neutros são mal compreendidos, as crianças podem vir a acreditar, erroneamente, que aceitação e importância são alcançados quando se envolvem em comportamentos associados com sua condição em particular.

Na história sobre Alan, a mãe queria ajudá-lo a entrar na escola com mais independência e maior facilidade. Ela decidiu chegar quinze minutos depois, todos os dias de aula, de modo a evitar todo o barulho e atividade na entrada da escola quando outras crianças estavam chegando. Ela se sentiu empoderada enquanto praticava as ferramentas da Disciplina Positiva que lhe permitiam ensinar a Alan como manter a calma nessa situação difícil. Ela mostrou paciência quando decidiu o que faria: andar devagar em direção à sala de aula, literalmente *dando pequenos passos*, enquanto permitia a Alan o tempo para ter seus sentimentos e processar toda a informação sensorial. Ela foi gentil e firme, parando quando ele parava e se movendo quando ele estava pronto para se mover. Ela não "lutou com ele" e não desistiu. Ela permaneceu quieta, exceto para ocasionalmente validar seus sentimentos, assim como ele trabalhou sua transição no ambiente escolar. De uma forma mutuamente respeitosa, ela usou sua chegada diária à escola como tempo de treinamento sobre autogerenciamento e autonomia.

Segue um resumo dos passos a seguir inicialmente ao ajudar crianças com deficiência:

1. Listar os comportamentos que trazem preocupação.
2. Investigar com o adulto que interage com a criança que sentimentos e reações são despertadas por cada um dos comportamentos.
3. Com base nos sentimentos e reações do adulto, e nas respostas da criança, determinar que crenças e objetivos equivocados estão associados a cada um dos comportamentos.
4. Para aqueles comportamentos que são inocentes porque estão associados com a deficiência da criança e não são socialmente motivados, oferecer tratamento ou orientação apropriados para reduzir o problema. Por exemplo, terapeutas ocupacionais especializados em avaliar as necessidades sensoriais de uma criança com autismo podem recomendar que pais e professores realizem uma *dieta sensorial* regular que é projetada para reduzir os comportamentos autoestimulatórios da criança. Atividades táteis, como brincar com uma variedade de texturas (massinha, tintas para dedos, areia etc.), e atividades vestibulares e proprioceptivas que envolvem movimento, equilíbrio e consciência corporal (balançar, correr, saltar em bola terapêutica, saltar em um minitrampolim etc.) podem ser incluídas na dieta sensorial individualizada da criança. (Ferramentas de Disciplina Positiva podem ser usadas aqui também.)
5. Para os comportamentos desafiadores que estão associados a crenças equivocadas, usar ferramentas de Disciplina Positiva para desenvolver um plano de prevenção e resposta personalizado que ajudará a criança a usar mais comportamentos socialmente úteis.

Comportamento inocente	Comportamento de objetivo equivocado
• Ensinar habilidades • Oferecer terapia	• Determinar a crença equivocada por trás do comportamento

Usar ferramentas da Disciplina Positiva

Nos capítulos posteriores deste livro, as ferramentas de Disciplina Positiva usadas com crianças com deficiência – para prevenção e intervenção – serão descritas em detalhes. Exemplos de como modificar e adaptar essas ferramentas também serão apresentados.

3

ENTENDENDO O CÉREBRO - O SEU E O DELES

Anthony Martin acordou tarde numa manhã e percebeu que, se não se apressasse, estaria atrasado para o trabalho. Novamente! Ele resmungou para si mesmo, pois sabia que tirar sua filha Emily da cama com pressa poderia ser a receita para um desastre. Emily tinha 6 anos e tinha transtorno do espectro autista. Embora o ano dela no jardim de infância tivesse sido relativamente bem-sucedido, mudanças em sua rotina ainda podiam colocá-la em uma espiral descendente de gritos de raiva e frustração.

Anthony apressou Emily em sua rotina matinal, contudo, se lembrou de usar o quadro visual que ajuda a estabilizar Emily. O café da manhã foi tenso, mas Emily parecia estar levando bem a situação; Anthony ficou grato. Emily se vestiu, uma habilidade relativamente nova, da qual ela e Anthony estavam orgulhosos com razão.

Anthony olhou para o relógio. Se o trânsito cooperasse, ele poderia realmente levar Emily a tempo para que ela pegasse a van para a escola e ele chegasse ao trabalho no horário. Emily estava cantarolando quando saíram do apartamento e desceram para o estacionamento para entrar no carro. Ela parou de cantarolar quando Anthony passou o lugar onde o carro deveria estar estacionado. Emily esperava que o carro da família estivesse ali. No entanto, como alguém havia estacionado em sua vaga, ao voltar do supermercado na noite anterior Anthony estacionara do lado oposto da sua vaga habitual, pensando que poderia parar o carro mais tarde em sua vaga habitual.

Anthony conduziu Emily pelo estacionamento até o carro deles. Emily saiu do carro e começou a dizer: "Não, não, não, não, não!". Anthony tentou tranquilizá-la de que ainda era o carro deles e gentilmente guiá-la em direção a ele. Em um ins-

tante, Emily entrou em pânico e começou a socar o ar e também Anthony. Ela agora gritava: "NÃO! NÃO! NÃO!". Frustrado e percebendo que estava cada vez mais atrasado, Anthony agarrou Emily pelos ombros e sacudiu-a, gritando: "Emily, este é o nosso carro! Entre no carro!". Emily se desmanchou em lágrimas e caiu no chão. Anthony a levantou (um pouco bruscamente) e prendeu-a no banco do carro com grande dificuldade. Emily não parou de gritar ou chorar. Anthony sentiu vergonha.

O que aconteceu naquela manhã na casa dessa família não é incomum em famílias com e sem filhos com deficiência. As crianças nem sempre veem a mesma necessidade de se apressar que os seus pais. Existe outra linha que percorre episódios como esse. Tem a ver com o que acontece em nossos cérebros quando estamos sob estresse.

Nossos cérebros: antes e depois

Há milhares de anos, o mundo era um lugar muito diferente. Nossas necessidades eram distintas e mais simples também. Era um mundo repleto de perigos, e os humanos tinham que reagir rapidamente para evitar animais predadores, outros humanos desejando prejudicá-los, e as dificuldades de um ambiente frequentemente hostil. Nossos cérebros estavam bem adaptados para lidar com esses tipos de situações. Eles rapidamente avaliavam a situação e tomavam um entre três tipos de decisões. Se possível, corríamos para evitar o perigo (fuga). Se necessário, nos preparávamos para lutar (luta). Às vezes, nos mantínhamos rigidamente parados para evitar sermos descobertos (paralisação).

Por milênios, a forma como usamos nossos cérebros foi adequada às nossas necessidades. Com o tempo, conforme nossas vidas se tornaram mais complexas, nossa necessidade de raciocinar e não apenas reagir ficou mais forte, nós começamos a confiar cada vez mais em uma área diferente do cérebro. A parte rapidamente reativa do cérebro, da qual dependemos por milhares de anos, ainda nos serve bem (e, às vezes, nos coloca em encrencas – mais tarde falaremos sobre esse assunto), mas não somos mais dependentes *unicamente* dela para a nossa sobrevivência.

De um modo geral, nossos cérebros são compostos de três partes. O tronco cerebral é a parte mais antiga e primitiva do cérebro e é responsável pelas respostas de sobrevivência (luta, fuga ou paralisação) já mencionadas. A segunda parte, também bastante antiga, é o sistema límbico. Juntos, o tronco cerebral e o sistema límbico são responsáveis, entre outras coisas, pela forma como nos sentimos frente às experiências e que significado damos a elas, bem como por aquelas respostas de sobrevivência. A terceira parte do cérebro é o córtex. Ainda que o funcionamento do córtex seja complexo, para nosso objetivo aqui ele é a parte do cérebro responsável, entre outras coisas, por intuição, flexibilidade de resposta e empatia, a capacidade de ver as coisas sob a perspectiva de outra pessoa.

Quando estamos nos sentindo no nosso melhor, essas partes do nosso cérebro funcionam bem juntas. Há um fluxo de energia e informação entre as três partes que nos permite lidar com quaisquer experiências que surjam em nosso caminho. As áreas primitivas do nosso cérebro, o tronco cerebral e o sistema límbico, podem ser consideradas nossos "primeiros socorristas". Elas nos dão uma leitura preliminar da experiência, mas por si só elas podem responder apenas com a luta, a fuga ou a paralisação. No entanto, quando o córtex é ativado, somos capazes de elaborar respostas mais prudentes e ponderadas. Isso é chamado de função executiva. A função executiva é a nossa capacidade de pensar nas experiências que estamos vivendo, de considerar uma variedade de respostas e de escolher aquela que faz mais sentido para nós. É também por meio do córtex que mantemos uma conexão emocional com nossas crianças. Como vimos na casa do Anthony, a comunicação entre as diferentes partes do nosso cérebro não é sempre lógica.

Para ter uma ideia de como isso funciona, vamos voltar à imagem dos "primeiros socorristas". No papel dos primeiros socorristas, o tronco encefálico e o sistema límbico (uma parte que é chamada de tonsila do cerebelo) avalia nossas experiências. A partir dessa avaliação, surge uma determinação inicial de como nos sentimos sobre elas, bem como uma recomendação preliminar de como responder. Essa informação é comunicada ao córtex, que adiciona sua própria contribuição, analisando-a e adicionando intuição, flexibilidade e empatia ao processo de tomada de decisão. A maioria das experiências é facilmente processada usando esse sistema de responsabilidade compartilhada. No entanto, às vezes, o nível de sentimentos na tonsila do cerebelo e a urgência da resposta de "luta, fuga ou paralisação" sobrecarrega o córtex. Quando isso acontece, não há intuição, flexibilidade, ou empatia adicionada à combinação de tomada de decisão. Neste ponto, a função executiva está efetivamente desativada e indisponível. Na prática, isso significa que somos incapazes de nos envolver em qualquer tipo de solução de problema significativa.

O cérebro na palma da mão

Em seu livro, *Parenting from inside out*,[2] Daniel Siegel e Mary Hartzell apresentam uma elegante e leve (para nós que não somos neurocientistas) explicação compreensível dos processos cerebrais que já descrevemos. Em nossos encontros de pais e professores de crianças com e sem deficiência, esse modelo continua a ser uma das ferramentas mais úteis e lembradas. É chamada de "cérebro na palma da sua mão". Segue abaixo uma versão simplificada do modelo de Siegel e Hartzell.

Se você segurar sua mão com o punho fechado, com os quatro dedos dobrados sobre o polegar e os dedos virados para você, isso configura o que Siegel chama de "um modelo geral surpreendentemente preciso do cérebro". O pulso é a coluna. O centro da sua palma é o tronco cerebral, o ponto em que o cérebro se conecta com a coluna. O polegar representa o sistema límbico como um todo e, especificamente, a tonsila do cerebelo. A parte de trás da mão representa o córtex como um todo; os dedos dobrados, e especificamente as unhas, representam a parte pré-frontal do córtex.

Quando as experiências não criam estresse incontrolável, o córtex pré--frontal suavemente exerce o processo que chamamos de função executiva. Isso é representado pelo punho fechado, como descrito anteriormente. Para representar o que acontece quando a tonsila do cerebelo está sobrecarregada, mantenha o polegar dobrado e estenda os outros dedos para cima. Siegel e Hartzell referem-se a esse processo como "perder o controle". Agora imagine que, em reação ao seu filho ou a um de seus alunos que perde o controle, você responde com raiva, sem pensar. Para representar isso, segure as duas mãos com os polegares dobrados, dedos estendidos para cima e palmas voltadas uma para a outra. Com duas pessoas descontroladas, cara a cara (sua e da criança), quantas resoluções de problema úteis você acha que estão acontecendo? (Para assistir a uma demonstração do dr. Daniel Siegel apresentando um modelo de mão do cérebro, acesse https://www.youtube.com/watch?v=j2GTJLZSHqo).

Olhe novamente para o seu punho fechado. Observe como os dedos, que representam o córtex pré-frontal (função executiva, flexibilidade de pensamento e empatia) se dobram sobre a palma da mão e o polegar, o que representa o tronco cerebral e o sistema límbico (respostas de fuga-luta-paralisação). Na maioria das vezes, mesmo quando nós estamos agitados, o córtex pré-frontal na verdade faz um bom trabalho envolvendo e contendo (i. e., "mantendo os dedos fechados") o tronco cerebral e o sistema límbico, que são menos racionais e mais reativos. Quando perdemos o controle, os dedos se desdobram e, de repente, não há nada para conter a tonsila do cerebelo. Não há córtex pré-frontal operando para pensar de forma flexível e anular nosso instinto de luta, fuga ou paralisação.

Lois Ingber, instrutora certificada em Disciplina Positiva de San Diego, relata a história incrível de um pai que observou mais elementos dessa imagem. Esse pai apontou que, quando fechamos um punho por raiva (como um soco), o oposto é verdadeiro. O polegar vai para o lado de fora dos outros dedos, ou seja, é o sistema límbico que contém e se sobrepõe ao córtex pré-frontal.

Outro aspecto do cérebro completa mais ainda a imagem. Siegel e Hartzell descrevem o que são chamados neurônios-espelho. Como seres humanos, estamos sempre buscando nos conectar com outros seres humanos. Desde o início de nossas vidas, percebemos atentamente como outras pessoas se parecem e, a partir de nossas observações, os neurônios-espelho em nossos cérebros avaliam seus estados mentais e emocionais. Essa avaliação, então, é uma forte influência sobre como reagimos. Assim, como no exemplo

> Quando uma criança "perde o controle", uma reação calma da nossa parte pode atuar como um poderoso freio sobre as emoções descontroladas dela, como se nossos neurônios-espelho "falassem" com os dela.

citado, quando uma criança perde o controle, a reação calma de nossa parte pode atuar como um poderoso freio sobre as emoções descontroladas dela, como se os nossos neurônios-espelho "falassem" com os dela.

Vamos voltar ao exemplo de Anthony e Emily Martin. Ao ver que o carro de sua família estava drasticamente fora de lugar, sobretudo depois de trabalhar de forma tão diligente para cumprir a tarefa apesar de se sentir apressada, a capacidade de Emily para ser flexível se foi. Sua tonsila do cerebelo foi sobrecarregada pelo estresse e ela começou a perder o controle, batendo as mãos no ar e gritando: "Não!". Seu pai também trabalhou diligente e racionalmente para ajudar Emily a se arrumar mais rápido pela manhã ao perceber que simplesmente não poderia se atrasar para o trabalho. Quando Emily começou a perder o controle, as reservas emocionais de Anthony também se esgotaram, e ele reagiu à angústia de Emily perdendo seu próprio controle, gritando e lidando com ela de forma um pouco rude.

Via superior, via inferior

Siegel e Hartzell usam outra imagem que achamos extremamente útil em nossas aulas. Eles se referem aos dois tipos de respostas que descrevemos como "processamento da via superior" ou "processamento da via inferior". O processamento da via superior usa o córtex pré-frontal e nos permite considerar várias maneiras de reagir e as consequências prováveis de cada caminho. Podemos escolher a opção que sentimos ser apropriada para as necessidades da situação e mantemos uma ligação emocional positiva com nossas crianças. O processamento da via inferior ocorre quando perdemos o controle e reagimos impulsivamente e, muitas vezes, com raiva. Essas são as respostas que acabam nos fazendo sentir mal porque temos o senso, normalmente correto, de acordo com Siegel e Hartzell, de "nos comportarmos de maneira assustadora e confusa" com as crianças. Isso é também chamado de "conhecer mais, mas não fazer melhor", uma situação comum a todos os pais. Compreender o seu cérebro pode ajudar. Se não mudar sua reação no momento, pelo menos permitirá que você faça as pazes quando se acalmar.

Na situação de Anthony Martin, ele soube quase de imediato que Emily já estava fragilizada por ser apressada e que ela por certo ficaria pior quando percebesse que o carro da família

> O processamento da via inferior ocorre quando nós "perdemos o controle" e reagimos impulsivamente e, muitas vezes, com raiva.

estava, em sua mente, significativamente fora do lugar. Uma possível resposta da via superior teria sido usar uma fala empática com Emily, uma que refletisse que Anthony entendia a aflição da filha. Por exemplo, ele poderia ter se posicionado na altura de Emily, abraçado-a gentilmente e dito: "Oh, Emily. Você está chateada porque o carro está no lugar errado". Comunicar a Emily que seu pai a entendia e que via o mundo através de seus olhos talvez não fosse uma solução mágica, mas poderia ter preparado o cenário para uma melhor resolução de problemas.

Neste ponto você pode estar pensando: *"Bem, claro! Qualquer um pode aparecer com uma ideia melhor depois do fato".* E, evidentemente, você estaria certo. Nosso ponto não é sugerir de forma alguma que estejamos na via superior o tempo todo. Pelo contrário, mesmo que praticamente todos os pais e professores desejem estar nessa via, ou seja, para responder às crianças de forma racional e colaborativa, todos nós perdemos o controle e acabamos na via inferior com mais frequência do que gostaríamos. Já que essa parece ser uma verdade imutável de pais e professores, o que podemos fazer?

A primeira coisa que podemos fazer é cultivar a capacidade de refletir sobre nós mesmos. A autorreflexão envolve a capacidade de examinar o que dizemos e fazemos, e decidir se agimos de forma consistente com nossos valores. Quando podemos fazer isso, estamos mais propensos a aumentar a quantidade de tempo que passamos na via superior. Por favor, note que dissemos "aumentar". Queremos enfatizar que não é realista pensar que é possível para qualquer um de nós estar lá o tempo todo. Na verdade, podemos argumentar que se nossos filhos e alunos ocasionalmente não forem testemunhas de adultos "descontrolados", eles podem não ser capazes de aprender a lidar com seus próprios erros. (Falaremos mais sobre esse assunto depois.)

Depois de termos refletido sobre isso, o que vem depois?

Os Três R da Reparação

Uma vez que nos acalmamos e refletimos sobre as interações com as crianças quando não estávamos no nosso melhor, há três etapas que nos ajudarão a reparar o erro. Alguns se referem a esse processo de acalmar como "se recompor" e consideram-no como o quarto R da Reparação.

Os Três R da Reparação

1. Reconhecer
2. Reconciliar
3. Resolver

Reconhecer: primeiro, antes que qualquer outra coisa possa acontecer, devemos reconhecer que cometemos um erro. No caso de Anthony Martin, pensando nisso depois, ele percebeu que a reação inicial de Emily sobre o carro estar fora do lugar não foi uma tentativa consciente de deixá-lo zangado ou atrasado. Emily estava reagindo como muitas crianças com transtorno do espectro autista respondem quando elas se acostumam a operar em uma rotina muito específica e a rotina é quebrada. Uma vez que ele foi capaz de reconhecer que seu erro foi considerar a reação de Emily como algo pessoal, Anthony conseguiu sair da via inferior e seguir para a próxima etapa.

Reconciliar: quando cometemos um erro e, especialmente, quando o erro envolveu o comportamento da via inferior da nossa parte, é muito importante e útil fazer um pedido sincero de desculpas. Para alguns pais e professores, isso pode ser uma decisão surpreendentemente difícil de se tomar. Alguns de nós não temos memória de adultos se desculpando conosco como crianças. Como resultado, podemos desenvolver a crença equivocada de que os adultos que se desculpam com as crianças de alguma forma prejudicam a sua autoridade. Outros, especialmente alguns professores, podem ter sido ensinados a "nunca deixá-las ver você suar", como se um pedido de desculpas fosse um sinal de fraqueza.

Ao contrário, um pedido de desculpas sincero tem a capacidade de desfazer alguns medos e confusões que o nosso comportamento da via inferior tenha gerado nas crianças. Queremos enfatizar a palavra *sincera* aqui, pois há alguns tipos de desculpas que não são úteis. Um pedido de desculpas sincero envolve total responsabilidade (sem culpa ou vergonha) pelo que você fez. Essa responsabilidade pode ser mascarada se você moderar suas respostas. Assim, "sinto muito que gritei com você, mas você não estava seguindo as regras" – dá com uma mão e tira com a outra.

Na cena da família Martin, Anthony refletiu sobre seu comportamento de via inferior enquanto ele e Emily se dirigiam para a escola. Ao fazê-lo, Emily continuou choramingando no banco de trás. Quando eles chegaram, Anthony gentilmente retirou Emily do banco do carro. Quando ela saiu do carro, ele se ajoelhou na frente dela e disse: "Emily, eu sinto muito, eu gritei com você e a coloquei na cadeirinha do carro de forma grosseira. Eu não deveria ter feito isso". Emily não respondeu, mas manteve contato visual com Anthony por vários segundos e parou de choramingar. Anthony sorriu para ela e estendeu os braços. Emily deixou-se abraçar e colocou a cabeça no ombro de Anthony. Eles então foram capazes de passar para a terceira etapa da reparação.

Resolver: resolver envolve chegar a uma maneira de corrigir o erro, para solucionar o problema. E ajudar nossas crianças a aprenderem a resolver problemas é um dos maiores presentes que podemos dar a elas. Sem a capacidade para resolver problemas, as crianças ficarão mais facilmente sobrecarregadas pelas circunstâncias e vão perder o controle com mais frequência. Embora essa capacidade seja vital em casa, talvez seja ainda mais essencial na escola e na comunidade. Crianças que não conseguem resolver problemas estão muito mais propensas a ter dificuldade escolar. Elas também estarão em risco de serem incapazes de criar e manter relacionamentos positivos com outras crianças.

Em nossa sociedade, falamos sobre como cometer erros. Dizemos às crianças: "Todo mundo comete erros". Mas com muita frequência nós não andamos por essa estrada, não agimos como se

> Ajudar nossas crianças a aprenderem a resolver problemas é um dos maiores presentes que nós podemos dar a elas.

estivesse tudo bem mesmo ao errar. Pense sobre os erros que acontecem nos noticiários. Quando foi a última vez que você ouviu uma figura pública dizer algo como: "Opa. Isso foi um erro. Vamos ver como eu estou planejando corrigi-lo"? Pense mais sobre a frequente reação pública aos erros. Muitas vezes lemos ou ouvimos falar de um clamor por punição, e há especulação sobre quem vai perder o emprego como resultado de um erro. Essa maneira de ver os erros não passa despercebida pelas nossas crianças. Apesar do que dizemos a elas, se demonstrarmos que os erros são imperdoáveis e, pior, incorrigíveis, não devemos nos surpreender que as crianças também enxerguem os erros assim.

Portanto, ensinar as crianças a resolver os problemas e a consertar os erros é crucial. Não há melhor maneira para começar a ensinar do que demonstrar a habilidade quando (e não *se*) nós cometemos erros. Anthony percebeu isso quando estava realmente calmo. Ele entendeu que precisava não apenas assumir a responsabilidade pelo que tinha feito, mas também que deveria usar essa oportunidade para ajudar Emily a aprender sobre corrigir erros. O desafio de Anthony ao fazer isso foi que a condição de Emily, transtorno do espectro autista, tornou a comunicação com ela mais difícil. Então ele se lembrou do caderno de comunicação que os professores de Emily tinham preparado para ele usar com ela. O caderno continha uma variedade de imagens simbólicas que, quando combinadas com as palavras em voz alta, ajudavam Emily a entender melhor as coisas. (Falaremos mais em capítulos posteriores sobre figuras simbólicas e outras adaptações para crianças com deficiência.)

> Se demonstrarmos que os erros são imperdoáveis e, pior, incorrigíveis, não devemos nos surpreender que as crianças também enxerguem os erros assim.

Quando Anthony e Emily chegaram à escola, apesar de ela já estar atrasada, Anthony levou alguns minutos para se sentar com Emily e seu caderno de comunicação. Usando as imagens simbólicas, Anthony apontou como Emily estava se sentindo (preocupada porque o carro deles estava fora do lugar) e o que ele tinha feito (ficar com raiva). Ele pediu desculpas novamente e depois apontou para uma imagem que representava "ajudar". Ele disse: "Da próxima vez, eu vou ajudá-la quando você estiver preocupada. Sem gritar". Emily repetiu: "Sem gritar".

Mais tarde, Anthony lembrou-se de outras ferramentas que a professora de Emily havia dado a ele. Elas incluíam uma "história social"[3] sobre como Emily poderia agir quando algo inesperado ocorresse e uma roda de escolhas para ajudar Emily a identificar e escolher uma resposta diferente quando estivesse preocupada. No entanto, por ora, Anthony sentiu orgulho de ter sido capaz de fazer as pazes com Emily depois de perder o controle. Sua compreensão do cérebro e as habilidades que ele tinha aprendido sobre reparação dos erros ofereceram uma base para o seu sucesso.

4

PAUSA POSITIVA

As coisas não estavam indo bem para o time de basquete da escola. Eles estavam dezesseis pontos atrás quando faltavam apenas quatro minutos para o fim do jogo. O treinador estava com raiva, andando de um lado para o outro e batendo o plano de jogo enrolado em sua perna. Em certo ponto ele parou de andar e gritou para um de seus jogadores pedir um tempo. Por causa do rugido da multidão, o jogador não o ouviu imediatamente. O treinador gritou mais alto e fez com suas mãos o gesto de um T, o símbolo universal para dar uma pausa. O jogador fez sinal para o árbitro e o tempo foi concedido. Os jogadores se aproximaram do banco cautelosamente. Eles quase podiam ver fumaça saindo das orelhas do treinador.

Quando a equipe se reuniu, o treinador apontou friamente para o banco para que os jogadores se sentassem. Os jogadores olharam uns para o outros. A fúria do treinador era óbvia. Quando a equipe estava sentada, o treinador disse: "Esta é a pior partida de basquete que eu já vi em todos os meus anos de treinamento! ALGUM de vocês estava me escutando quando falamos sobre o plano do jogo?". Ele fez uma pausa, como se esperasse por uma resposta. Ninguém respondeu. "E então?", ele falou. Todos os jogadores olhavam para o chão.

"Respondam-me!" O treinador gritou. Ninguém disse uma palavra. Ele apontou para o pivô da equipe e disse: "Você é TOTALMENTE incapaz de parar seu adversário? Ele passou por você todas as vezes que estava com a bola. Alguém lhe PAGOU para jogar tão mal?". Quando o pivô pareceu chocado, mas não respondeu, o treinador apontou para o final do banco e disse furiosamente: "Vá. Sente-se longe de nós e PENSE sobre o que você precisa fazer para impedir o seu adversário cada vez que ele estiver com a bola". O pivô olhou e sentiu vergonha. Ele se arrastou até o final do banco, quase em lágrimas, e sentou-se. Sentiu-se como se

tivesse sido completamente responsável por deixar seu time para baixo e que não merecia ser um dos titulares da equipe.

"E VOCÊ!" O treinador agora estava apontando para o armador. "Você deveria estar dando um show na quadra. Você não sabe o que 'dominar o jogo' significa? Eu tenho que desenhar para você?! Quando precisávamos acelerar as coisas, você diminuiu a velocidade. Quando precisávamos desacelerar as coisas, você deixou seu time SEM suporte. O que você estava pensando?! Você está TENTANDO me pedir para colocá-lo no banco de reservas?" O armador olhou de volta para o treinador sem responder. Sua fúria era óbvia, ele estava fervendo. O treinador manteve o sermão. "O que VOCÊ está olhando?! Você acha que foi agradável ver você jogar? Vá sentar com ele." Ele apontou o polegar para o pivô no final do banco. "Talvez vocês dois se lembrem de como jogar este jogo." Assim como o pivô no final do banco, ele estava pensando em quanto odiava o treinador e imaginava como poderia se vingar dele.

O treinador ainda não tinha acabado. Ele olhou com raiva para os outros três remanescentes de sua equipe titular. "Vocês três me enojam também. Se eu ganhasse um dólar por cada oportunidade perdida e toda vez que vocês deixaram seu adversário tomar a bola de vocês, eu poderia me aposentar. Que partida de basquete decepcionante! Vão se juntar a eles." Ele apontou para os outros dois jogadores causadores da sua raiva. "Eu quero que vocês cinco se juntem e depois me falem o plano de vocês para melhorar o nível do jogo. Até que vocês façam isso, todos vocês podem se sentar no final do banco. Agora VÃO!" Os três jogadores caminharam até o fim do banco. Suas reações emocionais foram semelhantes às do pivô e do armador.

O que você acha que os jogadores estão pensando e sentindo? O que você acha que eles estão decidindo fazer? Você acha que eles foram motivados a jogar melhor? Você gostaria de jogar no time desse treinador? O que esse cenário tem a ver com pais de uma criança com deficiência?

Nós compartilhamos um dos piores exemplos de "dar um tempo" em que pudemos pensar. (Sim, esse é um treinador fictício.) Temos certeza de que você dirá: "Eu nunca seria assim". Estamos igualmente certos de que é verdade, e esperamos que esse exemplo exagerado lhe dê a oportunidade de pensar sobre a pausa punitiva – mesmo quando ela não é tão terrível quanto a cena que acabamos de descrever.

Uma ideia promissora não cumprida

O conceito de "dar um tempo" foi introduzido pela primeira vez na literatura de pesquisa por Charles Ferster em 1957. Seu trabalho original foi primeiro realizado com pombos e depois com chimpanzés. A frase exata que ele usou foi "dar um tempo de reforço positivo".[4] A ideia de Ferster era que o comportamento indesejável poderia ser reduzido ao excluir os sujeitos e impedi-los de experimentar os benefícios de estar com o grupo. Seu desejo de retornar ao grupo os motivaria a mudar seu comportamento. Dentro de alguns anos, esse tempo afastado começou a ser aplicado às crianças. Da mesma forma, o tempo afastado de seus pais ou de suas turmas foi considerado uma força motivadora para as crianças mudarem o seu comportamento e aumentar a disposição de atender às expectativas dos adultos. Uma vantagem de "dar um tempo" é que era consideravelmente menos punitivo do que formas mais tradicionais de gerenciamento do comportamento, como a palmada.

No entanto, é triste que o "dar um tempo", embora talvez menos punitivo do que a palmada, tenha sido concebido como uma punição. As crianças não podiam evitar sentirem-se envergonhadas ao serem mandadas a "dar um tempo". Com alguma alteração, o conceito de "dar um tempo" poderia ter seguido na linha do pensamento adleriano e a pesquisa atual sobre o cérebro. Poderia ter sido um conceito à frente do seu tempo. Quando as crianças se comportavam mal, a ideia de que uma pequena pausa poderia permitir-lhes se acalmar ou até mesmo solucionar problemas foi realmente promissora. Embora certamente não tenha sido articulado dessa maneira na época, o "dar um tempo" poderia ter oferecido às crianças a oportunidade de se acalmar depois de ter se descontrolado. A partir da perspectiva do que agora entendemos sobre como nosso cérebro funciona, "dar um tempo" poderia ter sido uma ideia maravilhosa.

Infelizmente, a promessa por trás da ideia não foi concretizada por quase trinta anos, até começar a aparecer a literatura sobre Disciplina Positiva. Até então, o "dar um tempo", como foi teorizado e

> "Dar um tempo" punitivo certamente não motiva a melhorar o comportamento - exceto na criança que está se tornando uma "viciada em aprovação", baseada na necessidade de aceitação, mesmo que isso implique um alto custo ao seu senso de autovalor.

praticado, não era uma oportunidade para recuperar a capacidade de usar as partes mais racionais e pensantes dos nossos cérebros. Era algo mais parecido com uma sentença de prisão. As crianças eram enviadas para "dar um tempo" após cometer infrações de qualquer tipo, e chegaram a surgir "diretrizes de condenação". Uma noção ainda popular sustenta que a criança deveria "dar um tempo" por um minuto para cada ano de sua idade. Portanto, uma criança de 3 anos, *qualquer* criança de 3 anos, é considerada capaz de ficar sentada por três minutos e *aprender algo com isso*! Pais e professores, muitas vezes, adicionam a instrução ridícula para "pensar sobre o que você fez". Isso é ridículo porque pressupõe que as crianças irão realmente pensar sobre o que elas fizeram. Em vez disso, elas estão mais propensas a pensar sobre o que o adulto fez e como se vingar ou evitar serem pegas da próxima vez. Ainda mais triste é a criança que está pensando: "Eu sou uma pessoa má", uma crença em desenvolvimento que pode afetar o resto de sua vida. "Dar um tempo" punitivo certamente não motiva um comportamento melhor – exceto na criança que está se tornando uma "viciada em aprovação", baseada na necessidade de aceitação, mesmo que isso implique um alto custo ao seu senso de autovalor.

Não é de surpreender que, do ponto de vista da Disciplina Positiva, assim que "dar um tempo" começou a ser usado – e a ser visto pelas crianças como um castigo – disputas por poder se manifestaram. Não é incomum ouvir um pai contar uma história sobre "dar um tempo" ao filho e ele recusar-se a ir. O que geralmente se segue é uma luta prolongada sobre quando e se a criança vai realmente "dar um tempo". Frequentemente, a batalha pela disposição das crianças em "darem um tempo" sobrepõe qualquer mau comportamento que elas tenham apresentado de início.

Como o "dar um tempo" não era praticado como algo útil, mas usado como punição, qualquer utilidade que pudesse ter acabou desaparecendo. Roslyn Duffy, em um artigo de setembro de 1996 publicado na *Child Care Information Exchange*,[5] descreve um professor que reage a uma criança que bateu em seu colega de sala mandando o aluno "dar um tempo". "Embora as palavras 'E SOFRER' não sejam ditas, elas reverberam no ar. As crianças ouvem o não dito 'sofrer' alto e claro." Como qualquer outra punição, "dar um tempo" era considerado ineficaz a menos que doesse. O número certo de minutos foi calculado em uma tentativa pseudocientífica de fazer a punição doer apenas o suficiente, mas não muito.

Uma pergunta que nos fazemos muitas vezes em numerosos livros de Disciplina Positiva e apresentações é: "*De onde tiramos a ideia maluca de que para ajudar as crianças a agirem melhor, devemos primeiro fazê-las se sentirem pior?"*. Nós acreditamos que o inverso seja verdadeiro. *As crianças agem melhor quando se sentem melhor.* Isso não significa que defendemos não responsabilizar as crianças por seu comportamento; significa que, ao ensiná-las a serem responsáveis, devemos tratá-las com dignidade

> De onde nós tiramos a ideia maluca de que para ajudar as crianças a agirem melhor, primeiro devemos fazê-las se sentirem pior? As crianças agem melhor quando se sentem melhor.

e respeito e manter a visão de longo prazo em mente. Nós não queremos apenas que o "mau comportamento" seja interrompido; nós também queremos que nossas crianças desenvolvam habilidades de bom caráter para a vida.

Como explicado no Capítulo 3, as crianças não podem aprender em uma atmosfera de medo e vergonha. Ajudar as crianças a *sentirem-se melhor* é outra maneira de criar uma atmosfera segura e encorajadora para que elas possam acessar a parte racional de seus cérebros e estarem abertas à aprendizagem.

Vamos voltar ao nosso exemplo de "dar um tempo" do time de basquete. Às vezes, é mais fácil ver os efeitos do que fazemos com as crianças quando reexaminamos a mesma situação colocando adultos no papel da criança. É altamente improvável que um treinador profissional, ou qualquer bom treinador de qualquer área, tente motivar os jogadores da maneira que esse treinador fictício tentou. Muitos pais e professores ainda acham que é útil o uso de "dar um tempo" punitivo para fazer as crianças mudarem seu comportamento, e alguns desses pais e professores mandam as crianças "darem um tempo" com as mesmas mensagens de culpa e humilhação que o treinador fictício usou.

Punitivo *versus* positivo

O que realmente acontece quando uma equipe esportiva pede um tempo? Vamos dar uma olhada.

> *Quando os jogadores chegaram ao banco, todos sabiam que não estavam jogando bem. Quando se sentaram, cada um olhou para o chão. O treinador deles falou: "Tudo bem, estamos com dezesseis pontos atrás, jogo difícil. Não estamos no*

nosso melhor. Vamos todos respirar um pouco". Ele acenou para o apanhador de bolas e pediu-lhe para abanar os jogadores com uma toalha, uma vez que estava muito quente na quadra. Os jogadores sentaram-se e beberam das suas garrafas de água, sentindo a brisa ligeira, mas bem-vinda, que chegava até eles.

O treinador pegou sua lousa portátil e começou a desenhar Xs e Os nela. Os jogadores se inclinaram enquanto o treinador os ajudava a planejar uma nova estratégia. Ele falou rapidamente sobre apertar a defesa para que a outra equipe não pudesse continuar marcando. O armador sugeriu que, se colocassem dois jogadores colados na equipe adversária e tentassem forçar alguns erros deles, a equipe poderia tirar proveito disso. O treinador também falou sobre que tipo de jogadas precisariam fazer para abrir caminho e ter a chance de ganhar o jogo. O pivô disse que ninguém esperaria que ele fizesse cestas de três pontos, pois sua posição é geralmente mais perto da cesta, e três pontos eram lances de longa distância. O treinador olhou para ele e concordou com a cabeça: "Boa ideia. Vamos tentar abrir caminho para você fazer isso".

O sinal soou; o intervalo acabou. Os jogadores e o treinador ficaram em círculo. O treinador colocou a mão no meio do círculo, olhou em volta e disse: "Equipe!". Todos os jogadores estenderam as mãos para o meio e ecoaram: "Equipe!".

O que foi diferente no segundo cenário? Para começar, não havia culpa nem vergonha. O objetivo de "dar um tempo" não era fazer com que os jogadores se sentissem pior. Foi para incentivá-los a se sentirem melhor para que pudessem jogar melhor. Eles respiraram um pouco. Duas outras coisas que os ajudaram a se sentir melhor foram beber água e ser ventilados, a fim de se acalmarem. Finalmente, eles trabalharam juntos para criar um plano e jogar melhor. Todo o processo foi sobre *encorajamento*.

Compare essa abordagem com o tipo de "dar um tempo" para crianças. Nós exigimos que elas fiquem nos cantos ou se sentem na "cadeira do pensamento". Dizemos a elas para se sentarem em suas camas, mas que *não* podem brincar com brinquedos ou pegar livros. Em vez disso, elas devem ficar pensando sobre o que fizeram. Acesso a livros, brinquedos, cobertores confortáveis ou bichos de pelúcia, presumivelmente, devem ficar fora disso. Não é surpresa que as crianças geralmente não pensam sobre o que elas fizeram. Em vez disso, elas são vítimas de um dos Quatro R da Punição:

1. Ressentimento ("Isso é injusto, não posso confiar nos adultos.")
2. Retaliação ("Os adultos estão ganhando agora, mas vou me vingar.")

3. Rebeldia ("Eu vou fazer exatamente o oposto para provar que não tenho que fazer do jeito deles.")
4. Recuo, em forma de dissimulação ("Eu não serei pego da próxima vez.") ou de redução da autoestima ("Eu sou uma pessoa ruim.")

Pausas punitivas tendem a ser dadas em momentos quando todos estão zangados, quando sabemos (com base em estudos atuais sobre o cérebro) que é a ocasião menos provável para que ocorra uma resolução de problemas eficaz. No entanto, muitos pais e professores tentam lidar com o problema de comportamento de crianças quando eles (pais *e/ou* crianças) estão no estado de descontrole do funcionamento cerebral. A compreensão de como nosso cérebro funciona nos diz que isso é inútil. Crianças não conseguem aprender nada de positivo ou útil quando se sentem ameaçadas. Nesses momentos de descontrole, elas são capazes apenas de lutar, fugir ou paralisar. Suas versões dessas respostas podem ser uma retirada emocional (fuga), desafiar seus pais no momento ou planejar uma vingança ou rebeldia mais tarde (luta), ou simplesmente um olhar vazio (paralisação). Nesses momentos as conversas são inúteis, mesmo na melhor intenção, pois nossas crianças não são capazes de aceitar esse tipo de informação. Pior ainda, as conversas nesses momentos acabam alimentando o ressentimento ou um desejo por vingança.

Vamos repetir: pausa punitiva não é eficaz em longo prazo porque as crianças não estão "pensando no que fizeram". Elas estão pensando em como se vingar, como evitar serem descobertas, ou que elas são "ruins".

Pausa positiva

A pausa positiva se baseia em uma compreensão do cérebro e da natureza, isto é, que as crianças (e os adultos) se saem melhor quando se sentem melhor. Reserve um momento para refletir sobre esse pensamento, porque isso é muito importante. E se você realmente acreditar que poderia ajudar a criança a fazer melhor ajudando-a se sentir melhor, como seria essa pausa? As chances são de que isso ocorreria em um lugar agradável projetado por crianças, ou pelo menos com a sua contribuição, para ajudá-las a se abrandarem e se acalmarem. Também poderia incluir um dos pais ou professor, usando esse espaço com elas para ajudá-las a se sentirem melhor até que pudessem recuperar o acesso às partes racionais e pensantes de seus cérebros. Uma objeção comum (por adultos, não por crianças) ao dar uma pausa positiva é o medo de "recompensar o mau comportamento" e que as crianças o usem para *evitar* lidar com coisas que podem ser desconfortáveis para elas. Na verdade, as crianças geralmente estão muito mais dispostas a se *envolverem* na resolução de problemas quando elas estão calmas.

Para que o lugar da pausa positiva cumpra seu papel de fazer com que as crianças se sintam melhor, é uma boa ideia pedir às crianças que deem um nome diferente a ele. Assim como gostaríamos que fosse diferente, o termo *pausa* não evoca imagens encorajadoras de uma equipe esportiva aproveitando o intervalo para descansar, recarregar e planejar. Para a maioria das nossas crianças, *pausa* é um termo carregado e evoca sentimentos muito negativos. Um assistente social em Portland, Oregon, conta a história de quando ele foi trabalhar em um centro residencial de tratamento para crianças. Ele estava conversando com um grupo de meninos, e todos estavam empolgados tentando conversar ao mesmo tempo. Rindo, o assistente social fez um gesto de T com as mãos e disse: "Uau, acalmem-se. Pausa". Todos os meninos pareciam em pânico. Um deles perguntou, chorando: "O que nós fizemos?".

Nós descobrimos que as crianças, mesmo tão jovens como na idade pré-escolar, são muito criativas ao dar um nome ao espaço da pausa positiva. Uma turma decidiu chamá-la de "Espaço sideral". A professora pegou um tule azul e pendurou-o no teto em um dos cantos. As crianças coloriram planetas e estrelas que foram pendurados no teto. Em outra classe, as crianças decoraram uma caixa de papelão gigante, decidiram (em reuniões de classe) colocar livros, travesseiros, cobertores e bichos de pelúcia nela, e o chamaram de "Caverna". Em uma classe de educação infantil, as crianças chamaram seu espaço de "Alasca", e o professor criativo adicionou rapidamente o subtítulo "Um lugar para esfriar".

Os pais podem ajudar seus filhos a criarem, nomearem e decorarem áreas da pausa positiva em suas casas também. Embora certamente seja bom se uma família morar em uma casa grande o suficiente para acomodar uma área separada para um espaço de pausa positiva, isso não é decididamente um requisito. Famílias que vivem em pequenos apartamentos têm crianças criativas que podem fazer parte do processo para designar um espaço também. Uma criança pequena de um conhecido nosso disse ao pai que ela queria que seu "lugar para se sentir melhor" fosse debaixo da cama. Ela se sentia confortável ao ficar embaixo da cama e colocou lá alguns brinquedos muito especiais e bichos de pelúcia para ajudá-la a se sentir melhor. (Não está claro se os bichos de pelúcia empoeirados eram um conforto ou não.)

Um aspecto importante da pausa positiva é permitir que as crianças "escolham". Dessa forma, o velho "Você vai ficar de castigo" é substituído por "Ir para a caverna ajudaria você?". Claro, quando uma criança está em um estado de descontrole, ela pode ser irracional demais para escolher qualquer coisa. Então, é útil perguntar: "Você gostaria que eu fosse com você?". Para algumas crianças essa oferta é reconfortante o suficiente para ajudá-las a iniciar o processo de acalmarem-se. Outras vão recusar, ou, mais provavelmente, continuar a birra. Se a criança não está em nenhum perigo físico e não está ameaçando jogar ou quebrar coisas, um professor, mãe ou pai pode dizer algo como: "Está bem, eu vou até a caverna para me sentir melhor. Venha se juntar a mim se você quiser". Observar você ir para o espaço pode servir como uma surpresa suficiente para o sistema límbico da criança, a fim de que o córtex pré-frontal e os neurônios-espelho sejam capazes de dar o pontapé inicial, começar o processo tranquilizante e inspirá-la a seguir você. Outras crianças simplesmente podem precisar de tempo para "sentir os sentimentos" sem serem resgatadas ou "consertadas". Ficar por perto e oferecer "apoio energético" (ver Cap. 12) pode ser o tipo de pausa positiva que algumas crianças precisam.

Em uma sala de aula de educação infantil, Joel, um especialista em primeira infância que você vai conhecer no Capítulo 7, ficou muito frustrado ao tentar fazer uma reunião de classe com seu grupo de crianças. Quase ninguém estava cooperando, e Joel viu-se à beira de gritar. Em vez disso, ele se levantou e anunciou: "Estou frustrado demais para terminar nosso encontro agora. Eu vou para a caverna até que me sinta um pouco melhor". O grupo ficou em silêncio e observou de boca aberta Joel se enfiar na caverna. "Você está com raiva de nós?", perguntou uma criança. "Não", disse Joel. "Eu estava frustrado demais porque nossa reunião foi muito barulhenta, e eu precisava dar um tempo". Outra criança perguntou: "Você vai voltar?". Joel respondeu: "Sabe, eu estou me sentindo muito melhor. Acho que vou voltar agora". Seria legal relatar que o resto da reunião da turma decorreu sem problemas. A verdade é que foi caótica, mas algumas coisas muito importantes aconteceram. Primeiro, em um estado mais calmo, Joel realmente foi capaz de lidar com o caos de forma mais produtiva. Segundo, as ações de Joel proporcionaram às crianças o maravilhoso modelo de um adulto usando a pausa positiva para se sentir melhor.

Se a birra de uma criança representa um perigo para si própria ou para os outros, ou se ela está jogando e quebrando as coisas, pode ser necessário *trazê--la* para o espaço da pausa positiva. Ao levar a criança para lá, pai/mãe ou professor deve envidar todos os esforços para permanecer calmo, paciente e gentil. Pode ajudar *mover-se lentamente* com a criança para que ela não se sinta apressada e provocada. Também é vital nessas situações que o adulto fique lá com ela para oferecer apoio emocional. Quando o estado de descontrole de uma criança torna-a inacessível, essa é uma razão mais forte de que ela precisa de um adulto calmo para demonstrar carinho e preocupação.

Uma preocupação válida que pode ser levantada neste ponto é se o próprio ato de *trazer* uma criança para o espaço da pausa positiva pode se transformar em, ou exacerbar, uma disputa por poder. Isso pode ser especialmente verdadeiro para uma criança cujo objetivo equivocado naquele momento é poder mal direcionado ou vingança. Infelizmente, não há diretrizes infalíveis para tomar essa decisão. Se a segurança de uma criança (ou de outra pessoa) está claramente em risco, movê-la fisicamente pode, de fato, ser a melhor opção. Em nossa experiência, o que tem alimentado as disputas por poder que se seguem a partir dessas decisões são os movimentos rápidos do adulto, o desconforto e restrição da criança, o tom de voz desagradável e, em última análise, a necessidade de "vencer" a disputa. Na medida em que os pais e professores são capazes de manter a calma e o apoio durante o movimento, isso pode agir como um amortecedor para a raiva da criança.

Além disso, é importante lembrar que dar uma pausa positiva não é a única ferramenta no seu repertório. Pode ser mais apropriado sentar-se calmamente com a criança, oferecendo *apoio energético* até que sua agitação arrefeça. Algumas crianças param uma birra quando ouvem um pedido de um abraço, um pedido para ajudar, ou a validação de seus sentimentos, ou quando lhes é mostrada a raiva na roda de escolhas (mais sobre a roda de escolhas no Cap. 7).

Estado da mente como um lugar

Como já observado, para algumas crianças com muitas das condições que podem ser consideradas "necessidades especiais", mover-se de um ponto a outro, especialmente em um momento de descontrole, pode ser uma tarefa muito difícil. Um aspecto importante da pausa positiva que devemos ter em mente é que ele deve ser útil. Se mover sua criança com deficiência for mais traumático do que reconfortante, é sensato considerar como levar a estratégia de regulação positiva até ela. Ao fazer isso, pode ser necessário também limpar o local da pausa positiva, retirando as pessoas e objetos/móveis para reduzir o risco de alguém se machucar.

Lisa, mãe de Violet, uma menina com transtorno do espectro autista, descreveu como ela tentou e falhou repetidamente ao ajudar a filha de 7 anos a usar a pausa positiva para se sentir melhor. Certa vez, Violet estava fora de controle, e Lisa relatou que a filha não conseguia ouvir a sugestão da mãe para ir a seu lugar de "sentir-se melhor", nem aceitava ser levada para lá. Quando Lisa tentou ir sozinha (para ser modelo de autorregulação), sua filha começou a se ferir e a bater a própria cabeça. A estratégia da mãe foi trazer o saco de feijão que fica no lugar de se acalmar para a filha. Primeiro, Violet deitou-se sobre o saco de feijão, claramente reconfortada. Ao longo de alguns dias, ela foi capaz de acenar "sim" quando Lisa perguntou a ela se o seu saco de feijão a tinha ajudado a sentir-se melhor. Agora, elas estão focadas em tentar ajudar Violet a ir para o lugar de sentir-se melhor sozinha quando estiver muito chateada. Como Violet pareceu entender o valor de se acalmar, Lisa está otimista de que essa é uma habilidade que ela pode aprender.

Algumas adaptações de comunicação relacionadas à pausa positiva

Crianças no estado de descontrole podem estar mais receptivas à pausa positiva se você apresentar informações na forma de representações visuais além de palavras. Por exemplo, você pode expressar empatia mostrando fotos de expressão de sentimentos. Você pode lembrar as crianças do lugar especial ao mostrar uma fotografia dele; e você pode colocar, na área da pausa positiva, uma imagem de criança em estado calmo e relaxado. Com uma placa de dois lados, você pode mostrar a imagem do lugar da pausa positiva em um lado. No outro lado, você pode mostrar à criança a atividade que acontecerá depois que ela se sentir melhor. A seguir estão algumas adaptações de comunicação que podem ajudar a transformar a experiência perturbadora da sua criança em uma experiência positiva:

- Imagens com expressão de sentimentos (seis sentimentos comuns são: feliz, triste, bravo, assustado, frustrado e desapontado).
- Uma fotografia do lugar da pausa positiva.
- Uma fotografia ou um desenho representando a criança *descontraída* ou *calma*.
- Uma placa de dois lados com uma foto do espaço da pausa positiva de um lado e velcro no verso (para que uma foto possa ser anexada).

Steven, coautor deste livro, compartilha um exemplo de uso da ferramenta da Disciplina Positiva de pedir um abraço em conjunto com a pausa positiva. A criança na história estava em uma aula de habilidades sociais e tinha problemas graves de articulação e atrasos em outras áreas de seu desenvolvimento.

> *Hoje um menino de 4 anos saiu da mesa de arte gritando que estava "com raiva, frustrado e infeliz". Minha assistente seguiu-o até a nossa almofada confortável (o nosso lugar da pausa positiva), onde ele se enrolou em um cobertor, agora apenas gritando sem palavras e chutando a almofada. Ele se recusou a conversar com a assistente e apenas continuou a gritar. Sentei-me ao lado dele e sussurrei: "Eu preciso de um abraço". Ele continuou gritando e se contorcendo. Após cerca de quinze segundos, eu repeti: "Eu preciso de um abraço". Ele parou de gritar e balançar, mas se manteve de costas para mim. Mais dez segundos. "Eu preciso de um abraço". Depois de uma longa pausa, ele se virou, subiu no meu colo e me abraçou. Eu perguntei a ele se queria voltar para a mesa de arte sozinho ou se queria que eu fosse com ele. Ele me pediu para ir com ele. Ele voltou, terminou seu projeto alegremente e saiu da mesa.*

É claro que a pausa positiva é apenas uma das muitas ferramentas da Disciplina Positiva que serão discutidas nos próximos capítulos deste livro. É importante lembrar que nenhuma ferramenta é sempre eficaz para todas as crianças em todas as situações. A ênfase ao longo deste livro está em determinar quais ferramentas de Disciplina Positiva serão mais eficazes em determinada situação para uma criança e, se necessário, adaptá-la para torná-la mais acessível para crianças com deficiência.

5

A HISTÓRIA DE HANNAH: RECONHECER E APOIAR A CRIANÇA COMO UM TODO

Como uma criança de 4 anos com autismo, Hannah tinha uma capacidade limitada para falar. No entanto, suas habilidades em manter a atenção nos detalhes das fotos em livros, descobrir como realizar tarefas motoras complicadas e usar a imaginação com pequenos personagens de brinquedo levaram seus pais e professores a suspeitar que ela fosse de "alta funcionalidade". Embora a mãe de Hannah a levasse rotineiramente para brincar com um grupo de crianças três vezes por semana, Hannah foi trazida, um dia, por uma tia que estava cuidando dela enquanto ambos os pais estavam em uma viagem a trabalho por uma semana. Naquele dia, as primeiras atividades da rotina da manhã na escola estavam indo bem para Hannah. Ela brincou de forma independente com uma variedade de brinquedos durante o tempo livre e sentou-se na hora da roda, mostrando seu alto nível de interesse pelas amostras visuais que a professora usava nas atividades. Depois da roda, no momento de se reunir com seus colegas de classe na porta antes de ir para o ginásio, a professora deu-lhe uma foto do ginásio de uma cartela visual e disse a Hannah: "É hora de ir ao ginásio".

Normalmente, Hannah pegaria a foto, a examinaria e depois começaria a andar para lá, mas hoje ela respondeu de maneira bem diferente. Ela jogou a foto, começou a chorar e, em seguida, caiu no chão. Hannah parecia muito triste e não pôde ser consolada pela voz suave da professora, nem por um abraço reconfortante. Também não ajudou quando a professora, tentou mostrar que as outras crianças estavam esperando na porta ou que muitos dos brinquedos favoritos de Hannah estavam no ginásio. A professora suspeitou que Hannah estivesse chateada não só porque houvera uma mudança em sua rotina habitual naquela manhã, dada a ausência de sua mãe, mas porque ela realmente sentia falta da mãe e não tinha como explicar seu senso de perda.

Com isso em mente, a professora pegou papel e canetas e começou a desenhar a história do dilema de Hannah, enquanto dizia: "Hannah está triste, mamãe e papai não estão em casa, mamãe e papai foram para um hotel, mamãe e papai vão voltar para casa em cinco dias, Hannah ficará feliz, mamãe e papai ficarão felizes". Hannah parou de chorar quando a professora mencionou "mamãe", e ela observou atentamente como sua professora desenhou imagens simples contando a história. Quando a professora fez uma pausa entre os desenhos, Hannah empurrou a mão da professora para desenhar mais. Em várias ocasiões nas duas sessões seguintes, Hannah encontrou papel e canetas na sala de aula e os trouxe até a professora para que ela contasse novamente a história e fizesse os desenhos. Além de revisar com Hannah a história sobre suas emoções, a professora reconheceu todas as tentativas de Hannah de responder a solicitações. O resultado durante aquela semana foi muito positivo: as expressões emotivas infelizes que Hannah tinha exibido no início da semana se transformaram e não voltaram a acontecer.

A professora de Hannah foi bem-sucedida em ajudar Hannah a se acalmar porque ela considerou não só o comportamento que Hannah estava mostrando e que parecia ser um gatilho (dificuldade de transição), como também a vida de Hannah como um todo. Em uma perspectiva tradicional de educação para crianças com deficiência, o professor pode tirar conclusões apenas do que pode ser observado externamente: a dificuldade com a transição e a recusa de Hannah em ir ao ginásio com o resto da turma. Em vez disso, a professora considerou os sentimentos de Hannah sobre a ausência de seus pais, bem como as mudanças que Hannah vivenciou em suas rotinas diárias, ao ser cuidada por sua tia. A consciência da professora sobre o interesse de Hannah e capacidade de compreender imagens, combinada com sua limitação significativa em falar sobre pensamentos e sentimentos, levou essa professora a considerar um método alternativo para comunicar empatia e compreensão. Com base em seu conhecimento da "criança como um todo", a professora de Hannah pôde responder com maior consideração e eficácia.

> Seu sucesso com a criança com deficiência é significativamente melhorado quando você a vê e se relaciona com ela como um todo. Quando a criança é desafiada, todo o seu ser é desafiado: pensamentos, sentimentos e comportamentos combinados.

Seu sucesso com a criança com deficiência é significativamente melhorado quando você a vê e se relaciona com ela como um todo. Quando a criança é desafiada, todo o seu ser é desafiado: pensamentos, sentimentos e comportamentos combinados. Ela não é simplesmente "uma criança com comportamentos desafiadores". Para ajudar a criança, tente entender o que ela está experimentando em sua vida, dentro de sua família e com outras pessoas fora da família. Considere como sua deficiência afeta a experiência com os desafios da vida. Quanto mais você for capaz de entender o que torna a criança única como uma pessoa por inteiro, mais você será capaz de selecionar ferramentas de apoio e orientação que levarão ao desenvolvimento de suas habilidades socialmente úteis em longo prazo.

> Quanto mais você for capaz de entender o que torna a criança única como uma pessoa por inteiro, mais você será capaz de selecionar ferramentas de apoio e orientação que levarão ao desenvolvimento de suas habilidades socialmente úteis em longo prazo.

As ferramentas da Disciplina Positiva relacionadas à criança como um todo

De forma a reconhecer e apoiar a criança como um todo, sugerimos que você crie oportunidades para ela desenvolver crenças pessoais afirmativas. Como praticante de Disciplina Positiva, você ajudará a criança a desenvolver estas duas crenças importantes:

- Eu tenho a capacidade de entender meus sentimentos e posso demonstrar autocontrole.
- Eu posso responder às experiências da vida cotidiana com responsabilidade, adaptabilidade, flexibilidade e integridade.

A professora de Hannah respondeu à insatisfação da menina apoiando-a e ajudando-a para que desenvolvesse crenças positivas sobre si mesma. Ela desenhou e falou sobre os sentimentos de Hannah em vez de ignorá-los e simplesmente tentar impedir os comportamentos. Ela ofereceu a Hannah uma maneira alternativa de processar seus sentimentos, ao escutar e ver uma história, que finalmente permitiu que Hannah demonstrasse *autocontrole*. Em resposta aos esforços da professora, Hannah assumiu a *responsabilidade* de manter e iniciar conversas sobre a sua situação. Ela demonstrou *adaptabilidade* à situação diante da oferta empática de informação da professora. Ela mostrou *flexibilidade* em seu pensamento porque o recurso visual ajudou-a a ver as circunstâncias de forma diferente. E ela demonstrou *integridade* ao se envolver com a professora de maneira mutuamente respeitosa.

As ferramentas da Disciplina Positiva relacionadas ao objetivo equivocado da criança

Embora seja importante usar as ferramentas da Disciplina Positiva para dar apoio à criança como um todo, também será útil entender a crença por trás de seus comportamentos e o objetivo equivocado correspondente. Isso permitirá que você use as respostas proativas e encorajadoras da Disciplina Positiva para ajudar a criança a vivenciar sentimentos de aceitação e importância de maneiras socialmente úteis. No cenário com Hannah, a professora sentiu-se ineficaz quando a menina não fez a transição de atividade da forma suave costumeira e não respondeu ao reconforto. O sentimento de inadequação da professora (primeiro indício de que o objetivo equivocado de Hannah foi inadequação assumida) continuou quando Hannah se manteve indiferente aos esforços para redirecionar sua atenção para outras crianças ou ao ser lembrada de que seus brinquedos favoritos estariam no ginásio. A professora resistiu à vontade de reagir desistindo (afastando-se) ou ajudando Hannah em excesso (conduzindo-a até o ginásio). Em vez disso, ela levou em consideração as ações em que Hannah decidiu se envolver e "leu" a mensagem decodificada em suas ações: "Não desista de mim. Mostre-me um pequeno passo".

Se a criança está agindo por meio do objetivo equivocado de inadequação assumida, você pode usar as respostas proativas e encorajadoras da Disciplina Positiva relacionadas a esse objetivo equivocado. Essas respostas são destacadas nas próximas páginas, com a história de Hannah como um exemplo de como aplicá-las.

Dividir as tarefas em pequenos passos

No cenário sobre Hannah, a professora usou uma história desenhada para ajudar Hannah a entender a sequência das viagens de seus pais. O passo inicial no processo, para Hannah, foi ver e ouvir a história. A professora inicialmente não exigiu que Hannah se levantasse ou se movesse na direção da porta da sala de aula. Você pode ajudar a criança mostrando a ela uma visão geral das habilidades/expectativas como uma sequência de pequenos passos e ensiná-la a dar apenas um pequeno passo de cada vez.

Parar todas as críticas

Ao longo de suas interações com Hannah, a professora permaneceu calma, gentil e cuidadosa. Ela não repreendeu Hannah quando a menina não seguiu a solicitação de transição de atividades em que deveria ir para a porta com seus colegas de classe. Sua resposta equilibrada e bem-intencionada ao comportamento indesejado da criança, quando ela demonstra um comportamento indesejado, ajudará você a não perpetuar o comportamento equivocado, mas, em vez disso, você deverá apoiar a capacidade da criança de se comportar de maneira mais favorável.

Encorajar qualquer iniciativa positiva

A professora de Hannah se concentrou em compreender e expressar os sentimentos dela e as razões suspeitas de sua tristeza. Ela não focou no comportamento de Hannah de cair no chão e interromper a transição para a porta. Além disso, a professora respondeu ao pedido de Hannah em comunicação não verbal para que a história fosse recontada, e ela reconheceu que Hannah sempre cooperava com suas solicitações. Quando você responde favoravelmente a qualquer iniciativa da criança de realizar parte ou todo o comportamento esperado, você está oferecendo informações que podem levá-la a entender que a tarefa é possível.

Confiar nas habilidades da criança

Quando a professora de Hannah viu quão favoravelmente Hannah respondeu à história sobre sentimentos e viagem de seus pais, ela se sentiu mais confiante de que Hannah poderia se recuperar do seu desapontamento. Desde que você considere fazer quaisquer modificações necessárias relacionadas com a deficiência da criança na atividade esperada e apresente uma expectativa baixa o suficiente para que ela a realize, você pode confiar que ela terá a capacidade de ser bem-sucedida.

Focar nos pontos fortes

A professora percebeu os pontos fortes de Hannah: sua atenção aos detalhes de informação visual e sua compreensão básica sequencial. A professora "ouviu" a mensagem não verbal de Hannah para repetir a história. Você pode, de maneira efetiva, usar os pontos fortes da criança e incorporá-los para ajudá-la a realizar uma tarefa difícil.

Não sentir pena

A professora de Hannah teve *empatia* por ela. A empatia é muito diferente de pena. Ela comunicou por meio dos desenhos que entendeu os sentimentos de Hannah. Ela não estava envergonhada ou desapontada por Hannah ter ficado tão descontrolada pela forte emoção. A criança será ajudada quando você e outras pessoas tentarem entender os sentimentos dela sobre uma situação, não quando você sentir pena da criança por causa do comportamento mal direcionado.

Não desistir

A professora de Hannah insistiu em buscar soluções positivas que a ajudassem a se autorregular. Ela não conduziu Hannah fisicamente ao ginásio. Ela esperou que Hannah tomasse a iniciativa. A criança com deficiência continuará a aprender novas habilidades. Durante esse processo, você terá a oportunidade de praticar a paciência enquanto ela estiver desenvolvendo novas habilidades sociais que levam tempo para se desenvolver.

Criar oportunidades para o sucesso

A professora de Hannah ficou ao lado dela, comunicando, por meio da linguagem corporal, que estava disponível para ela. Ao posicionar-se perto de Hannah dessa forma, ela pôde estar atenta e encorajar qualquer iniciativa da menina de ir até a porta. Considere como você pode orquestrar a situação para que a criança vivencie o sucesso, mesmo em pequenas tentativas de atender à expectativa.

Ensinar habilidades

A professora de Hannah ensinou-a a responder e a se comunicar por meio de imagens como forma de processar as experiências mais abstratas de suas emoções. Ela agradecia sempre que a menina seguia uma orientação. Faça do ensino de autorregulação e habilidades sociais uma prioridade. Quanto mais a criança adquirir competência nessas áreas, melhor ela será em responder favoravelmente diante de situações desafiadoras.

Mostrar como, mas não fazer por ela

A professora de Hannah recusou-se a mover Hannah fisicamente já que a resposta esperada era a de caminhar até a porta. Se ela tivesse feito isso, teria aumentado o risco de provocar mais aborrecimento em Hannah, a qual poderia ter ficado insatisfeita por ter sido forçada a fazer algo que não estava pronta para fazer. Em vez disso, a professora esperou pacientemente que Hannah recuperasse o controle e andasse por conta própria.

Em uma situação semelhante com sua criança, tente modelar o comportamento para ela e pratique esperar pacientemente que ela imite a ação esperada de forma independente. Se a criança ainda não tem habilidade de imitação, gentilmente ajude-a a executar a ação. Ofereça esse tipo de suporte inicialmente, se você não sentir resistência física dela. Enquanto você "mostrar como fazer" dessa maneira, "escute com suas mãos", isto é, quando você literalmente *sentir* qualquer movimento físico da criança para completar de forma independente uma parte ou toda a ação, retire gradualmente o seu apoio. Nós entendemos que há momentos em que esperar pacientemente será difícil. Imagine que esperar com paciência é um objetivo a ser alcançado. O esforço é bom; mas aceitar que, às vezes, não será o suficiente, é fundamental.

Construir com base nos interesses

Sabendo que Hannah gostava de ver os detalhes das fotos, a professora usou desenhos para comunicar empatia e compreensão a ela. O interesse de

Hannah por seus pais fez com que o conteúdo das histórias da professora a motivassem a se concentrar. Use os interesses da criança para obter e manter a atenção na habilidade que você está ensinando.

Encorajar

A professora de Hannah encorajava-a sempre que ela seguia uma instrução, por exemplo, "Obrigada, Hannah, por ter guardado sua lancheira". As palavras que você usa para encorajar a criança, pronunciadas não como elogio, mas como afirmações sobre suas ações positivas, a ajudarão a aprender sobre o comportamento socialmente útil.

Usar reuniões de classe/família

Se a falta de cooperação de Hannah com os pedidos da professora tivesse continuado, a professora poderia ter abordado o tema durante a hora da roda diária. Por exemplo, com Hannah e seus colegas da pré-escola, a professora poderia ter elaborado ideias com o grupo sobre o que fazer quando nos sentimos muito tristes. Desenhar figuras para "listar" as sugestões citadas pode ajudar as crianças a entenderem as ideias compartilhadas. Além disso, a professora pode usar uma atividade de dramatização para as crianças praticarem como se recuperar de aborrecimentos. No contexto de uma dramatização durante a reunião de classe, Hannah e seus colegas poderiam observar e considerar soluções para seus desafios. As reuniões de família/classe podem ser inestimáveis para abordar preocupações fora do contexto das situações que levam você a se preocupar. A participação da criança na reunião pode ajudá-la a enxergar uma variedade de opções para responder a desafios. Considere a capacidade de desenvolvimento e as deficiências da criança quando for escolher o tipo de material visual para documentar ideias na reunião (desenhos, palavras impressas etc.)

Curtir a sua criança

A professora de Hannah realmente gosta muito dela. Ela vê os desafios que Hannah vivencia como oportunidades para descobrir maneiras positivas de ajudar a aluna a aprender habilidades sociais que lhe permitirão ter sucesso em toda a sua vida. Encontre maneiras de aproveitar a criança. Essa jornada que você passa com ela pode ser uma chance de fazer novas descobertas que levem vocês a um relacionamento mais forte e mais conectado.

Revisão das ferramentas da Disciplina Positiva apresentadas neste capítulo

1. Ajudar a criança a desenvolver a crença de que *"eu tenho a capacidade de entender meus sentimentos e posso demonstrar autocontrole"*.
2. Ajudar a criança a desenvolver a crença de que *"eu posso responder às experiências da vida cotidiana com responsabilidade, adaptabilidade, flexibilidade e integridade"*.
3. Dividir as tarefas em pequenos passos.
4. Parar todas as críticas.
5. Encorajar qualquer iniciativa positiva.
6. Confiar nas habilidades da criança.
7. Focar nos pontos fortes.
8. Não sentir pena.
9. Não desistir.
10. Criar oportunidades para o sucesso.
11. Ensinar habilidades.
12. Mostrar como, mas não fazer por ela.
13. Construir com base nos interesses.
14. Encorajar.
15. Usar reuniões de classe/família.
16. Curtir a sua criança.

6

A HISTÓRIA DE JAMIE: FORTALECER O SENSO DE ACEITAÇÃO E IMPORTÂNCIA DA CRIANÇA

Jamie, com 3 anos, adorava brincar com carrinhos e caminhões. Antes de completar 1 ano, ele gostava de ficar deitado com a cabeça no chão, olhando as rodas de seus carrinhos enquanto os rolava para a frente e para trás. Quando ele foi diagnosticado com transtorno do espectro autista na idade de 18 meses, uma avaliadora entre os demais recomendou a seus pais que limitassem seu tempo brincando com carrinhos. Ela acreditava que esse comportamento repetitivo estava provavelmente reduzindo seu tempo de aprendizagem sobre como brincar com esses e com outros brinquedos, e que sua preferência por brincar de forma solitária com os carrinhos estava interferindo em sua capacidade de aprender a brincar com os outros.

Os pais de Jamie levaram a sério todas as sugestões que foram dadas a eles sobre seu filho. Quando voltaram para casa, eles colocaram todos os carrinhos de brinquedo em uma caixa grande e guardaram-na em uma prateleira no armário. Eles decidiram que pegariam apenas alguns deles de cada vez, e por um período limitado de tempo a cada dia. Aparentemente, nem todos os carrinhos foram guardados, pois enquanto seus pais discutiam a estratégia, Jamie entrou na sala, com um sorriso no rosto, segurando um carrinho. Jack, o pai de Jamie, rapidamente pegou o carrinho de brinquedo de sua mão e disse: "Vamos buscar seu quebra-cabeça". Jamie pareceu chocado e, em seguida, seu rosto se contorceu de raiva. "Carro? Carro?" Ele disse, com desespero em sua voz. Jack respondeu: "Vamos brincar com quebra-cabeça, Jamie". Quando Jamie insistiu, "Carro? Carro?", Jack saiu da sala. Em vez de seguir seu pai, Jamie caiu no chão e gritou: "Carro!", em um tom de voz muito infeliz. Enquanto contorcia o corpo e rolava para a frente e para trás no chão, ele começou a gritar e a chorar tristemente. Jack ficou na outra sala, tentando decidir se estava fazendo a coisa certa, enquanto esperava que Jamie se acalmasse e se juntasse a ele no jogo de quebra-cabeça.

Todas as crianças, incluindo crianças com deficiência, se esforçam para se sentirem aceitas e importantes em suas famílias e comunidades. Jamie inicialmente mostrou comportamentos que sugerem que ele realmente sentia aceitação e importância. Ele entrou na sala onde os pais estavam. Ele demonstrou que se sentia seguro e sentia um senso de conexão (aceitação) na presença dos pais ao sorrir enquanto segurava seu carrinho.

> Todas as crianças, incluindo crianças com deficiência, se esforçam para se sentirem aceitas e importantes em suas famílias e comunidades.

Quando Jack agarrou o carrinho sem pedir permissão para pegá-lo, a reação emocional de Jamie foi de surpresa. Ele imediatamente mostrou sinais de frustração e angústia porque sua tentativa posterior de comunicação ("Carro? Carro?") foi ignorada. As respostas emocionais de Jamie eram legítimas, e suas reações, apropriadas às experiências. Ele continuou a se comunicar com o pai, embora com angústia na voz, sugerindo que Jamie acreditava que ainda podia se conectar (ser aceito) e que sua mensagem era importante o suficiente para ser ouvida (importância). Finalmente, parece que o senso de aceitação e importância de Jamie começou a se desgastar quando Jack (sob a perspectiva de Jamie) ignorou sua aflição e não reconheceu o que Jamie estava comunicando a ele. Quando Jamie se jogou no chão, provavelmente isso refletia seu crescente desespero com a perda súbita e inexplicável de seu carrinho, bem como sua frustração por não conseguir transmitir sua mensagem. A sequência de comportamentos desencorajados (gritar, chorar e rolar no chão) provavelmente foi um sinal de que naquele momento Jamie não se sentia tão aceito e importante como pensava antes.

Quando a criança com deficiência se comporta de formas que não são socialmente pertinentes, fazer uso de ferramentas da Disciplina Positiva irá afirmar nela o

> Como a capacidade da criança de entender o significado das palavras ou as interações pode estar comprometida pela natureza da sua deficiência, talvez você precise ajustar sua comunicação e suas ações para que a mensagem, de confirmação e apoio ao senso de aceitação e importância, seja claramente recebida.

senso de aceitação e importância, assim como você irá ajudá-la a aprender maneiras alternativas de se comportar. Como a capacidade da criança de entender o significado das palavras ou as interações pode estar comprometida pela natureza da sua deficiência, talvez você precise ajustar sua comunicação e suas ações para que a mensagem, de confirmação e apoio ao senso de aceitação e importância, seja claramente recebida.

Ferramentas da Disciplina Positiva para fortalecer o senso de aceitação e importância da criança

Vamos repetir o cenário anterior com Jamie, e, desta vez, imagine que o pai dele tenha usado ferramentas da Disciplina Positiva nessa situação. Embora o pai de Jamie ainda pudesse estar preocupado que Jamie tivesse encontrado o carrinho, ele teria abordado Jamie de maneira mais amorosa e compreensiva. (Ele também poderia ter percebido que pegar o carrinho *não era um problema na perspectiva de Jamie*.) Em vez de pegar o carrinho de Jamie, Jack poderia ter comentado sobre o brinquedo e, mais importante, sobre o sentimento de Jamie em relação a isso: "Você encontrou um carrinho! Você está feliz com o carrinho!". Jack poderia, então, ter encorajado algumas ideias para o carrinho: "O que você pode fazer com o seu carrinho?". Além disso, Jack poderia ter aproveitado essa oportunidade para ensinar habilidades sociais, pedindo para segurar uma vez e brincar com o carro para que ele pudesse modelar para o filho a expansão das ideias de brincadeira. Jack poderia ter encorajado oportunidades repetidas de trocas de turnos recíprocas, usando palavras que Jamie também poderia usar em outras situações: "Sua vez" (ou "vez do Jamie") e "minha vez" (ou "vez do papai").

Jack poderia ter apresentado o quebra-cabeça de maneira mais gradual, em um esforço para ajudar Jamie a mudar com mais facilidade e de modo mais agradável seu foco de atenção e interesse de carrinhos para quebra-cabeças. Quando chegasse a vez de Jack segurar e brincar com o carrinho, Jack poderia tê-lo levado para outro cômodo à procura de uma loja imaginária de brinquedos. Jamie provavelmente o teria seguido porque queria o carrinho, chegando ao outro cômodo sem resistência. Uma vez lá, Jack poderia devolver o carrinho a Jamie, encorajando-o a dirigir pela loja de brinquedos. Quando novamente fosse a vez de Jack com o carrinho, Jack poderia ter levado o carrinho até as prateleiras de quebra-cabeças e escolhido um quebra-cabeça. Sabendo do interesse de Jamie por carrinhos, Jack poderia ter, estrategicamente, escolhido um quebra-cabeça com esse tema. Com Jamie ao lado dele, vigiando de perto o carrinho que Jack estava segurando, Jack poderia ter escondido o carrinho debaixo do quebra-cabeça (para Jamie encontrar) ou tirado uma peça do quebra-cabeça (atraindo Jamie para completá-lo). O cenário poderia ter continuado assim, com Jack em cada uma das vezes segurando o carrinho, apresentando um desafio extremamente pequeno para Jamie com a intenção de ajudá-lo a expandir a brincadeira com uma variedade de brinquedos. É certamente possível que Jamie não estivesse pronto para esses desafios adicionais e pudesse apenas ter desejado seu carrinho de volta para brincar do seu próprio jeito. No entanto, mesmo que Jack tivesse somente ajudado Jamie a aceitar revezar a vez (mesmo que direcionado por Jack) e se mover com facilidade para uma sala diferente com o seu carrinho, estas teriam sido realizações significativas para Jamie.

Se Jamie tivesse ficado estressado a qualquer momento que seu pai segurasse o carrinho, Jack poderia ter refletido sobre os sentimentos de Jamie e expressado a mensagem de seu filho: "Você parece preocupado. Você quer seu carrinho agora!". Ao fazer isso, Jack teria reconhecido não só que ele entendia a comunicação de Jamie, mas também que a mensagem de Jamie era importante. Além disso, Jack teria demonstrado empatia por Jamie, ajudando o filho a se sentir compreendido. E ele teria dado a Jamie um nome para esse sentimento, começando o importante trabalho de construir um vocabulário emocional e, como Stanley Greenspan disse, o "pensamento emocional".[6]

Nesse novo cenário, o pai de Jamie fortaleceu o senso de aceitação e importância do filho ao aplicar sete ferramentas muito importantes da Disciplina Positiva:

- Certificar-se de que a mensagem do seu amor seja transmitida.
- Criar conexão antes da correção.
- Escutar para poder "entrar no mundo da criança".
- Refletir e/ou validar sentimentos.
- Dedicar tempo para treinamento.
- Ser gentil e firme ao mesmo tempo.
- Usar os Três R da Reparação.

No novo cenário, o pai de Jamie demonstrou entusiasmo e aceitação, embora inicialmente estivesse desconfortável com a brincadeira de Jamie com o carrinho (*garantiu que a mensagem de amor fosse transmitida*). Ele ouviu Jamie e reconheceu seu interesse pelo carrinho (*conexão antes da correção*) e, em seguida, dedicou *tempo para treinamento*, envolvendo-o em revezar reciprocamente, usando seu objeto de interesse. Quando Jamie ficou chateado, Jack *refletiu e validou seus sentimentos*. Jack foi *gentil e firme* ao mesmo tempo: gentil ao ser respeitoso com Jamie e firme para atender às necessidades da situação (ajudar Jamie a aprender novas habilidades). Todas essas ferramentas ajudam Jamie a desenvolver um senso de aceitação e importância que irão guiá-lo a aprender as habilidades que são importantes para o seu crescimento e desenvolvimento.

Infelizmente, a vida real não nos permite repetir uma situação com a criança depois que inadvertidamente (mas com a melhor das intenções) a estragamos. No primeiro cenário aqui descrito, o pai de Jamie pode reparar o seu erro e tentar restaurar o equilíbrio emocional de seu filho usando os Três R da Reparação: Reconhecer, Reconciliar e Resolver. Como discutimos no Capítulo 3, erros não intencionais em nossas interações com as crianças são inevitáveis. Se você cometer um erro com a criança, nós o encorajamos a restaurar a conexão entre vocês e confirmar que ela é verdadeiramente importante.

Para trazer seu relacionamento com a criança de volta ao equilíbrio, siga os Três R da Reparação: *reconhecer* sua parte no erro, *reconciliar-se* com a criança ao comunicar que você se desculpa sinceramente por ter lidado mal com a situação e *resolver* o problema ao envolver a criança na solução. Você provavelmente deve ter notado como as crianças perdoam quando você se desculpa. Esse ato simples cria uma conexão antes de você passar para a fase de correção, trabalhando em uma solução juntos.

> Para trazer o seu relacionamento com a criança de volta ao equilíbrio, siga os Três R da Reparação: reconhecer sua parte no erro, reconciliar-se com a criança ao comunicar que você se desculpa sinceramente por ter lidado mal com a situação e resolver o problema ao envolver a criança na solução.

Se a criança tiver uma linguagem receptiva limitada e não entender os conceitos abstratos associados com os Três R da Reparação, você pode (1) usar linguagem simples para admitir que você cometeu um erro (p. ex., "Uh-oh!

Papai errou!"), (2) mostrar empatia pelo aborrecimento da criança que foi provocado por suas ações (p. ex., "Você está triste", combinado com uma expressão facial triste e tom de voz triste), e (3) em termos simples, procurar uma solução (p. ex., "Ajudaria se o papai devolvesse o carrinho a você?").

Assegurar-se de que a mensagem de amor seja transmitida, oferecendo conexão antes da correção e praticando os Três R da Reparação (quando apropriado) fortificará consideravelmente o senso de aceitação e importância da criança. Além dessas ferramentas da Disciplina Positiva e das outras mencionadas acima, sua compreensão da crença equivocada por trás do comportamento da criança e seu correspondente objetivo equivocado, mais uma vez, evidenciarão os tipos de respostas proativas e encorajadoras que fortalecerão o senso de aceitação e importância da criança.

As ferramentas da Disciplina Positiva relacionadas ao objetivo equivocado da criança

Demorou menos de três minutos para Jamie se transformar de um garoto feliz que segurava seu amado carrinho para uma criança muito angustiada e desencorajada. Porém, as crenças por trás do que levou às decisões de Jamie sobre como reagir, combinadas com as crenças que guiaram as decisões de Jack sobre como responder, são complexas. Uma análise das interações entre Jamie e seu pai, através das lentes do Quadro dos objetivos equivocados (ver Cap. 2), dá pistas sobre o objetivo equivocado de Jamie, bem como sobre formas encorajadoras com que seu pai poderia responder.

O foco intenso de Jamie em carrinhos era *inocente*. Um comportamento como esse, que envolve uma preocupação significativa com certas coisas ou ideias, incomum nessa quantidade ou frequência, é uma das características do transtorno do espectro autista. Jack *interpretou erroneamente* esse comportamento como um desafio, como se Jamie tivesse direcionado seu comportamento para ele. A resposta de Jack, arrancando o carrinho das mãos de

> O comportamento inocente de uma criança pode ser transformado em comportamento de objetivo equivocado como resultado da reação do adulto ao comportamento inocente.

A história de Jamie: fortalecer o senso de aceitação e importância da criança

Jamie sem pedir permissão, surgiu de sua própria crença de que Jamie precisava expandir seu repertório de brincadeiras e a subsequente determinação de Jack de *fazer* com que Jamie parasse de se concentrar em carrinhos. Em resposta às ações de seu pai, Jamie não o seguiu até a sala com o quebra-cabeça e, em vez disso, intensificou seu foco no carrinho (caiu no chão e gritou: "Carro!"). O comportamento de Jamie foi piorando ainda mais, chegando a rolar no chão enquanto gritava e chorava.

O aborrecimento intensificado de Jamie por causa da falta de seu carrinho, claramente refletido em seus comportamentos seguintes, foi significativamente provocado pelas ações de Jack. Essas ações, por sua vez, resultaram dos sentimentos de Jack de ameaça e desafio pelo comportamento inocente inicial de Jamie. A intensidade do comportamento de Jamie foi ainda mais afetada por seu desejo legítimo pela atenção e reconhecimento da comunicação pelo pai. Jack ignorou o pedido inocente de Jamie pelo carrinho (em virtude do erro de interpretação de Jack), levando Jamie a se comportar de maneiras que eram, de fato, socialmente direcionadas. A esse ponto Jamie realmente *estava* direcionando seu comportamento *para* Jack. Esse é um exemplo claro de como o comportamento inocente de uma criança pode ser transformado em comportamento de objetivo equivocado como resultado da resposta do adulto ao comportamento inocente.

Baseado nos sentimentos de Jack (ameaçado e desafiado) e ações (tomando o carrinho e indo embora), o objetivo equivocado relacionado às ações socialmente direcionadas de Jamie era poder mal direcionado. A crença equivocada por trás dos comportamentos de Jamie era: "Eu sou aceito e importante apenas se eu estiver no controle e quando ninguém manda em mim". A mensagem decodificada relacionada a esse objetivo equivocado é: "Deixe-me ajudar. Dê-me escolhas".

Se a criança está agindo baseada no objetivo equivocado de poder mal direcionado, a Disciplina Positiva oferece muitas ferramentas valiosas e úteis. Além das ferramentas já mencionadas, vamos discutir as próximas oito ferramentas da Disciplina Positiva que poderiam ter ajudado no cenário de Jamie. Algumas são ferramentas que foram mencionadas anteriormente. Além disso, a importância da ferramenta de ser gentil e firme ao mesmo tempo será discutida em mais detalhes.

- Redirecionar a criança ao poder positivo pedindo sua ajuda.
- Oferecer escolhas limitadas.

- Ser firme e gentil ao mesmo tempo.
- Decidir o que você vai fazer.
- Deixar a rotina ser o chefe.
- Usar os quatro passos para conseguir cooperação.
- Lembrar-se de que a criança irá ouvi-lo depois que ela se sentir escutada.
- Usar reuniões familiares/de classe.

É muito importante saber que nunca há somente uma maneira de lidar com um comportamento desafiador. Você se sentirá mais encorajado quando tiver várias possibilidades, então poderá escolher o que parecer mais apropriado no momento.

> É muito importante saber que nunca há somente uma maneira de lidar com um comportamento desafiador.

Redirecionar a criança ao poder positivo pedindo sua ajuda

Não é muito provável que uma criança que esteja *ajudando* os pais ou o professor esteja simultaneamente tendo problemas com esse adulto. O próprio ato de ajudar pode levar a criança a sentir poder pessoal e construtivo relacionado ao que ela é capaz de realizar e a sentir que tem controle sobre alguma parte de seu ambiente. Baseado no senso diminuído de poder pessoal e controle que uma criança com deficiência pode frequentemente experimentar em virtude das limitações associadas à sua condição, pedir a ajuda dessa criança é muito encorajador e valioso. No exemplo da situação com Jamie, sua ajuda poderia ter sido solicitada desde o princípio. Jamie poderia ter sido convidado a ajudar a colocar o carrinho em um lugar especial ou a ir ajudar a procurar o quebra-cabeça. Se Jamie não entendesse apenas as palavras, as informações relacionadas à ajuda poderiam ter sido apresentadas de forma mais concreta: uma caixa especial de "limpeza" rotineiramente usada para guardar brinquedos especiais poderia ter sido apresentada como uma forma de ele estar sendo requisitado para ajudar a limpar o ambiente. Ou o pai de Jamie poderia ter buscado um quebra-cabeça da outra sala, começado a montá-lo perto de Jamie, e depois pedido que Jamie o ajudasse a terminar.

Oferecer escolhas limitadas

Proporcionar escolhas geralmente leva a criança a um aumento do senso de controle porque, em última análise, a criança (e não o adulto) consegue escolher. Se Jack tivesse dado a Jamie mais escolhas em suas maneiras de brincar, Jamie teria menos probabilidade de sentir que estava sendo controlado por seu pai. "Você gostaria que seu carrinho ficasse aqui 'olhando' enquanto montamos um quebra-cabeça, ou gostaria de colocá-lo no seu bolso?" Sentir o seu próprio poder pessoal, porque pode fazer escolhas, pode levar uma criança como Jamie a vivenciar o poder não de uma maneira equivocada, mas de uma forma adequada e socialmente útil de desenvolvimento.

Além disso, como forma de redirecionar a atenção de Jamie para outros brinquedos, Jack poderia ter oferecido a Jamie outras opções atraentes, como pular em um minitrampolim ou olhar seu livro favorito. Quando uma criança com transtorno do espectro autista, como Jamie, é tão focada em um brinquedo favorito, pode ser muito difícil para ela considerar brincar com outro. Mudança de foco sem esforço é uma habilidade que ele simplesmente pode não ter adquirido ainda. Ao trazer algumas opções para Jamie, Jack poderia ter ajudado o filho a desviar a atenção para outras possibilidades em curto e em longo prazos, a fim de facilitar a transição para outras atividades.

Ser firme e gentil ao mesmo tempo

Quando Jack arrancou o carrinho da mão de Jamie ele foi firme, mas certamente não foi gentil. De fato, isso refletiu uma qualidade negativa da firmeza: insensibilidade aos sentimentos de Jamie. Para demonstrar gentileza e firmeza ao mesmo tempo, Jack teria que demonstrar carinho e compreensão por Jamie, além de também usar maneiras respeitosas de limitar o tempo de Jamie com o carrinho, a fim de expandir suas brincadeiras. Além disso, Jack manteve sua postura firme com Jamie ao ignorar seus apelos para ter o carrinho de volta e quando saiu do cômodo. Mais uma vez, ambas as ações ilustraram um aspecto negativo da firmeza: falta de reconhecimento da mensagem da criança e, mais agudamente, da própria presença da criança. Quando a criança com deficiência começa a dar sinais de que comportamentos problemáticos virão na sequência, é um momento crítico em que o equilíbrio de gentileza e firmeza é necessário. Estar totalmente presente para a criança nesses momentos, de uma forma suave e calma, pode ajudar a contornar o confronto, ou pelo menos diminuir sua intensidade caso ocorra.

Decidir o que você vai fazer

Decidir o que você vai fazer, em vez do que fará com a criança, é uma maneira respeitosa de evitar as disputas por poder. No caso de Jamie, seu pai poderia ter trazido alguns quebra-cabeças para a mesma sala onde Jamie estava segurando seu carrinho. O próprio Jack poderia ter começado a brincar com um quebra-cabeça, ou com qualquer outro brinquedo que pudesse interessar Jamie além de carrinhos. Ter esses outros brinquedos presentes e ver seu pai brincando com eles poderia ter incentivado Jamie a explorar um deles. Decidir o que você vai fazer abre a possibilidade de que a criança tomará uma decisão favorável sobre o que ela fará. Se a decisão vier da criança e não de você, os conflitos provavelmente serão evitados.

Deixar a rotina ser o chefe

Abrir mão dos brinquedos preferidos ou interromper as atividades favoritas é uma experiência desagradável para muitas crianças. Essa experiência pode ser mais intensificada para crianças com transtorno do espectro autista, porque elas podem não entender o motivo para parar a atividade ou abrir mão do brinquedo. Para ajudar a criança a largar um brinquedo ou uma atividade preferida, use a rotina para ser o "chefe". Isso tem o benefício adicional de tirar os pais ou professores do papel da "figura de autoridade". Você pode simplesmente lembrar a criança da rotina (p. ex., guardar os brinquedos antes da hora do banho, terminar de assistir ao vídeo antes do jantar) e tentar permanecer emocionalmente neutro ao transmitir essa mensagem.

Na tentativa de Jack de impedir Jamie de passar muito tempo brincando com carrinhos, ele poderia ter começado a montar uma rotina com Jamie: brincar com o carrinho por um tempo determinado, seguido de brincar com outro brinquedo também por um tempo determinado. O uso de um cronômetro poderia ter sido outra "autoridade" adicionada na rotina, de modo que Jack não precisaria ser o "chefe" que sinaliza para Jamie a hora de parar de brincar com o carrinho. Para muitas crianças com transtorno do espectro autista (assim como para muitas que não são diagnosticadas), é útil ter a rotina exposta em imagens. Desenhos ou fotografias em sequência mostram informações visuais que são muito úteis para crianças. Para crianças com deficiência que ainda não entendem o significado de imagens ou que têm uma deficiência visual, objetos significativos podem ser sequenciados em uma placa para representar a rotina. Por exemplo, um carro pequenino pode representar brincar com carrinhos, uma varinha para fazer bolha de sabão pode representar a atividade de soprar bolhas, e uma peça de quebra-cabeça pode representar brincar com quebra-cabeças. Saber o que antecipar, por meio de representações visuais ou concretas, ajuda as crianças a fazerem transições com mais facilidade.

Usar os quatro passos para conseguir cooperação

Os quatro passos para conseguir cooperação são os seguintes:

1. Expressar compreensão dos sentimentos da criança.
2. Mostrar empatia sem mostrar aprovação.
3. Compartilhar seus sentimentos e percepções.
4. Convidar a criança a pensar em uma solução.

Quando a criança está envolvida em um comportamento baseado em um objetivo equivocado, tal como poder mal direcionado, comece por avisá-la que você entende os sentimentos dela. Jamie mostrou uma variedade de emoções, e Jack poderia ter validado seus sentimentos mostrando empatia, indicando que entendia o que Jamie estava sentindo. Mostrar empatia não significa que você concorda com os comportamentos com os quais você está preocupado. Da mesma forma, ao mostrar empatia pelas emoções de Jamie relacionadas aos carrinhos (prazer em ter um e aborrecimento pela falta), Jack não estaria comunicando que aprova o foco intenso de Jamie em carros.

Lembrar-se de que a criança irá ouvi-lo depois que ela se sentir ouvida

Talvez Jamie estivesse mais propenso a ouvir o convite de Jack e a responder favoravelmente a ele se Jack tivesse ouvido as mensagens de Jamie. Assim, seu filho poderia ter sido encorajado a ajudá-lo a encontrar uma solução para evitar o problema no futuro. Jack poderia ter encorajado Jamie a ajudar a encontrar soluções que diminuíssem seu foco no carrinho (dizendo, p. ex.: "Eu tenho alguns quebra-cabeças com os quais podemos brincar. Onde você pode estacionar o carro enquanto brincamos com os quebra-cabeças?"). Uma criança empoderada, que recebe a confiança de ajudar a buscar soluções, terá maior probabilidade de vivenciar o senso de aceitação e importância sem envolver-se em um comportamento que busca o poder mal direcionado.

Usar reuniões de família/classe

Em casa ou na escola, uma reunião pode ser usada como um momento em que as crianças aprendem a encorajar umas às outras, a planejar eventos especiais que serão compartilhados juntos e a gerar soluções positivas para os problemas. Durante as reuniões de família ou de classe, os adultos (pais ou professores) podem ser o modelo e promover a cooperação. Crianças com deficiência podem aprender a participar de reuniões com membros da família em casa ou com o professor e colegas na escola. O que é abordado na reunião, claro, depende das habilidades cognitivas e de comunicação da(s) criança(s) participante(s). Por causa da idade e dos atrasos de desenvolvimento de Jamie, a reunião de família em sua casa provavelmente seria curta e simples. O planejamento de eventos familiares especiais poderia ser apresentado como tema das primeiras reuniões. Ensinar o significado e o uso de apreciações poderia ser adicionado a reuniões posteriores. Quando a criança é capaz de resolver problemas, isso pode ser abordado na pauta de reunião da família. Ao longo dessas reuniões com Jamie, as mensagens verbais comunicadas poderiam ser potencializadas com suportes visuais (p. ex., imagens desenhadas em um quadro branco, fotos das rotinas). Oportunidades para se conectar com a família ou colegas de classe regularmente nessas reuniões especiais têm o potencial de melhorar o senso de aceitação e importância da criança. Elas também podem ajudar a criança a desenvolver comportamentos que fazem com que a busca por poder mal direcionado seja desnecessária.

Revisão das ferramentas da Disciplina Positiva apresentadas neste capítulo

1. Certificar-se de que a mensagem de amor seja transmitida.
2. Criar conexão antes da correção.

3. Escutar para poder "entrar no mundo da criança".
4. Refletir e/ou validar seus sentimentos.
5. Dedicar tempo para treinamento.
6. Ser gentil e firme ao mesmo tempo.
7. Usar os Três R da Reparação: Reconhecer, Reconciliar e Resolver.
8. Redirecionar a criança ao poder positivo pedindo sua ajuda.
9. Oferecer escolhas limitadas.
10. Decidir o que você vai fazer.
11. Deixar a rotina ser o chefe.
12. Seguir os quatro passos para conseguir cooperação.
13. Usar reuniões familiares/de classe.

7

A HISTÓRIA DE RICKY: INFLUENCIAR O POTENCIAL DO SEU FILHO

No outono de 2005, um menino nasceu de uma mãe solteira que vivia em uma grande área metropolitana. Esse garoto, chamado Enrique, recebeu o apelido de Ricky. A mãe de Ricky, Andi, tinha 16 anos quando o deu à luz. Ela fugiu de casa e estava vivendo nas ruas quando engravidou. Andi não percebeu que estava grávida até o quarto mês e estava usando metanfetaminas até então. Quando ela soube que estava grávida, chamou a mãe e o padrasto e perguntou-lhes se poderia voltar para casa. Seu namorado tinha acabado de deixá-la e ela estava desesperada.

Voltar para casa não foi fácil para Andi. Ela fugira durante o segundo ano do ensino médio porque se sentia desconfortável vivendo sob as regras de seus pais, Paula e Jim. Os pais de Andi ficaram muito felizes ao vê-la. Eles estavam bastante preocupados com sua segurança e saúde. Paula a levou ao médico para que Andi pudesse fazer o acompanhamento pré-natal e cuidar dos últimos cinco meses de gravidez.

Nas primeiras semanas, Andi se deu bem com Paula e Jim, embora eles insistissem que ela voltasse para a escola. Logo Andi se tornou inquieta e fez contato com alguns de seus amigos de rua. Isso teve um efeito negativo na sua frequência escolar e também levou a um novo conflito com seus pais. Andi voltou a fumar cigarros e a beber álcool, embora tenha evitado o uso de metanfetamina. Previsivelmente, essa situação levou a um confronto com seus pais. A mãe de Andi lhe disse que ela só poderia ficar em casa se estivesse disposta a frequentar a escola regularmente e a abandonar o cigarro, o álcool e as drogas. Andi concordou, mas continuou a fugir de vez em quando.

Quando Ricky nasceu, Andi e seus pais ficaram muito felizes. Ricky era o primeiro neto de Paula e Jim, e ele foi amado desde seus primeiros momentos de vida. No primeiro mês, Andi dedicou-se ao cuidado de Ricky, e Paula ficou em segundo plano, realmente tentando deixar Andi ser a mãe. Depois disso, Andi ficou inquie-

ta novamente. Ela conheceu um jovem que a encorajou a "viver um pouco a vida" e a se divertir. Andi começou a deixar Ricky mais aos cuidados da mãe dela. Paula confrontou Andi e lembrou-a de que ela, Andi, era a mãe de Ricky e que ele precisava dela. Cheia de ressentimento, Andi saiu furiosa com Ricky e foi morar com o novo namorado. Ela também largou a escola.

Embora Andi se recusasse a informar Paula onde ela estava morando, ainda levava Ricky para passar um tempo com seus avós. Paula notou sinais de que Ricky não estava sendo cuidado adequadamente. Muitas vezes, ele estava sujo e sua fralda estava sem trocar quando chegava. Ele ficou com o nariz escorrendo por semanas. Até que, finalmente, Andi o deixou com Paula e Jim para passar o fim de semana e não retornou por mais de duas semanas. Quando ela veio buscá-lo, aos olhos de Paula, Andi parecia estar drogada, então ela se recusou a entregar Ricky. Andi gritou e repreendeu a mãe no gramado da frente da casa, até que foi embora. Ela voltou no dia seguinte em um estado muito melhor e pediu desculpas a Paula. Ela admitiu que tinha usado metanfetamina, mas insistiu que o medo de perder Ricky tinha feito ela ver as coisas mais claramente. Com medo de que ela perdesse contato com ambos, e contra o seu melhor julgamento, Paula deixou Ricky voltar para casa com Andi.

Paula não ouviu falar de Andi ou viu Ricky por três semanas. Até que, por fim, ela recebeu um telefonema de Andi em pânico, implorando que Paula fosse buscá-la. Quando Paula chegou no endereço que Andi havia lhe dado, encontrou Andi encolhida como uma bola e tremendo. Ricky estava no berço choramingando. Sua fralda estava cheia e não havia fraldas para trocá-lo. O apartamento estava cheio de lixo. Em lágrimas, Paula chamou os paramédicos e a polícia. Ricky tinha 6 meses.

Nos quatro anos e meio seguintes, Ricky morou com os avós. Andi entrava e saía dos centros de tratamento, tentando largar seu vício em drogas. Durante esse tempo, Andi permitiu que Ricky fosse adotado por Paula e Jim. Andi permaneceu na vida de Ricky, mas mais como uma "tia" do que como mãe. Embora sua vida continuasse instável, ela conseguiu ficar longe das drogas e do álcool. Quando Ricky tinha 4 anos, ela teve outro bebê, uma menina chamada Malia. Depois do nascimento de Malia, a vida de Andi mudou para melhor. Ela conseguiu um emprego em uma creche e foi capaz de levar Malia com ela. Ela mudou-se para um apartamento a quatro quarteirões da casa de sua mãe e continuou a ver Ricky com frequência.

Aos 4 anos, Ricky era um garotinho zangado. Paula e Jim estavam preocupados com ele, especialmente depois que ele foi convidado a deixar duas creches por causa do comportamento agressivo extremo com outras crianças. Quando Paula, irritada, o repreendeu por ter magoado outras crianças, Ricky respondeu: "Eu não me importo! Eu queria machucá-los!". Paula temia que ele realmente quisesse dizer isso. Depois da segunda expulsão de Ricky, Paula procurou serviços de um programa de educação especial para a primeira infância. Foi constatada a necessidade de assistência para Ricky, que foi colocado em uma escola de educação infantil de habilidades sociais. Também nesse tempo Paula levou Ricky para uma avaliação psicológica. Depois que seu histórico e queixas atuais foram avaliados, acreditaram que Ricky tivesse um "apego desorganizado". Falando diretamente, isso significava que Ricky tanto ansiava como temia estar perto das pessoas que o amavam. Essa é uma condição séria que sugere que a capacidade de Ricky de desenvolver um apego seguro poderia estar gravemente comprometida.

No longo debate entre natureza e criação, Alfred Adler (psiquiatra vienense e ex-colega de Freud) escolheu o caminho sensato do meio. Ele acreditava que as crianças (e adultos) não são reféns da sua biologia nem das suas primeiras experiências. Ambos esses fatores exercem enorme influência sobre as crianças, mas não possuem total poder. Adler argumentaria que não é o que nasce com as crianças nem o que elas toleram que são os fatores determinantes finais em suas vidas. É o que pensam dessas experiências. Como vimos, as crianças estão constantemente tomando decisões sobre o que elas precisam fazer para prosperar ou sobreviver. São essas decisões que determinam seu destino.

Como pais e professores de crianças com deficiência, temos a capacidade de ser uma influência positiva nas decisões que a criança toma e, em longo prazo, no potencial dela, apesar das condições congênitas ou experiências traumáticas (ou ambas) que podem levar a uma deficiência. Para esse fim, é vital que pais e professores façam duas coisas importantes. A primeira é evitar culpar as crianças pelos comportamentos associados com a sua condição. Ao se envolver em comportamentos que são característicos da deficiência, a criança está agindo com "inocência". A segunda é dedicar tempo para ensinar às crianças (de maneira encorajadora) alternativas a esses comportamentos.

> As crianças estão constantemente tomando decisões sobre o que elas precisam fazer para prosperar ou sobreviver. São essas decisões que determinam seu destino.

Como vimos com Courtney, a menina com síndrome de Down (no Cap. 1), as crianças tomam decisões o tempo todo, muitas vezes com base em interpretações erradas de suas experiências. Para entender completamente esse ponto importante, é necessário fazer algumas diferenciações significativas. Courtney e Hannah (no Cap. 5) nasceram com certas deficiências já presentes, síndrome de Down e transtorno do espectro autista. Ricky, pelo que sabemos, nasceu neurotípico, ou seja, ele não tinha um diagnóstico médico identificável ao nascimento. (No entanto, o fato de sua mãe usar drogas e álcool durante a gravidez é certamente um fator de risco para ele.) Mas todas essas três crianças, na idade em que as conhecemos, são crianças com deficiência.

As deficiências de Courtney e Hannah são resultado de condições biológicas. A questão de Ricky, um apego desorganizado, por definição foi despertado (mas não temos garantia disso) por um certo conjunto de experiências de vida. Como veremos quando explorarmos ainda mais o conceito de "comportamentos inocentes", essa distinção é importante. Por enquanto, basta notar que o conjunto de comportamentos que Ricky exibe será muito difícil de considerarmos inocente porque parece dirigido aos outros e, especialmente, às pessoas que ele ama e mais confia. Os comportamentos inocentes de Courtney e, na maior parte, os comportamentos inocentes de Hannah são mais facilmente vistos no contexto das respectivas condições.

Para colocar isso de uma forma mais realista, provavelmente será mais fácil para a mãe de Courtney ver que a dificuldade da filha em aprender a se vestir ou sua necessidade de repetição aparentemente interminável para aprender as mais simples habilidades não são direcionadas a ela. São quase sempre associadas à síndrome de Down. Por outro lado, é provável que a avó de Ricky tenha mais dificuldade em ver o comportamento de rejeição do menino em relação a ela como não sendo direcionado a ela. Saber que esse tipo de comportamento tem relação direta com seu apego desorganizado não torna necessariamente mais fácil para ela quando ele grita: "Eu odeio você! Você é estúpida! Você não é minha mãe de verdade!".

Na pré-escola Ricky teve um começo previsivelmente difícil. No primeiro dia, ele se recusou a vir no momento da roda e ficou parado olhando. Ele pareceu surpreso quando o professor, Joel, lhe disse que ele era bem-vindo para assistir a hora da roda e se juntar ao grupo quando estivesse pronto. Quando ele se aproximou da roda, recusou-se a sentar. Mais uma vez, seu professor não discutiu. Ele disse que ficar ali mesmo de pé estava bem para ele, mas Ricky poderia se sentar se mudasse de ideia.

Desde o começo, Ricky progrediu lentamente. Ele, com frequência e em voz alta, se recusava a participar de certas atividades e mudava de ideia apenas quando Joel não discutia. (Joel mostrou a ele que certas áreas da sala estavam indisponíveis, mas que não iria forçar Ricky a participar da atividade que o grupo estava realizando.) Ricky também agredia as outras crianças, tanto com palavras como com as mãos. Algumas vezes, sua agressão "tinha motivo", ou seja, ele batia ou xingava quando não conseguia o que queria ou quando outra criança tinha algo que ele queria. Mas, em outras vezes, Ricky atacava outras crianças aparentemente sem provocação. Quando isso acontecia, o professor frequentemente se via balançando a cabeça, incapaz de acreditar que Ricky poderia ser tão agressivo com tão pouca provocação. Ele tirava Ricky do grupo, mas isso só parecia fazer com que Ricky intensificasse sua birra.

Durante uma dessas ocasiões não provocadas, Joel mostrou para Ricky que não parecia que a outra criança tinha feito algo para ele. Ele acrescentou que tinha notado que Ricky parecia bastante irritado mesmo antes de bater na outra criança. Ricky respondeu: "Eu estou sempre bravo". O professor perguntou para Ricky em voz alta se poderia haver algo triste por trás de toda aquela raiva. Ricky não respondeu.

Daquele ponto em diante, quando Ricky era agressivo, o professor muitas vezes começava a conversa dizendo: "Eu sei que você está bravo e triste na maior parte do tempo. Como posso ajudá-lo agora?". Convidava Ricky a pensar em soluções, mostrando-lhe a "roda de escolhas da raiva", que tinha diferentes alternativas para resolver problemas. Conforme Ricky começou a confiar mais nele, Joel foi capaz de interceder sempre que Ricky machucava outra criança. Nessas situações, Joel perguntava a Ricky o que ele achava que poderia ajudar essa criança. No início, Ricky não fazia ideia. Com o passar do tempo, ele pôde optar por pedir desculpas. Em uma ocasião, ele se ofereceu para guardar um copo vermelho de estimação para outra criança quando ele se sentou à mesa do lanche!

O professor de Ricky conseguiu penetrar nas fortes defesas de Ricky por meio da compreensão (e deixava claro que ele havia entendido) de que, mesmo quando Ricky estava magoando outras pessoas, ele mesmo estava se sentindo magoado. Ao abordar esse ponto crucial, ele foi capaz de ajudar Ricky a ficar gradualmente mais aberto à resolução de problemas.

Paula ficou muito curiosa sobre como o professor de Ricky trabalhou com ele. Uma coisa que ela notou foi que Ricky teve menos "crises". Com o incentivo de Joel, Paula e Jim primeiro leram *Positive Discipline for Preschoolers* (*Disciplina Positiva para crianças na fase pré-escolar*) e, em seguida, participaram de um *workshop* em Disciplina Positiva. Evidentemente, ambos se sentiram um pouco envergonhados, pois haviam conseguido criar com sucesso dois dos seus três filhos, e até Andi estava indo bem agora. Eles ficaram agradavelmente surpresos por não serem os únicos avós no *workshop*, bem como por não serem os únicos pais de uma criança pequena muito zangada.

No decorrer do *workshop*, Paula e Jim começaram a entender que, embora Ricky tivesse sofrido muitos traumas nos primeiros meses de vida e agora estivesse demonstrando alguns comportamentos muito preocupantes, seu futuro não estava determinado por isso. Eles resolveram que seriam influências positivas e encorajadoras para ele. Ricky não tornou isso fácil.

> *Certa manhã, Ricky estava assistindo a desenhos animados antes que chegasse a hora de ir para a escola. Ele havia ignorado com sucesso vários pedidos de Jim para calçar os sapatos. Já um pouco irritado por ser ignorado, Jim desligou a televisão e disse a Ricky com voz muito severa: "Calce os sapatos AGORA!". Ricky reagiu se jogando no chão, chutando e gritando que odiava o avô. Então, ele atirou um dos sapatos em Jim. A primeira reação de Jim foi forçar Ricky a ficar em pé.*

Aqui, na verdade, Jim foi tão longe no uso da "via inferior" que as lições do livro e do *workshop* não entraram em ação. Ele sabia que estava prestes a perder a paciência (ver Cap. 3) e lembrou-se de que o "apego desorganizado" de Ricky muitas vezes "convidava" a rejeição de pessoas que amava.

> *Jim disse a Ricky com voz suave que achava que ambos precisavam se acalmar. Então, disse que iria se sentar no sofá até sentir-se melhor, e convidou Ricky a se juntar a ele. Ricky rosnou e disse: "Não! Eu odeio você! Você é mau". Jim não respondeu; apenas deu um tapinha no sofá ao lado dele. Depois de um minuto, Ricky se juntou a ele, sentando-se desconfiado. Mas não se opôs quando Jim colocou o braço em volta dele. Depois de alguns momentos silenciosos, Jim disse: "Você realmente queria continuar assistindo seus desenhos animados". Ricky não disse nada, mas se aconchegou um pouco mais perto. "Você pareceu muito bravo quando eu desliguei a TV. Lamento ter gritado com você." Ricky disse: "Sim, eu amo o Bob*

Esponja. E Patrick estava sendo perseguido por uma grande lula". Jim sorriu e disse: "Que tal olharmos a programação, vermos quando é o próximo episódio e assistirmos juntos?". Ricky disse: "Está bem". Jim então disse: "Agora, porém, eu realmente preciso da sua ajuda. A escola começa daqui a pouco e nós dois temos que nos preparar. O que você poderia fazer para ajudar enquanto eu guardo a louça do café da manhã?". Ricky se ofereceu para levar o cachorro para o quintal e, quando voltasse, calçaria os sapatos.

Jim decidiu, como parte de seu crescente entendimento sobre Ricky, que era muito importante que ele fosse um modelo para o tipo de pessoa que acreditava que Ricky poderia ser. Isso incluía cometer erros e fazer reparações. Também incluía receber comentários de Ricky quando tivesse um problema a ser resolvido. Ele descobriu que Ricky era muito menos propenso a se recusar quando ele mesmo sugeria as soluções.

As ferramentas da Disciplina Positiva relacionadas a influenciar o potencial da criança

Para influenciar o potencial da criança, apesar de quaisquer condições com as quais ela tenha nascido ou que tenha adquirido ao longo do caminho, é importante que você aceite o fato de que essa condição existe *e* se recuse a deixar esse fato dominar completamente sua percepção do potencial da criança. As ferramentas que ajudarão você a fazer essas coisas são as seguintes:

- Refletir e validar os sentimentos.
- Dedicar um tempo para ensinar.
- Focar na melhoria, não na perfeição.
- Usar distração e redirecionamento.
- Ver os erros como oportunidades de aprendizado.

Depois de comunicar a Ricky que ele entendia seu estado emocional, refletindo e validando seus sentimentos, Joel dedicou tempo para ajudar Ricky a aprender que havia alternativas à agressão quando ele estivesse enfrentando um problema. Ele usou a roda de escolhas da raiva como uma maneira visual de representar opções e não forçou Ricky a escolher qualquer alternativa em particular. Por não punir ou criticar Ricky por reações que estavam, em curto prazo, além da sua capacidade de se controlar, o professor ajudou Ricky a ter pequenos êxitos. Por exemplo, esperando até que Ricky tivesse desenvolvido um senso de confiança antes de tentar ajudá-lo a ver os efeitos sociais de sua agressão em outras crianças, Joel estava trabalhando pela melhoria gradual ao longo do tempo.

Em casa, os avós de Ricky também o estavam ajudando. Por ter reconhecido o erro de gritar com Ricky, Jim demonstrou que os erros eram aceitáveis e podiam até ser reparados. Para Ricky, a ideia de que ele poderia ser capaz de reparar um erro (e que as pessoas ainda o amavam) deve ter parecido inicialmente bastante estranha. Na mesma interação, Jim usou uma distração muito bem-sucedida para ajudar Ricky, primeiro juntando-se a ele em sua admiração por Bob Esponja e, então, sugerindo que eles verificassem quando poderiam assistir ao desenho juntos depois. Então, ele usou o redirecionamento para encorajar Ricky a escolher uma maneira de ajudar no processo de estarem prontos para a escola.

As ferramentas da Disciplina Positiva relacionadas ao objetivo equivocado da criança

Mais uma vez, entender a crença por trás do comportamento da criança e o objetivo equivocado que essa crença a leva a buscar será de imenso valor, ajudando a criança a vivenciar um senso de aceitação e importância. O professor e o avô de Ricky chegaram à mesma conclusão sobre o objetivo equivocado do menino. Ambos notaram que quando Ricky dizia ou fazia algo agressivo, sua reação emocional era frequentemente de descrença. "Como Ricky poderia ser tão agressivo com seus colegas?", Joel se perguntava. Jim, o avô de Ricky, comentava consigo mesmo: "Como Ricky pode dizer essas coisas para *mim*?". Ambos também notaram que, quando respondiam igualmente ao comportamento agressivo, Ricky quase sempre se exacerbava drasticamente. A seu modo, cada um deles entendia a mensagem decodificada de Ricky: "Estou sofrendo. Valide meus sentimentos". Eles viram que o objetivo equivocado de Ricky era vingança: "Eu não acho que sou aceito, então vou magoar os outros como me sinto magoado. Eu não posso ser querido ou amado".

Se a vingança é o objetivo equivocado da criança, você sem dúvida já experimentou a dificuldade de responder a um comportamento muito agressivo ao observar primeiro como a criança está sofrendo. Há algo sobre uma criança que está sendo intencionalmente má com outra criança ou conosco que nos faz querer revidar, talvez porque esse comportamento desperte nossos próprios sentimentos de mágoa, bem como nosso próprio objetivo equivocado de vingança. Como acontece com Ricky, no entanto, a vingança geralmente leva à "crise". Em vez disso, por mais difícil que possa parecer, considere as ferramentas da Disciplina Positiva que seguem.

> Se a vingança é o objetivo equivocado da criança, você sem dúvida já experimentou a dificuldade de responder a um comportamento muito agressivo ao observar primeiro como a criança está sofrendo.

Reconhecer os sentimentos de mágoa da criança

Quando Jim percebeu que tinha começado a revidar contra Ricky, gritando com ele e atirando um sapato, ele se conteve e fez uma declaração a Ricky, dizendo que entendia que Ricky estivesse com raiva pela forma como Jim tinha desligado abruptamente a televisão. Foi útil para Ricky saber que seu avô "tinha entendido isso". Quando o professor de Ricky indicou que tinha entendido que Ricky estava "bravo e triste a maior parte do tempo", na sequência foi feito um convite para ajudar.

Evitar sentir-se magoado

Isso é mais fácil dizer do que fazer. Jim começou a reagir aos seus próprios sentimentos feridos de aceitação quando se lembrou de que seria mais gentil e mais útil para Ricky que ele se concentrasse neste. Jim, então, foi capaz de envolver Ricky na resolução do

> Cabe aos adultos quebrar o "ciclo de vingança", já que as crianças não têm maturidade ou habilidades para fazer isso. Muitas vezes os adultos esperam que as crianças controlem seu comportamento quando eles mesmos não estão controlando seu próprio comportamento.

problema, o que fez ambos se sentirem melhor. Cabe aos adultos quebrar o "ciclo de vingança", já que as crianças não têm maturidade ou habilidades para fazer isso. Muitas vezes os adultos esperam que as crianças controlem seu comportamento quando eles mesmos não estão controlando seu próprio comportamento.

Evitar punição e castigo

Um aspecto do "apego desorganizado" de Ricky (bem como da crença equivocada sobre si mesmo) é que ele já acredita que não é nem agradável nem amável. Isso dói e desperta a vingança de Ricky, então ele machuca os outros. Joel e Jim fizeram de tudo para evitar a punição e o castigo e se concentraram no encorajamento, ajudando Ricky a aprender como resolver problemas quando eles surgem.

Conquistar a confiança

Desenvolver a confiança, especialmente em uma criança que pode parecer tão hostil e zangada, é um processo de longo prazo. No entanto, cada vez que o professor de Ricky reconhece seus sentimentos e o ajuda a considerar alternativas sobre a roda de escolhas da raiva, ele desenvolve um pouco mais de confiança. Cada vez que o avô de Ricky demonstra sua vontade de ajudar Ricky a superar situações difíceis (e assiste *Bob Esponja* com ele), ele desenvolve um pouco mais. Desenvolver a confiança é um componente importante da ferramenta da Disciplina Positiva "conexão antes da correção".

Usar a escuta ativa

A escuta ativa é ouvir de tal maneira que deixa claro que você realmente entende o que a criança está dizendo e o que ela está sentindo. Significa ouvir entre as palavras o seu significado, bem como o que está sendo dito. Quando Ricky estava sentado ao lado de seu avô no sofá, silenciosamente aborrecido, Jim escutou com eloquência aquele silêncio. Primeiro ele afirmou que entendia como era importante para Ricky continuar assistindo seus desenhos animados. Isso foi seguido por um silêncio contínuo por parte de Ricky, mas com menos mau humor e mais aconchego. Jim ouviu isso profundamente também e fez um comentário sobre a raiva de Ricky quando ele desligou a televisão. Isso levou os dois a serem capazes de resolver o problema de como se preparar para ir à escola.

Fazer as pazes

Pode parecer um retrocesso fazer as pazes com alguém que tenha sido prejudicial para você ou para outra pessoa. No entanto, assumir a responsabilidade por nosso próprio comportamento é uma poderosa ferramenta de ensino para nossas crianças. Quantas vezes ouvimos que a experiência é o melhor professor? Jim fez as pazes em sua interação com Ricky ao se desculpar por gritar e fazer um plano com ele para assistirem *Bob Esponja* juntos em um horário diferente (quando não estivesse na hora de ir para a escola). Com o tempo, o professor de Ricky estava ensinando-o a fazer as pazes quando ele magoava uma outra criança.

> Assumir a responsabilidade por nosso próprio comportamento é uma ferramenta poderosa de ensino para nossas crianças.

Esse também é um bom momento para mostrar que as crianças não aprendem o valor das desculpas sendo mandadas se desculpar. Um pedido de desculpas sincero pode ser uma experiência muito poderosa e curativa entre duas pessoas, mas a palavra-chave é "sincero". Uma criança pode dizer "me desculpe", mas não sentir isso. Desculpas sinceras são aprendidas com o tempo, quando as crianças testemunham a nós, seus professores e pais, assumindo a responsabilidade e fazendo as pazes. Às vezes, as crianças chegam a uma conclusão sobre como fazer um pedido de desculpas quando lhes perguntam o que elas acham que poderiam fazer para ajudar outra criança a se sentir melhor. Quando é ideia delas, o pedido de desculpas é geralmente sincero.

Mostrar que você se importa

Lembre-se: crianças que seguem o objetivo equivocado de vingança acreditam que elas não são nem agradáveis nem amáveis. Gestos pequenos e grandes que comunicam que você de fato se importa com elas são muito poderosos.

Jim comunicou que se importava por meio de sua validação dos sentimentos de Ricky, de sua reparação de seus próprios erros, de seu convite silencioso a Ricky para se juntar a ele no sofá, de seu braço em volta dos ombros irritados e amuados de Ricky, e de seu convite para passarem algum tempo especial juntos.

> Uma criança pode dizer "me desculpe", mas não sentir isso.

Usar a pausa positiva

Aprendemos no Capítulo 3 que ninguém pode efetivamente se engajar na resolução de problemas quando está descontrolado. (A discussão mais ampla sobre pausa positiva está no Cap. 4.) Jim estava demonstrando a Ricky como usar a pausa positiva, dizendo-lhe que iria sentar-se no sofá até se sentir melhor. Em casa, Jim e Paula poderiam convidar Ricky a ajudá-los a designar um espaço para fazer uma pausa positiva, em algum lugar a que Ricky pudesse ir que o ajudasse a se sentir melhor até estar pronto para ajudar a encontrar uma solução. Na escola, o professor de Ricky poderia convidar toda a turma a se envolver na elaboração de um espaço semelhante.

Usar reuniões de família e de classe

Como sugerimos, as reuniões de família e de classe são úteis por uma série de razões. Para uma criança que já acredita que não é aceita ou importante, as reuniões de família e de classe podem ser uma ilustração do contrário. As reuniões chamam a atenção para o fato de que todas as pessoas que frequentam o ambiente, crianças e adultos, fazem parte da família ou classe. As crianças aprendem a escutar umas às outras e a respeitar diferentes pontos de vista. Elas aprendem a habilidade de elaborar soluções e escolher uma que seja respeitosa para todos. Cada pessoa na reunião tem um único e importante papel a desempenhar. Isso ajuda as crianças a desenvolverem um senso de aceitação e importância e, portanto, diminui sua necessidade de encontrar aceitação e importância por meio do mau comportamento (um objetivo equivocado).

Revisão das ferramentas da Disciplina Positiva apresentadas neste capítulo

1. Refletir e validar os sentimentos.
2. Dedicar um tempo para ensinar.
3. Focar na melhoria, não na perfeição.
4. Usar distração e redirecionamento.
5. Ver os erros como oportunidades de aprendizado.
6. Reconhecer os sentimentos de mágoa da criança.
7. Evitar sentir-se magoado.
8. Evitar punição e castigo.
9. Conquistar a confiança.
10. Usar a escuta ativa.
11. Fazer as pazes.
12. Mostrar que você se importa.
13. Usar a pausa positiva.
14. Usar reuniões de família e de classe.

8

A HISTÓRIA DE BENJY: ENTRAR NO MUNDO DA CRIANÇA

Era "hora da arte" na sala de educação especial da primeira infância de Benjy, e todas as crianças de 4 anos estavam em volta da mesa de arte, procurando escovas e esponjas disponíveis para mergulharem dentro das tintas coloridas, ou apenas mergulhar suas mãos pequenas no líquido vibrante e espesso e manchar o papel na frente deles. Quer dizer, todas as crianças da pré-escola, exceto Benjy. Quando ele ouvia a palavra "arte", ao contrário da maioria de seus colegas de classe, que corriam apressados para o pequeno canto de arte da sala de aula, a fim de ver que materiais convidativos seu professor havia separado para eles, Benjy se movia rapidamente para o outro lado da sala. Quando incentivado por um instrutor a participar da atividade de arte, Benjy geralmente não fazia contato visual e começava a procurar um brinquedo de seu interesse para brincar. A equipe na sala de aula atual de Benjy (para crianças com transtorno do espectro autista) tinha aprendido com seus instrutores prévios que ele tinha uma intensa antipatia pela arte. Em sua escola anterior, quando a professora o levava pela mão ou o carregava até a mesa de arte, após ele demonstrar resistência em acompanhá-la, Benjy reagia geralmente fazendo engasgos seguidos por uma intensa crise de birra. As birras de Benjy em geral incluíam gritar e chorar, cair no chão e balançar os braços e pernas. A equipe atual de educação infantil evitava guiá-lo ou carregá-lo ao canto da arte, assim como não queria despertar uma reação tão extrema. Mesmo quando eles apenas diziam a Benjy que era hora de arte, ou mostravam-lhe o projeto de arte para o dia e uma imagem representando o momento da hora da arte, Benjy normalmente empurrava a foto ou os itens de arte para longe e fugia da professora. Ele muitas vezes começava a engasgar só de olhar os materiais de arte (especialmente tintas, cola e massinha) sempre que estes eram mostrados a ele.

A professora da escola de Benjy, Lilly, treinada como especialista em intervenção precoce e educação especial na primeira infância, preocupava-se com sua falta de participação na hora da arte. Por um lado, ela acreditava que, considerando seus atrasos significativos em todas as áreas de desenvolvimento, havia muitas outras habilidades que ela poderia ensinar-lhe, substituindo assim o objetivo de "explorar uma variedade de mídias artísticas" com um objetivo mais funcional para sua sobrevivência em longo prazo. Por outro lado, ela sabia que Benjy era um candidato ao jardim de infância no próximo ano letivo e que a equipe de educação especial do seu distrito escolar queria que ele fosse capaz de participar de todas atividades do jardim de infância, incluindo a hora da arte. Como Benjy seria exposto à arte regularmente no programa do jardim de infância, Lilly queria ajudá-lo a encontrar alegria nessa atividade. Tendo acabado de participar da certificação em Disciplina Positiva em Sala de Aula por dois dias, ela decidiu usar o conceito da Disciplina Positiva de "entrar no mundo da criança" como seu guia para ajudar Benjy a estar pronto para o programa da educação infantil.

Cada criança com (ou sem) deficiência é verdadeiramente única e distinta de qualquer outra criança. Os diagnósticos são usados em educação especial e medicina a fim de categorizar crianças para muitos propósitos, como determinar sua elegibilidade para serviços, decidir qual método educacional ou protocolo de tratamento pode ser útil para ajudá-los ou atribuí-los a grupos específicos em uma pesquisa. Embora os diagnósticos possam ser úteis para esses propósitos, eles não podem disfarçar o fato de que cada criança com deficiência tem gostos e desgostos particulares, um temperamento único dela e um perfil individual de pontos fortes e fracos em áreas importantes do desenvolvimento que não são idênticos aos de qualquer outra criança. Assim, ao tentar decidir o que será útil para sua criança, é fundamental que você entenda, na medida do possível, como o mundo se apresenta através dos olhos dela. O que ela gosta e não gosta? O que torna seu temperamento único? Em que ela é especialmente boa e quais as suas dificuldades? À medida que você faz novas descobertas sobre a criança, você

> Ao tentar decidir o que será útil para a criança, é fundamental que você entenda, na medida do possível, como o mundo se apresenta através dos olhos dela.

entenderá melhor seu ponto de vista diferente. Essa compreensão, por sua vez, ajudará você a saber como ajudá-la a aprender habilidades importantes e como responder respeitosamente quando ela passar por desafios.

Quando Lilly ficou sabendo que receberia Benjy em sua próxima turma, primeiro ela leu os relatórios de avaliação e o plano de serviço familiar individualizado, conversou com seus pais e a professora anterior, e observou-o em sua turma projetada para crianças com atrasos de desenvolvimento. Essas fontes de informação foram úteis porque a ajudaram a aprender sobre Benjy a partir da perspectiva daqueles que passaram toda sua vida com ele e conheciam-no melhor (seus pais) e aqueles que tinham focado em detalhes sobre suas necessidades de educação especial (sua equipe de avaliação e professora anterior). Depois que ele passou a frequentar sua aula, Lilly começou a conhecê-lo mais pessoalmente, aprendendo em primeira mão sobre seus gostos e desgostos, seu temperamento, bem como seus pontos fortes e desafios de aprendizado. Isso permitiu-lhe responder à sua recusa em juntar-se ao grupo na hora da arte, entrando em seu mundo em um esforço para entender suas experiências a partir de seu ponto de vista e tomar decisões sobre como ajudá-lo. A Disciplina Positiva oferece muitas ferramentas que ajudam os pais e professores a *entender e entrar no mundo da criança*.

Ferramentas da Disciplina Positiva para entrar no mundo da criança

As ferramentas da Disciplina Positiva para entender e entrar no mundo da sua criança são numerosas. Essas ferramentas respeitosas são inestimáveis sempre que você começa a ajudar a criança na superação de um desafio. Elas incluem o seguinte:

- Entender a individualidade da criança por...
  - conhecer os gostos e desgostos da criança.
  - apreciar o temperamento da criança.
  - reconhecer os pontos fortes e os desafios de aprendizagem da criança.
- Entrar no mundo da criança por...
  - ter empatia por ela e validar seus sentimentos.
  - "escutar" com mais do que apenas os ouvidos.

- fazer perguntas curiosas.
- dedicar um tempo especial.
- criar conexão antes da correção.
- Reconhecer que os erros são oportunidades para aprender.

Conhecer os gostos e desgostos da criança

A professora de Benjy, por meio de consulta com o terapeuta ocupacional, aprendeu que ele apresentava "defesa sensorial" em uma ampla gama de atividades diárias. Para entender a defesa sensorial, descreveremos brevemente a relação entre a experiência sensorial e o cérebro. Nossos sentidos (visão, audição, tato, paladar e olfato, e também como experimentamos o movimento e a gravidade) absorvem informações, e nosso cérebro processa e integra as informações importantes, além de filtrar o que não precisamos. Algumas crianças podem ser excessivamente sensíveis a certos tipos de estímulos sensoriais, por exemplo, apavorar-se com o som de um aspirador de pó ou não suportar o rádio ligado, ficar transtornadas com as etiquetas nas costas de suas camisetas ou por cadarços frouxos ou apertados demais. Seus cérebros não estão filtrando corretamente, tornando muito difícil para essas crianças se concentrarem nas coisas em que precisam se concentrar. E essa sensibilidade pode irritá-las a tal ponto que elas não parecem ter paciência para pequenos aborrecimentos. (O sistema sensorial delas já está abalado.) A defesa sensorial ocorre quando essas crianças interpretam o estímulo sensorial como desagradável e reagem a ele com bloqueio e, muitas vezes, aversão à experiência sensorial. Crianças com defesa sensorial podem sentir-se facilmente sobrecarregadas ou até mesmo enojadas pelo que recebem por meio de seus sentidos. Sons ou cheiros, por exemplo, que outras crianças vivenciam como rotina, podem levar essas crianças a ter uma reação aversiva.[7]

Como resultado de sua defesa sensorial, Benjy não gostava muito de atividades que envolvessem tocar, cheirar ou até mesmo olhar itens que estivessem em forma de líquidos espessos com odor, como tintas e cola. Além disso, ele mostrava uma reação aversiva ao sentar em certos tipos de cadeiras na sala de aula. Ele não gostava de se sentar em cadeiras com uma superfície dura e preferia acentos com almofada macia (p. ex., pufe, cadeira acolchoada, minitrampolim). É importante notar que para Benjy isso era mais do que uma questão de preferência. Seu senso tátil ficava fora de ordem em atividades que ele registrava como desgradáveis, o que tornava a participação nessas atividades desconfortável para ele.

Benjy tinha um pequeno repertório de itens com os quais se importava. Ele gostava de brincar com brinquedos pequenos e sólidos que pudesse segurar nas mãos e, de preferência, que tivesse pelo menos dois do mesmo brinquedo, um para cada mão. Bolinhas e carros estavam entre seus favoritos. Ele gostava de segurar, soltar e observá-los enquanto se moviam.

Diante desses gostos e desgostos, Lilly decidiu apresentar a ele bolinhas de gude, inicialmente sem a pintura. Ela colocou duas bolinhas de prata brilhantes dentro da tampa de 3 centímetros de uma caixa de arquivo. Enquanto os colegas de Benjy estavam envolvidos na mesa de arte, ela apresentou-lhe a tampa com bolinhas de gude quando ele estava brincando com brinquedos no tapete terapêutico. Como ainda não havia oferecido bolinhas de gude para Benjy na sala de aula na escola, a professora ficou satisfeita ao ver que ele gostou de observar as duas bolinhas rolando dentro da tampa enquanto ela inclinava a tampa para trás e para a frente. No dia seguinte, antes de entregar a Benjy a tampa da caixa contendo as duas bolinhas de gude, Lilly colocou um ponto muito pequeno (1/8 colher de chá) de tinta sem cheiro em um pedaço de papel que ela tinha colado dentro da tampa. Benjy não pareceu notar a pintura inicialmente, pois seus olhos seguiam o movimento aleatório das bolinhas de gude brilhantes. Ele continuou a observar o movimento das bolinhas de gude com interesse, mesmo quando começaram a fazer pequenos traços de cor no papel e ficaram ligeiramente cobertas pela pintura. Durante as semanas que se seguiram, Lilly o envolveu em arte usando materiais como bolinhas de gude para apresentar coisas novas e diferentes. Ela foi dando a seu "modelo de arte com objetos" variações na cor da pintura, quantidade de tinta (até meia colher de chá), tamanho e tipo de brinquedo rolante e desenhos no papel grosso. A tampa da caixa com o conteúdo era sempre preparada para ele com antecedência, a fim de poupá-lo da experiência desagradável de observar a tinta sendo colocada no papel. Ao entender a individualidade de Benjy por meio do conhecimento de seus gostos e desgostos, Lilly foi capaz de apresentar com sucesso a ele uma atividade de arte. Além disso, ela aproveitou sua crescente familiaridade e conforto com um estímulo para ajudá-lo a tentar algo novo e diferente.

Se você está tentando ensinar uma nova habilidade à criança e ela resiste aos seus esforços, tente entender essa relutância considerando seus gostos únicos e o que ela não gosta. Existe alguma característica da tarefa que ela acha desagradável? Esta pode ser razoavelmente diminuída? Será que a tarefa poderia ser modificada para ficar mais tolerável ou até mesmo agradável para ela? Existe uma maneira de incorporar na tarefa algo de que ela goste e que você está ensinando? Na perspectiva da criança, a nova habilidade que você está apresentando será mais interessante para ela se estiver relacionada a algo que ela goste e se contiver pequenos traços do que ela não gosta.

Apreciar o temperamento da criança

Em seu estudo longitudinal, os doutores Stella Chess e Alexander Thomas descobriram nove qualidades principais relacionadas ao temperamento da criança.[8] O temperamento é um padrão de traços ou qualidades que descreve uma pessoa. Essa combinação de traços influencia a personalidade única de cada pessoa. Todas as crianças demonstram diferentes graus de cada uma das nove qualidades descritas por Chess e Thomas. Elas incluem o seguinte:

1. Nível de atividade: o nível de atividade motora da criança e a quantidade de tempo gasto estando ativo em oposição ao tempo inativo.
2. Ritmo biológico: o grau de previsibilidade das funções biológicas, como fome, sono e movimentos intestinais.
3. Resposta inicial: a maneira como a criança reage a novas pessoas, objetos, situações ou lugares, tanto positiva como negativamente.
4. Adaptabilidade: a reação de longo prazo da criança a mudanças em sua vida, assim como a rápida adaptação ou uma quantidade maior de tempo necessário para se ajustar.
5. Limiar sensorial: o nível de sensibilidade que a criança demonstra ao estímulo sensorial.
6. Qualidade do humor: a disposição geral da criança – agradável e contente, ou desagradável e descontente.
7. Intensidade das reações: a quantidade de energia que a criança mostra quando responde a uma situação.
8. Distração: o grau em que cada estímulo externo pode interferir nas ações da criança.
9. Persistência e nível de atenção: a capacidade da criança de manter-se envolvida sem interrupção em uma atividade apesar das dificuldades desta e da duração do envolvimento nela.

Por meio de suas experiências com Benjy, Lilly descobriu que ele tendia a gastar mais tempo inativo do que ativo. Seus pais relataram que sua alimentação e padrões de sono eram imprevisíveis. Ele costumava ser lento para se abrir a qualquer coisa ou alguém novo para ele, e levava um tempo considerável para se ajustar a uma nova mudança. Como já mencionado, Benjy era altamente sensível a certas coisas, e isso era verdade, sobretudo, em relação a como ele sentia, cheirava, saboreava ou olhava para as coisas. Seu humor era, em geral, mais sério do que alegre, e podia mudar muito rapidamente de expressões de prazer extremo a descontentamento dramático. Suas emoções eram controladas na maioria dos contextos. No entanto, algumas situações provocavam nele uma intensa reação. Sua distração, persistência e atenção eram todas relativas ao contexto. Embora ele fosse capaz de se concentrar por longos períodos, sem distração, em atividades de grande interesse para ele, Benjy mostrava atenção e persistência muito limitadas, acompanhadas de considerável distração, durante as atividades que pareciam não lhe interessar.

Ao aprender sobre seu temperamento e apreciar sua maneira única de estar no mundo, Lilly aprendeu a planejar e ajustar respeitosamente o ensino a ele. Como ele demorava para se abrir a novas situações e demorava muito tempo para integrar uma mudança, ela modificou as atividades de arte levemente ao longo de muitas semanas. Ela reduziu muito o estímulo sensorial que o deixava desconfortável e também não exigiu que ele completasse seu projeto na mesa de arte, onde ele poderia ver e cheirar itens que lhe eram desagradáveis. Além disso, ela o ajudou a manter sua atenção na atividade de arte, incluindo itens de grande interesse em seu modelo de arte com objetos.

Quando você está tentando ajudar a criança a superar um desafio, considere os nove traços relacionados ao temperamento dela. Ao compreender o temperamento único da criança, você terá ideias e *insights* que o ajudarão a tomar mais decisões conscientes sobre como ajudar a criança a tolerar situações difíceis.

Reconhecer os pontos fortes e os desafios de aprendizagem da criança

Todas as crianças com deficiência têm pontos fortes e desafios de aprendizagem. Na educação especial, estes são referidos como "pontos fortes e fracos". É importante identificar os pontos fortes e os desafios de aprendizagem da criança a fim de desenvolver as metas de seu plano educacional anual (plano de serviço familiar individualizado ou plano de educação individualizado). Quanto mais você aprender sobre os pontos fortes e os desafios específicos da criança, mais bem posicionado você estará para ajudá-la a aprender e defender suas necessidades no sistema educacional.

Embora a criança tenha deficiência, também pode ser verdade que ela possua um ou dois talentos especiais. Por exemplo, a criança com o diagnóstico de "TDAH" (transtorno do déficit de atenção e hiperatividade) pode ser intelectualmente superdotada em algumas áreas de desenvolvimento. A criança com o diagnóstico de "TEA" (transtorno do espectro autista) pode mostrar um talento precoce em determinada área. Uma criança que recebe o diagnóstico de "atraso mental" pode demonstrar uma habilidade especial e notável em comparação com seus atrasos globais no desenvolvimento. Embora este livro tenha usado o termo ainda comum "atraso mental", devemos observar que o campo da educação especial atualmente usa o termo mais preciso "deficiência intelectual".

Lilly estava ciente das muitas áreas que eram desafiadoras para Benjy. Ele não usava palavras ou sinais para se comunicar, e a utilização do suporte visual individual como recurso estava apenas começando a emergir. Ele precisava da ajuda dos outros para vestir-se e despir-se, usar utensílios durante as refeições, tomar banho, usar o banheiro e para realizar praticamente todas as outras atividades da vida diária. Seus movimentos eram lentos e um pouco descoordenados, e ele precisava de ajuda para subir e andar de triciclo. Ele hesitava em interagir com pessoas fora de sua família e, embora gostasse de observar outras crianças, ele não tentava brincar com elas.

No entanto, apesar dos desafios de aprendizado de Benjy, Lilly prestou muita atenção em seus pontos fortes a fim de poder aproveitá-los o melhor possível. Por exemplo, ele tinha uma atenção incomum para números e letras do alfabeto, embora não tivesse sido formalmente exposto a eles. Ele escolhia números específicos nas peças de quebra-cabeça e olhava para os cartazes na parede que continham esses mesmos números favoritos. Quando ele não estava brincando ativamente com um brinquedo, Lilly com frequência o observava com o olhar fixo no relógio de parede ou na exposição de letras grandes do alfabeto (em sequência) na parede acima da área da atividade de roda. Ela sabia que ele estava prestando atenção nos números e letras expostos na sala porque, quando ela começava a cantar a canção do alfabeto ou uma canção sobre números enquanto ele estava concentrado olhando as letras ou os números, ele geralmente começava a sorrir e olhava para a professora e depois de novo para a parede, demonstrando que estava fazendo referência à mesma experiência compartilhada.

Lilly pôde usar o interesse dele por números e letras para ajudá-lo a aceitar e participar da hora da arte. O papel preparado para seu modelo de arte com objetos muitas vezes incluía números ou letras. Então, não era apenas o movimento das bolas rolando dentro da tampa da caixa que o mantinha concentrado na atividade de arte, mas também o desenho no papel dentro da tampa que capturava e prendia sua atenção. Além disso, Lilly contava até dez devagar e musicalmente ou cantava a música do alfabeto enquanto balançava a tampa da caixa para a frente e para trás. Como Benjy fazia uma forte e positiva associação ao ouvir sons de números e letras, esse acompanhamento auditivo à sua atividade de arte geralmente trazia um sorriso ao seu rosto. Paralelamente à arte, Lilly descobriu que mostrar a Benjy que os números ou as letras que ele observava nos cartazes da sala podiam ser encontrados em cada página dos livros foi bastante útil para expor Benjy a eles de forma prazerosa. Antes disso, ele não tinha demonstrado qualquer interesse por livros.

Ao integrar os pontos fortes, talentos ou habilidades incomuns da criança a uma atividade projetada para ajudá-la a adquirir uma habilidade que é um desafio para ela, você, de forma positiva e respeitosa, estará apoiando sua aprendizagem. Além disso, ao reconhecer no perfil individual da criança os pontos fortes e os desafios de aprendizagem, você compreenderá melhor a perspectiva única que essa criança traz para uma situação de aprendizagem.

> Ao integrar os pontos fortes, talentos ou habilidades incomuns da criança a uma atividade projetada para ajudá-la a adquirir uma habilidade que é um desafio para ela, você, de forma positiva e respeitosa, estará apoiando sua aprendizagem.

Ter empatia pela criança e validar seus sentimentos

A empatia pela criança ajudará você a entrar em seu mundo. Quando você tem empatia pela criança, você se comunica por meio de suas palavras, tom de voz, expressão facial e outras linguagens corporais a mensagem *"eu entendo o que é ser como você neste momento"*. Essencialmente, quando você valida os sentimentos da criança, ela *"se sente compreendida"*.[9] Palavras que você pode usar com a criança para transmitir sua preocupação empática incluem qualquer uma das seguintes: "Você me parece _____", "Vejo que você gostaria _____", "Parece que _____", "Você está _____". Palavras de sentimento básicas podem ser inseridas nas frases. Para crianças pequenas, incluímos as seguintes: *feliz, triste, bravo, assustado, frustrado, entusiasmado, cansado, orgulhoso, doente, bem-humorado, desapontado* e *preocupado*. Para crianças mais velhas, você pode considerar um vocabulário mais elaborado de sentimentos.

Algumas crianças com deficiência estarão mais atentas às palavras dos sentimentos das frases empáticas se você também mostrar-lhes imagens desses sentimentos. Especialmente para a criança que tem uma compreensão limitada das palavras, uma imagem do sentimento que ela está vivenciando pode comunicar de imediato a ela que você entende seu mundo naquele momento. É também um caminho para a criança começar a aprender que essa sensação em seu corpo tem um nome. Crianças que têm vocabulário para seus sentimentos, mesmo que tenham que confiar em cartões com imagens para comunicá-los, têm menos necessidade de colocar esses sentimentos para fora com suas ações.

> Para a criança que tem uma compreensão limitada das palavras, uma imagem do sentimento que ela está vivenciando pode comunicar de imediato a ela que você entende seu mundo naquele momento. É também um caminho para a criança começar a aprender que essa sensação em seu corpo tem um nome.

Esteja atento, no entanto, que o tempo entre a sua observação empática e a apresentação do cartão com a imagem do sentimento é crucial para algumas crianças. Quando a criança mostra comportamentos intensos durante uma crise, sua prioridade é mantê-la segura, assim como os outros em torno dela. Fazer referência ao modo como ela se sente no auge da birra pode provocá-la ainda mais. Tenha em mente o que temos aprendido sobre o desenvolvimento do cérebro: ninguém pensa nas melhores soluções para os problemas quando está "descontrolado". Como cada criança responderá diferentemente a suas declarações de empatia, observe quando é mais útil compartilhá-las. Às vezes, é melhor oferecer "empatia energética". Isso significa sentar ao lado com um sentimento de empatia que é comunicado por meio da sua energia positiva, em vez de suas palavras. Sua linguagem corporal, incluindo contato visual, expressão facial, gestos e postura corporal, irá melhorar a mensagem da empatia que você sente pela criança.

Ao validar os sentimentos da criança, evite falar sobre os sentimentos dela (p. ex., comentar: "Você está bem"), ou consertar os sentimentos dela (p. ex., dizer: "Seja feliz"), ou proteger a criança de seus próprios sentimentos (p. ex., dar-lhe o brinquedo da irmã que ela quer quando a irmã não está pronta para emprestar). Compartilhar empatia energética é uma boa maneira de você aprender a manter sua boca fechada quando for apropriado. Quando você tem empatia pela criança sem tentar mudar a maneira como ela se sente, você mostra a ela que entende o que ela está passando e também que confia em sua capacidade de lidar com seus próprios sentimentos. Você está fazendo um excelente trabalho com a criança quando lhe ensina, por meio de sua empatia, a reconhecer os próprios sentimentos, pois esse é o primeiro passo dela para aprender o autocontrole.

Benjy tinha pouco vocabulário de palavras simples que ele consistentemente entendia. Por isso, quando Lilly demonstrava empatia por ele em situações agradáveis e desagradáveis, ela o expunha a uma série de nomes de sentimentos importantes. Ela acompanhava suas palavras de empatia com uma imagem do sentimento de Benjy. Por exemplo, quando Benjy mostrava sinais de

> Você está fazendo um excelente trabalho com a criança quando a ensina, por meio de sua empatia, a reconhecer os próprios sentimentos, pois esse é o primeiro passo dela para aprender o autocontrole.

felicidade, ela se conectava mostrando uma imagem que representava "feliz" e dizia: "Você está feliz!". E quando ele estava frustrado com alguma coisa, ela validava seus sentimentos, dizendo: "Você está frustrado!", mostrando a foto que representava "frustrado". É importante notar que uma imagem parecia captar a atenção de Benjy mais do que a palavra dita. Na verdade, a oportunidade de olhar para uma imagem que retratava seu sentimento, especialmente durante uma situação desagradável, começou a acalmá-lo. Ao validar o que

Benjy estava sentindo, e comunicar a compreensão de seu sentimento por meio do uso combinado de palavra e imagem, Lilly estava ajudando-o a iniciar o aprendizado de como lidar com seus sentimentos desagradáveis.

"Escutar" com mais do que apenas os ouvidos

Crianças com deficiência mostram uma ampla sequência de habilidades de comunicação. Elas variam desde aquelas que são capazes de falar e se comunicar como outras crianças da sua idade até aquelas que são tão significativamente atrasadas que não são capazes de usar palavras ou formas convencionais não verbais de comunicação, como a linguagem de sinais, placas de comunicação por imagem, ou aparelhos eletrônicos de comunicação. Independentemente da competência de comunicação da criança, escutá-la ouvindo as palavras que diz, bem como "escutar" o que ela está comunicando, usando mais do que apenas seus ouvidos, vai ajudar você a entrar no mundo da criança e ganhar uma compreensão da vida a partir do ponto de vista dela.

> Independentemente da competência de comunicação da criança, escutá-la ouvindo as palavras que diz, bem como "escutar" o que ela está comunicando, usando mais do que apenas os ouvidos, vai ajudar você a entrar no mundo da criança e ganhar uma compreensão da vida a partir do ponto de vista dela.

Escutar com mais do que apenas os ouvidos requer usar os olhos para observar a expressão facial, a postura corporal, a orientação corporal, a velocidade de seus movimentos, a direção e o foco de seu olhar, seus gestos e outros aspectos de sua linguagem corporal. Escutar com mais do que apenas os ouvidos implica usar suas próprias sensações de toque e movimento quando você estiver perto da criança para sentir o nível de energia de seu corpo, passando de lento e fraco a rápido e forte. Escutar com mais do que apenas os ouvidos, sem julgamento e com o propósito de tentar saber o que é estar em seu corpo em cada situação vivida, ajudará muito você a entrar no mundo da criança. A partir da perspectiva de compreender melhor o mundo da criança, você pode ser mais flexível e criativo ao considerar soluções para os desafios que funcionarão para ela e para você. Se tudo isso soa complicado e desafiador para você, você está certo. É mesmo! Todos nós passamos a vida inteira aprendendo como nos comunicar melhor e melhor. Você pode cometer erros? Sim. Você e a criança vão repará-los? Sim também. Lembre-se dos Três R da Reparação. (Ver p. 38.)

Como Benjy não usou palavras para se comunicar, nem usou linguagem de sinais ou símbolos de imagens para se expressar, Lilly o escutava regularmente mais do que apenas com seus ouvidos. Com base no que "escutava", ela pôde ajustar muitos aspectos de sua instrução, a fim de remover desafios desnecessários em uma atividade ou minimizar a quantidade de desafios para torná-la mais viável para ele. É importante notar aqui que Lilly não tentou eliminar desafios para Benjy, mas sim deixá-los dentro do alcance do menino quando ele estendesse os braços.

Por exemplo, quando ele estava aprendendo a comer uma variedade de alimentos na hora do lanche, Lilly não exigia que ele sentasse à mesa de lanches na cadeira comum para crianças pequenas, como as outras crianças de seu grupo. A expressão facial de tristeza de Benjy, combinada com sua recusa física em sentar nas cadeiras típicas da pré-escola, informaram à sua professora que estar assim era um desafio ao seu sistema sensorial. Ao "escutar" essa mensagem, Lilly permitiu que ele comesse seu lanche sentado em um assento de carro acolchoado, o que ele aceitou muito prontamente. Assim, ela eliminou um desafio desnecessário para ele: sentar-se em uma cadeira que ele achava desconfortável. Na ausência desse desafio, ele foi capaz de se concentrar em comer.

Em outro exemplo, Benjy mostrava relutância, por meio de sua expressão facial e resistência corporal, a deixar o minitrampolim onde estava sentado confortavelmente brincando com brinquedos. Se a atividade da qual deveria participar era a hora da roda com seus colegas de classe (que estavam todos sentados nas cadeiras da escola), ele tinha permissão de permanecer no minitrampolim, que Lilly aproximava da roda. Sua proximidade com a área onde a hora da roda acontecia permitia que Benjy ficasse mais atento às atividades que estavam acontecendo lá. Ao mesmo tempo, ele vivenciava uma quantidade reduzida de desafios para participar na hora da roda por ter permissão de continuar sentado no trampolim. Ao minimizar, mas não eliminar, os desafios que enfrentava quando era solicitado a se juntar ao grupo na hora da roda, Lilly foi capaz de ajudá-lo a ser mais bem-sucedido em estar presente e participar das atividades de roda em grupo.

Fazer perguntas curiosas

Fazer perguntas à criança que a convidam a pensar em soluções para um desafio que ela enfrenta é outra ferramenta da Disciplina Positiva para entrar em seu mundo. Ao fazer perguntas curiosas e escutar as respostas da criança, você aumenta sua capacidade de ver o problema do ponto de vista dela (e não apenas do seu) e a ajuda no desenvolvimento da capacidade de ser um solucionador de problemas.

Assim como ocorre com a ferramenta "escutar" descrita anteriormente, você precisará ajustar suas perguntas curiosas para o nível de comunicação da criança. O que ela entende e como se expressa determinarão o nível de complexidade de suas perguntas. Crianças com maior capacidade de comunicação serão capazes de entender perguntas curiosas que comecem com "o que" e "como", tais como "O que você precisa para...?" ou "Como você pode...?". Crianças com capacidade significativamente menor de comunicação demonstram, por meio de suas ações, como elas percebem um problema. Elas podem ser convidadas a resolver um problema com uma solução por meio de poucas palavras e gestos.

Por exemplo, Benjy estava aprendendo a colocar brinquedos em uma caixa após terminar de brincar com eles. Lilly ofereceu ajuda porque ele não podia realizar essa tarefa por conta própria. Ela colocava a mão em cima da mão dele e gentilmente o guiava para pegar os brinquedos com os quais ele estava brincando e os colocava dentro de uma caixa. Após muitas semanas desse tipo de ajuda, Lilly começou a reduzir a quantidade de ajuda que dava a ele, conforme ele começou a realizar algumas das ações por conta própria. Ocasionalmente, ele pegava o brinquedo e, em seguida, por acidente, largava o brinquedo fora da caixa sem parecer notar seu erro. Em vez de pegar o brinquedo para ele, Lilly exclamava em um alegre tom de voz: "Opa!", em seguida, apontava para o brinquedo que tinha caído e esperava pela resposta de Benjy. Usar uma palavra seguida por um gesto e fazer uma pausa proposital levava-o a perceber o problema (o brinquedo caído) e gerar uma solução (pegá-lo de novo e colocá-lo na caixa). O estilo de resolução de problemas de Lilly com Benjy, por meio do uso de palavras e gestos mínimos, formou a base para uma resolução de problemas mais elaborada que, no futuro, poderia incluir uma pergunta curiosa, como: "O que você pode fazer?".

Dedicar um tempo especial

Quando você agenda um tempo especial (tempo de qualidade) para estar regularmente com a criança, você está usando uma ferramenta da Disciplina Positiva que ajudará a nutrir e apoiar um relacionamento de respeito mútuo e amoroso com a criança. Além disso, dedicar um tempo especial à criança terá o benefício adicional de ajudar você a entrar no mundo dela, para que possa obter *insights* sobre como ajudá-la a lidar com desafios quando eles surgirem.

Foi dedicado à Benjy um tempo especial considerável em sua escola de educação infantil especial. Por causa de seus atrasos significativos de desenvolvimento, havia muito poucas habilidades infantis que ele poderia realizar sozinho. Durante a maior parte do tempo na aula, ele recebeu apoio especializado de Lilly ou de um dos seus assistentes. Benjy mostrava carinho e interesse pelos adultos que lhe dedicavam tempo especial e, por sua vez, os adultos que passavam a maior parte do tempo com ele sentiam uma ligação afetiva com o menino. Durante o tempo especial com Benjy, Lilly e seus assistentes ficavam mais alertas aos sinais de sua perspectiva única e puderam gerar soluções para seus desafios baseados nas hipóteses que levantaram sobre o seu ponto de vista. Ao dedicar um tempo especial a Benjy regularmente, seus instrutores foram capazes de entrar em seu mundo e oferecer ajuda mais individualizada quando ele vivenciava desafios.

Criar conexão antes de correção

Outra ferramenta da Disciplina Positiva que o ajudará a entrar no mundo da criança é "conexão antes da correção". Se você deseja orientar a criança por um erro que ela cometeu, envolva-se com ela de uma maneira gentil e amorosa antes de corrigi-la. Aproxime-se dela e abaixe-se ao nível dos seus olhos, para que ela sinta sua conexão e veja que você está se dirigindo a ela. Fale em um volume normal e em um tom neutro ou alegre de voz. O que é mais importante no uso dessa ferramenta é que a mensagem de amor seja clara e que a criança sinta seu amor por ela, tanto, ou mais, do que ela sente sua preocupação por causa do erro que ela cometeu.

Como Benjy exigia considerável suporte dos adultos para realizar muitas tarefas, ele muitas vezes precisava de orientação corretiva para os erros inocentes que cometia quando tentava realizar uma tarefa por conta própria. Os professores de Benjy viam seus erros como oportunidades para ele aprender. Eles também viam os erros de Benjy como oportunidades para que eles próprios aprendessem como melhorar o apoio necessário oferecido a Benjy e não reduzir a assistência muito rapidamente. No geral, seus professores interagiam com Benjy de forma amorosa e otimista. Eles acreditavam que manter uma relação de afeto e apoio com ele era uma prioridade, e que a correção seria útil para ele apenas no contexto de uma conexão amorosa.

Quando você usar as nove ferramentas da Disciplina Positiva aqui descritas para entender e entrar no mundo da criança, descobrirá que é capaz de responder aos desafios que enfrenta com ela com mais compreensão e flexibilidade. Além disso, essas ferramentas, usadas regularmente com a criança, irão formar a base de um relacionamento construído com proximidade, confiança e respeito mútuo.

> Essas ferramentas, quando usadas regularmente com a criança, irão formar a base de um relacionamento construído com proximidade, confiança e respeito mútuo.

As ferramentas da Disciplina Positiva relacionadas ao objeto equivocado da criança

Além das nove ferramentas da Disciplina Positiva para entender e entrar no mundo da criança, você pode usar as ferramentas da Disciplina Positiva para ajudá-la sempre que ela apresentar comportamentos equivocados. Por meio da compreensão da crença equivocada por trás do comportamento equivocado da criança, você pode selecionar ferramentas para responder de maneira proativa e encorajadora com base no objetivo equivocado dela. As cenas nas aulas de arte trazem uma breve descrição da intensidade das birras de Benjy que ocorriam em sua turma anterior na pré-escola. O cenário a seguir destaca como uma breve interação entre Benjy e sua nova professora, Lilly, despertou uma birra tão intensa.

> *Era hora de "tempo livre" assim que os alunos chegaram, e as crianças foram incentivadas a escolher brinquedos para brincar. Benjy estava sentado no tapete manipulando os anéis coloridos de madeira de uma torre de anéis. Em vez de colocar os anéis na haste de madeira, ele repetidamente os rolava pelo chão, à sua frente, e*

os observava enquanto caíam. Lilly, sua professora, preocupada por ele estar fazendo movimentos repetitivos e por ter comportamento autoestimulatório, em vez de brincar com o brinquedo de uma maneira mais produtiva, sentou-se no tapete em frente a Benjy. Ela ofereceu ajuda, guiando gentilmente a mão dele para escolher um anel e colocá-lo na torre. Benjy resistiu à sua ajuda, e Lilly, sentindo-se um pouco desafiada por sua resistência, continuou a guiar fisicamente sua mão. Em uma fração de segundos, sem dar sinal, Benjy empurrou a mão dela com força, começou a gritar, caiu para trás no chão e, em seguida, empurrou suas pernas para a frente, chutando acidentalmente os anéis de madeira no chão. Sua birra durou pelo menos cinco minutos. Como Lilly tinha aprendido recentemente os princípios e ferramentas da Disciplina Positiva, ela reconheceu de imediato que a birra de Benjy tinha sido provocada pela maneira como ela interagiu com ele, entrando em uma disputa por poder. Ela teve um insight *considerável sobre o comportamento de Benjy por meio desse breve encontro com ele, e nunca mais Benjy teve uma crise durante uma interação com ela.*

Entender o comportamento inocente e evitar interpretações equivocadas

Antes de analisarmos o objetivo equivocado relacionado à birra de Benjy, devemos entender sobre o comportamento inocente e a interpretação equivocada. Comportamentos associados à condição de deficiência da criança são "inocentes" e requerem educação e intervenções terapêuticas. Se interpretarmos de forma incorreta o comportamento inocente de uma criança, reagindo como se a criança estivesse sendo deliberadamente "malcomportada", então há um risco de que o comportamento inocente em si seja direcionado para nós e/ou um novo comportamento desafiador surja em reação ao que foi feito para impedir o comportamento inocente.

> Se interpretarmos de forma incorreta o comportamento inocente de uma criança, reagindo como se ela estivesse sendo deliberadamente "malcomportada", então há um risco de que o comportamento inocente em si seja direcionado para nós e/ou um novo comportamento desafiador surja em reação ao que foi "feito" para impedir o comportamento inocente.

A movimentação repetitiva dos anéis de madeira por Benjy era um comportamento inocente, assim como engasgar com a visão de certos materiais de arte com propriedades sensoriais específicas também era. Ambos os comportamentos foram associados à sua deficiência.

Além disso, sua resistência física ao ser levado pela professora para a aula de arte e sua resistência física em ter sua mão guiada por Lilly nos movimentos de empilhar os anéis na torre eram comportamentos inocentes. Sem palavras, gestos ou qualquer outro meio simbólico para comunicar: *Não, obrigado, eu não quero sua ajuda,* a resistência física de Benjy era seu único meio de transmitir essa mensagem. Sua resistência física à ajuda física de um adulto era sua única forma de recusa socialmente aceitável e estava associada a seu atraso significativo de comunicação. Quando Lilly não "escutou" de forma respeitosa a sua recusa, mas, em vez disso, interpretou erroneamente a resistência como "mau comportamento" e continuou a mover a mão para ensinar a ação de empilhar os anéis, o comportamento inocente de Benjy foi transformado em comportamento de objetivo equivocado. O objetivo equivocado da birra de Benjy foi poder mal direcionado. Ele comunicou por meio de suas ações, alto e claro: *Você não pode fazer por mim!*

Tendo reconhecido de imediato o que ela havia provocado em Benjy, por não escutar sua mensagem não verbal de resistência física, Lilly instantaneamente respondeu com ferramentas da Disciplina Positiva que ajudaram Benjy a sentir um senso de aceitação e importância, e que ajudaram-na a analisar com maior precisão sua interpretação do comportamento inocente dele.

Ferramentas que reduzem o objetivo equivocado de poder mal direcionado

Existem muitas ferramentas da Disciplina Positiva que podem ser consideradas quando o poder mal direcionado é o objetivo equivocado de uma criança. Aquelas que a professora de Benjy utilizou imediatamente foram as seguintes:

- Reconhecer que você não pode forçá-lo.
- Retirar-se do conflito.
- Comunicar amor e carinho.
- Redirecionar para o poder positivo.

Lilly aprendeu que não poderia forçar Benjy a empilhar anéis na torre, nem orientá-lo manualmente para realizar qualquer outra ação se ele não estivesse disposto a ser ajudado na sua execução. Ela aprendeu a não guiar sua mão para completar uma atividade quando ele resistia fisicamente a seus esforços, e ela, portanto, desistiu de se envolver em conflitos com ele. Na única ocasião em que ele fez uma birra, ela esperou em silêncio, com calma e paciência enquanto ele gritava, se agitava e rolava no chão. Por meio de sua maneira silenciosa, serena e pouco exigente, ela comunicava energeticamente seu carinho e compaixão por ele. Quando ele finalmente se acalmou por completo, ela o redirecionou para usar seu poder de forma positiva por meio de uma brincadeira de cabo de guerra com seus colegas de turma, que ele gostou muito. Por meio dessa experiência, Lilly ganhou maior compreensão do comportamento inocente de Benjy e aprendeu a não levá-lo para o lado pessoal. Além disso, ela descobriu que, quando interpretou incorretamente o motivo para o comportamento de Benjy e, de modo inadvertido, provocou sua birra, ela pôde usar ferramentas de Disciplina Positiva para ajudá-lo a reparar o seu erro.

Revisão das ferramentas da Disciplina Positiva apresentadas neste capítulo

1. Entender a individualidade da criança por...
   a. conhecer os gostos e desgostos da criança.
   b. apreciar o temperamento da criança.
   c. reconhecer os pontos fortes e as dificuldades de aprendizagem da criança.
4. Entrar no mundo da criança por...
   a. ter empatia por ela e validar seus sentimentos.
   b. "escutar" com mais do que apenas os ouvidos.
   c. fazer perguntas curiosas.
   d. dedicar um tempo especial.
   e. criar conexão antes da correção.
6. Entender o comportamento inocente da criança.
7. Evitar interpretar erroneamente o comportamento da criança.
8. Reconhecer que os erros são oportunidades para aprender.
9. Reconhecer que você não pode forçar a criança.

10. Retirar-se do conflito.
11. Comunicar amor e carinho.
12. Redirecionar para o poder positivo.

9

A HISTÓRIA DE NATALYA: OFERECER OPORTUNIDADES DE CONEXÃO E CONTRIBUIÇÃO SOCIAIS

Natalya, de 7 anos, passou os dois primeiros anos de sua vida em um orfanato nos arredores de Moscou. Não há nenhuma informação sobre seus pais, pois ela literalmente foi deixada na porta do orfanato quando tinha apenas 1 mês. Um exame físico mostrou que ela estava com a saúde razoavelmente boa, embora fosse demasiado pequena para o que é esperado em sua idade. Também não se sabe muito sobre sua vida no orfanato, exceto que o lugar estava sempre lotado de crianças e com poucos funcionários.

Aos 2 anos, Natalya foi adotada por uma família americana. Ela se tornou a mais jovem das três crianças da casa. Seu novo irmão mais velho tinha 5 anos e sua nova irmã mais velha estava com 8. Todos na família McKenzie pareciam encantados com a minúscula criança de cabelos loiros e olhos azuis.

No início, quando Natalya comia tudo que conseguia alcançar com as mãos, o sr. e a sra. McKenzie atribuíram isso à provável privação que Natalya havia passado antes do orfanato e durante sua estadia lá. Da mesma forma, quando ela continuamente pegava os brinquedos dos dois irmãos e os jogava longe, seus pais, lembrando da fase dos "terríveis 2 anos" dos outros filhos, atribuíram o fato ao seu nível de desenvolvimento: desagradável, mas não inesperado.

Com o passar do tempo, Natalya aprendeu a entender e a falar muito bem. Na verdade, seus pais estavam satisfeitos e impressionados com o quão verbal ela havia se tornado. O apetite de Natalya também estava moderado. Mas sua incapacidade de compartilhar só se tornou mais acentuada. Todos os dias, aos 3 anos e meio, Natalya tinha birras múltiplas e prolongadas, aparentemente sempre que tinha de abrir mão de algo, revezar ou simplesmente esperar. Quando manifestava uma dessas birras, Natalya atacava quem ela conseguisse alcançar. Todos os outros membros da família ganharam algum hematoma.

Essas intensas birras afetaram a família. Mesmo com a ajuda de um terapeuta familiar, a atmosfera emocional familiar piorava. Os pais viram os efeitos dessa tensão sobre os outros filhos e sentiram-se de coração partido. Quando Natalya tinha 4 anos e meio, a família McKenzie, com muita tristeza, renunciou aos seus direitos parentais. A adoção foi interrompida e Natalya foi colocada em um sistema de assistência social.

Ao longo dos três anos seguintes, Natalya viveu em três lares adotivos. Nos dois primeiros, seu comportamento mostrou-se desafiador demais. Em ambos os lares, os pais ficaram tão desanimados que recorreram à punição de Natalya, tirando coisas e privilégios quando ela, inflexivelmente, se recusava a compartilhar algo e se tornava agressiva em resposta a qualquer tentativa de intervenção. Além disso, eles também violaram as regras do estatuto para pais adotivos, ao lhe dar palmadas pelo que relataram como o "comportamento principal" dela direcionado a outras crianças. Aos 7 anos, Natalya estava em seu quarto lar norte-americano; estes últimos também sofreram com ela.

Durante sua odisseia, Natalya havia sido levada a inúmeros médicos e terapeutas, os últimos dos quais lhe deram um diagnóstico de transtorno opositivo desafiador. Muito para sua boa sorte, no entanto Natalya teve uma assistente social no Departamento de Serviços Humanos do estado que se recusou a desistir dela. Sentindo que ainda havia uma melhor compreensão a ser obtida sobre Natalya, a assistente social lutou vigorosamente dentro de sua agência para receber autorização para procurar uma avaliação psicológica abrangente. O relatório do psicólogo descobriu que Natalya era uma garota com inteligência acima da média e sugeriu que ela, muito provavelmente, sofria de síndrome alcoólica fetal (SAF), bem como de transtorno do estresse pós-traumático (TEPT). O relatório afirmou que a história traumática de Natalya deixara-a sentindo-se ansiosa e "em alerta" a maior parte do tempo. A SAF trouxe como consequência a dificuldade de "reter" novas aprendizagens. Como resultado, ela muitas vezes parecia não saber mais como fazer as coisas que já havia feito no dia anterior. O psicólogo recomendou que os atuais pais adotivos participassem de um workshop *de Disciplina Positiva. A assistente social decidiu comparecer com eles.*

O *workshop* de Disciplina Positiva que os três fizeram era chamado Disciplina Positiva para crianças com deficiência. Quando a aula começou, os pais adotivos de Natalya, Galina e Ivan Marchenko, e sua assistente social, Tamara, estavam esperando apenas que pudessem aprender alguns truques novos para moderar o comportamento de Natalya. A menina estava indo mal na escola e não tinha amigos verdadeiros. Outras crianças aprenderam a ficar longe dela por causa de suas explosões agressivas e imprevisíveis. Em casa, Natalya se apresentava como uma menina um tanto mal-humorada e contida.

Galina e Ivan, eles mesmos imigrantes russos, tiveram sucesso em ajudar muitas crianças adotivas com dificuldades, incluindo várias que também tinham vindo da Rússia. Eles também tinham criado dois filhos próprios que agora estavam cuidando de suas próprias famílias. Natalya era um grande enigma para eles, e eles estavam ansiosos para ajudá-la. Durante o *workshop*, os pais adotivos aprenderam muitos conceitos novos importantes, mas três se destacaram para eles. Primeiro, havia o conceito básico de Adler de que todas as crianças querem se sentir aceitas e importantes. Eles puderam olhar para trás em seus anos como pais dos próprios filhos e pais adotivos e ver que tinham entendido esse conceito intuitivamente, mesmo sem ter um nome para isso.

Em segundo lugar, eles aprenderam sobre o conceito de "comportamento inocente", isto é, o comportamento que é impulsionado pela deficiência da criança e que não é necessariamente dirigido a alguém. Eles também aprenderam (por si próprios e com a ajuda de Tamara) sobre a SAF e vieram a entender que uma grande quantidade de crianças com essa condição, às vezes, não parece aprender com a

> O comportamento inocente é impulsionado pela deficiência da criança e não é necessariamente dirigido a alguém.

experiência. Com isso em mente, eles começaram a enxergar as dificuldades de Natalya sobre aceitação e conexão social menos como mau comportamento e mais como um conjunto de habilidades que Natalya simplesmente não tinha aprendido de forma adequada ainda.

Terceiro, eles aprenderam que um aspecto importante do desenvolvimento de um senso de aceitação e importância é dar às crianças a chance de fazerem contribuições significativas. Frequentemente, em nossa cultura, medimos a aceitação por meio dos

> Um aspecto importante do desenvolvimento de um senso de aceitação e importância é dar às crianças a chance de fazerem contribuições significativas.

benefícios que obtemos do grupo em que estamos. Adler percebeu que retribuir ao grupo e desenvolver o que ele chamou de *Gemeinschaftsgefühl*, um pouco inadequadamente traduzido como "interesse social", era tão importante quanto.

Reforçados por essa nova perspectiva, a família Marchenko decidiu não dar como certo que Natalya tinha as habilidades sociais que todo mundo sempre assumiu que ela tivesse por ser tão verbal e aparentemente tão inteligente. Com a ajuda de Tamara, eles observaram as etapas envolvidas nas "simples" interações de brincadeira. Um exemplo era revezar os turnos com um brinquedo com o qual mais de uma criança queria brincar. Galina e Ivan perceberam que Natalya, por causa de suas experiências anteriores de privação, apenas não queria desistir de qualquer brinquedo que ela pegasse porque acreditava que nunca mais iria recuperá-lo. Quando eles, assim como os adultos anteriores na vida de Natalya, insistiam que ela compartilhasse os brinquedos, Natalya respondia com recusa inflexível, seguida quase instantaneamente por bater ou arranhar. Mesmo quando eles demonstravam empatia por Natalya, indicando que entendiam sua relutância em desistir do brinquedo, ela ainda reagia agressivamente. Sua nova compreensão sugeriu-lhes que era possível que Natalya pudesse não "absorver" a mecânica da negociação de revesar turnos com brinquedos. Quando ela então recusava (porque naqueles momentos ela literalmente não sabia como fazer isso), os outros reagiam como se fosse uma decisão voluntária dela. Essa reação provocava a transformação rápida do comportamento inocente de Natalya ("Eu não sei como") em comportamento de objetivo equivocado ("Você não pode me forçar!").

Ivan e Galina decidiram *dedicar tempo para ensinar* a Natalya os passos envolvidos na partilha de brinquedos. Galina sentou-se com Natalya e os outros dois filhos adotivos em sua casa naquele momento (duas meninas de 5 e 9 anos) e mostrou-lhes fotos. Na primeira imagem, uma criança está brincando com um brinquedo e uma segunda criança pergunta: "Posso brincar agora?". Na segunda foto, a primeira criança pergunta: "Você me devolve quando acabar de brincar?" e a segunda criança diz: "Claro!". Finalmente, na terceira imagem, a primeira criança entrega o brinquedo à segunda, que diz: "Obrigado!". Galina pediu a ajuda das meninas para cortar as fotos e colá-las em um pedaço de cartolina. Então as quatro trabalharam juntas para pendurar o cartaz na sala de brinquedos.

Galina explicou que isso é o que acontece quando as crianças compartilham brinquedos. Geralmente, havia uma oportunidade de revezar de novo. Então, ela dramatizou a cena com dois bichinhos de pelúcia. Natalya não aceitou

A história de Natalya: oferecer oportunidades de conexão e contribuição sociais

imediatamente (ou talvez nem tenha entendido) que isso também se aplicava a ela. Nas semanas seguintes, ela ainda respondeu automaticamente "não" quando alguém pediu emprestado um brinquedo que ela estava usando. No entanto, em vez de insistir que Natalya compartilhasse o brinquedo, Ivan e Galina mostraram a ela o cartaz de como ela poderia ter outra oportunidade de brincar com o brinquedo novamente. Os momentos de agressão diminuíram quase imediatamente porque ninguém insistia que Natalya compartilhasse os brinquedos. Como seus pais adotivos não interpretaram erroneamente sua recusa em compartilhar o brinquedo como mau comportamento, mas, em vez disso, viram-na como comportamento inocente, Natalya não foi provocada a responder a uma interpretação equivocada de seu comportamento e ficou mais livre para aprender uma nova habilidade.

O *workshop* de Disciplina Positiva também apresentou a Galina e Ivan outra ferramenta, que os ajudou tanto a ensinar novas habilidades a Natalya como a reforçá-las. Essa ferramenta se chama Floortime e foi originalmente desenvolvida pelo dr. Stanley Greenspan como uma maneira de melhorar a interação emocional e a compreensão de crianças com deficiência.[10] Pela perspectiva da Disciplina Positiva também se tornou uma maravilhosa ferramenta para entrar no mundo de Natalya e construir relações com ela. Com o uso do Floortime, Ivan ou Galina poderiam se envolver com Natalya por meio de brincadeiras simbólicas e seguir com ela qualquer tema que Natalya começasse. Inicialmente seu objetivo era apenas passar tempo com Natalya e ajudá-la a vê-los como adultos carinhosos. Eles seguiram a liderança de Natalya durante a brincadeira e acabaram simbolizando um número variado de temas; em um deles, ela representou alguns animais de pelúcia recusando-se a compartilhar seus brinquedos e, posteriormente, sendo punidos por isso.

> Floortime foi originalmente desenvolvido pelo dr. Stanley Greenspan como um caminho para melhorar a interação emocional e a compreensão de crianças com deficiência.

Para Galina e Ivan, foi um vislumbre surpreendente do mundo de Natalya. Eles viram como ela tinha interpretado suas primeiras experiências de ser privada e punida e, mais claramente, como tentativas anteriores de "ensiná-la" (fosse por simples repetição, como na família McKenzie, fosse punindo-a, como em lares adotivos anteriores) a tinham deixado confusa e sem o aprendizado dessa habilidade. Não era de admirar que ela reagisse com tanta intensidade defensiva. Do seu ponto de vista, ela continuava fazendo a mesma coisa porque não tinha uma habilidade específica. Em uma ocasião, o bicho de pelúcia de Ivan ficou chateado porque ele não queria compartilhar um brinquedo. Para seu espanto total, o bicho de pelúcia de Natalya desenhou para ele um quadro como o que Galina tinha desenhado para as meninas!

Para uma criança com deficiência, como você deve se lembrar, é importante fazer duas coisas. Primeiro, é importante que reconheçamos e aceitemos o fato de que a deficiência existe. Como pais e professores dessas crianças, devemos fazer o nosso melhor para entender a deficiência em si e, ainda mais crucial, os comportamentos que podem estar associados a tal condição. No caso de Natalya, era vital que a família Marchenko entendesse que seu "fracasso" em mostrar habilidades que pareciam já terem sido ensinadas a ela era, de fato, uma consequência previsível do efeito do álcool sobre o feto.

Em segundo lugar, é fundamental que não deixemos o fato da deficiência bloquear nossa visão da criança como uma pessoa com vasto potencial. A família Marchenko aceitou a deficiência de Natalya, mas não a ideia de que ela não conseguiria aprender. Eles simplesmente (embora na realidade estivesse longe de ser simples) rejeitaram o uso de punição para ensiná-la e dedicaram tempo para ensinar de maneira que ela pudesse entender e até mesmo, por meio de sua brincadeira, ensinar os outros.

O progresso de Natalya em aprender algumas novas habilidades não a refez do dia para a noite, como se poderia esperar. Ela ainda era uma garota cuja frequente posição padrão era de mau humor e agressão. Outras crianças não a aceitaram imediatamente. De certa forma, o trabalho da família Marchenko apenas havia começado. Agora eles precisavam ajudar Natalya a se sentir conectada com os outros e a sentir que tinha algo a oferecer em seus relacionamentos.

Ferramentas da Disciplina Positiva para construir conexões sociais e contribuição encorajadora

À medida que o seu filho com deficiência cresce, e especialmente conforme as dificuldades associadas com sua condição tornam-se evidentes, é fácil fazer o movimento familiar de fechar a roda – isto é, colocar barreiras entre a família e o mundo exterior. Quando a roda está fechada em um círculo, é fácil para os pais (e professores) imaginarem que o mundo fora da roda é perigoso, insensível, ou (no caso de crianças cujos comportamentos públicos são desafiadores) simplesmente muito problemático. Podem começar a sentir que é cada vez mais fácil limitar o contato com pessoas que "não vão entender".

Essa perspectiva, embora completamente compreensível, não leva as crianças para a lista de esperanças e sonhos que vimos no Capítulo 1. Na verdade, cria um risco muito real de que nossas crianças se achem no direito de tudo e qualquer coisa, e procurem não fazer conexões, mas sim colocar os outros a seu serviço. Para se tornarem os adultos que têm as características daquela lista, as crianças precisam de oportunidades frequentes de se sentirem reciprocamente conectadas a outras pessoas e de fazerem contribuições significativas a quaisquer grupos dos quais façam parte. Adler chamou isso de "alcançar a superioridade"; com isso, não quis dizer ser melhor do que os outros, e sim sermos o melhor que pudermos ser. Pais e professores podem ajudar usando as seguintes ferramentas:

> Para se tornarem adultos que têm as características daquela lista de desejos e sonhos, nossas crianças precisam de oportunidades frequentes de se sentirem reciprocamente conectadas a outras pessoas e de fazerem contribuições significativas a quaisquer grupos dos quais façam parte.

- Estruturar para a criança experiências que promoverão esta crença: "Eu sou capaz de estar em relacionamentos amorosos com os outros, e nesses relacionamentos eu tenho algo a oferecer".
- Concentrar-se nos pontos fortes da criança.
- Confiar e usar o encorajamento para ajudar a criança a dar o melhor de si.

Estruturar para a criança experiências que promoverão esta crença: "Eu sou capaz de estar em relacionamentos amorosos com os outros, e nesses relacionamentos eu tenho algo a oferecer"

Pode ser confuso ter que decidir como ajudar a criança a fazer conexões sociais, especialmente quando ter dificuldade em conviver com os outros tem sido uma característica proeminente da vida dela. No entanto, são as relações que serão o veículo para a criança crescer, desenvolver e amadurecer. O ingrediente ativo em relacionamentos afetuosos é a empatia. Como Daniel Siegel colocou, é a experiência de "se sentir compreendido".

Como a família Marchenko aprendeu mais no *workshop* de pais, eles perceberam que, para ajudar Natalya a fortalecer sua capacidade de desenvolver relacionamentos significativos, eles tinham que se certificar de que ela se sentia compreendida e aceita por eles. Eles continuaram seus momentos diários de Floortime, durante os quais continuaram a seguir a liderança de Natalya. Além disso, eles periodicamente apresentavam novos desafios em temas antigos. Por exemplo, em uma sessão de brincadeira, o bicho de pelúcia de Galina começou a chorar, para surpresa de Natalya. Sua primeira reação foi perguntar a Galina, não ao bicho de pelúcia, o motivo do choro. Na voz do animal, Galina lamentou a fato de que ele não sabia como fazer amigos e que ninguém gostava dele. Natalya rapidamente mudou o assunto na cena e, com sabedoria, Galina seguiu em frente. Com o tempo, ela reintroduziu desafios semelhantes. Em uma ocasião, Natalya parecia incomodada, mas não mudou o tema. Galina sussurrou para Natalya em sua própria voz: "Você tem algum conselho para ela?". Natalya disse para o bicho de pelúcia: "Você deveria tentar jogar jogos que os outros animais também gostam". O animal de Galina enxugou as lágrimas, "Obrigado, eu vou tentar isso". Na brincadeira de faz de conta, Natalya estava aprendendo sobre a troca de ideias, e isso faz parte dos relacionamentos cotidianos.

Concentrar-se nos pontos fortes da criança

Ao planejar experiências que ajudarão a criança a desenvolver tanto conexões sociais afetuosas como a capacidade de fazer contribuições significativas a esses relacionamentos, é sábio considerar os pontos fortes que a criança já tem. Na educação especial, existe o risco de foco excessivo nas deficiências das crianças, tentando encontrar maneiras de fortalecer as crianças nos pontos em que elas são mais fracas. Ajudar as crianças a melhorarem as áreas de fraqueza é importante. A Disciplina Positiva, baseada na psicologia individual de Adler, olha as crianças com deficiência como seres humanos integrais, com pontos fortes e fracos e como possuidoras de potencial para se tornarem participantes contribuintes em uma infinidade de relacionamentos.

Conforme Natalya ficava mais confortável e se sentiu mais aceita por meio de suas experiências Floortime, a família Marchenko, com a ajuda e apoio de sua assistente social e da terapeuta de Natalya, começou a pensar em como eles poderiam expandir o leque de experiências positivas de Natalya com os relacionamentos, a fim de incluir outras crianças. Para muitos pais de crianças com deficiência, pode ser um desafio ajudá-las a desenvolver relacionamentos com crianças da mesma idade, que podem parecer muito mais capazes. E, ao contrário do caso de Natalya, a maioria dessas crianças não tem que começar a desenvolver suas habilidades de relacionamento em sua quinta família.

Galina percebeu a rica imaginação de Natalya e habilidades de faz de conta como um grande ponto forte. Ela percebeu que isso poderia ser o alicerce sobre o qual ajudar Natalya a expandir suas habilidades de relacionamento. Continuando seu encontro individual de Floortime com Natalya, Galina perguntou se ela estaria interessada em incluir Taneisha, sua irmã adotiva de 5 anos, em algumas de suas brincadeiras. Previsivelmente, Natalya não gostou da ideia, até que Galina explicou que, primeiro, ela e Natalya continuariam a ter seu tempo especial só delas todos os dias e, segundo, Natalya poderia realmente usar suas habilidades de faz de conta para ajudar Taneisha a aprender a brincar melhor. (Taneisha também viera de um contexto pobre em estímulos e detectou-se que ela possuía alguns atrasos de desenvolvimento leves.) Embora ainda não completamente convencida, Natalya concordou.

Na primeira vez, quando as três brincaram, Natalya teve alguns problemas em aceitar que Taneisha pudesse ter ideias diferentes sobre como o jogo podia se desdobrar. Ela foi rápida em reagir quando pensava que Taneisha queria algo que ela tinha. Galina permaneceu paciente e apontou o cartaz sobre brinquedos compartilhados, lembrando a ambas as meninas que os brinquedos poderiam ser trocados. Em particular, Galina pediu a Natalya que pensasse sobre maneiras pelas quais ela poderia encorajar Taneisha a brincar de forma mais criativa. Ela a lembrou sobre o conselho que o bicho de pelúcia de Natalya tinha dado ao seu próprio bicho de pelúcia: "Tentar brincar com jogos que os outros animais também gostam". Satisfeita ao ser lembrada por Galina desse conselho e se sentindo importante, Natalya começou a apreciar seu papel como mentora de Taneisha. Em uma ocasião memorável, Natalya começou a ficar um pouco frustrada com o comportamento pouco flexível de Taneisha, então olhou para Galina e disse: "Bem... ela ainda está aprendendo".

Confie e use encorajamento para ajudar a criança a fazer o melhor

Rudolf Dreikurs escreveu que crianças malcomportadas são crianças desencorajadas. O que as motiva é o encorajamento. Tanto *desencorajamento* como *encorajamento* vêm da palavra com a raiz latina *cor*, que significa "coração". Crianças que são desencorajadas têm o coração perdido e não sentem fortemente esse sentimento de aceitação e importância. Quando encorajamos as crianças, ajudamos seus corações a ficarem fortes. Uma afiliada muito sábia e certificada da Disciplina Positiva de Seattle, dra. Jody McVittie, diz que "coragem é o movimento que fazemos na direção de nos tornarmos nosso melhor eu. Encorajamento é o espaço que nós criamos para fazer com que os outros se tornem seus melhores eus – para exercitar sua coragem".

Como Natalya continuou em seu papel de mentora de Taneisha, sua capacidade de ser uma parceira total de brincadeira cresceu também. Em seus melhores dias, ela conseguia brincar por longos períodos com Taneisha, com e sem Galina, enquanto compartilhava os brinquedos e tomava decisões. Galina e Ivan agora esperavam ajudar Natalya a aplicar essas habilidades de desenvolvimento em seus relacionamentos com outras crianças da mesma idade. Ainda que o comportamento geral de Natalya na escola tivesse melhorado, ela ainda permanecia em relativo isolamento social.

Galina estava familiarizada com a mãe de uma menina, Sophie, que era colega de turma de Natalya. Então ligou para ela, contou que planejava expandir os horizontes sociais de Natalya, e perguntou se Sophie e a mãe estavam interessadas em encontrar Natalya e ela no parque. A mãe de Sophie concordou, e elas combinaram de se encontrar no sábado seguinte, na área de brincar do parque. Tentando manter as expectativas ao mínimo, Galina compartilhou com Natalya que elas iriam encontrar Sophie e sua mãe no parque para brincar.

A reação de Natalya foi, como Galina havia previsto, reservada. À medida que o sábado se aproximava, Natalya parecia ficar mais nervosa e irritada. Na quinta-feira à noite, na hora de dormir, ela desatou a chorar quando não conseguiu encontrar seu bicho de pelúcia favorito para dormir. Com Natalya no colo, Galina perguntou se ela estava preocupada em brincar com Sophie no parque. Natalya assentiu, e as duas sentaram-se em silêncio por vários minutos. Finalmente, Natalya disse: "Sophie não gosta de mim. Nenhuma das crianças gosta de mim". Galina disse a ela que podia ver que Natalya estava preocupada que ninguém gostasse dela.

"Eu aposto que você se sente muito solitária na escola." Ela então perguntou com que tipos de jogos Sophie brincava no intervalo. Natalya descreveu os jogos de faz de conta que ela tinha visto Sophie e as outras crianças brincando. Galina acenou com a cabeça e disse: "Hum... Eu conheço outra pessoa que está sempre brincando de ser uma princesa super-heroína também". Natalya sentou-se calmamente. Galina continuou: "Eu tenho brincado muito de faz de conta com você, e eu sei o quanto nos divertimos. Você é uma garota que tem ótimas ideias para brincar. Eu realmente acredito que você e Sophie vão se divertir juntas, mesmo que você esteja nervosa agora. Eu mal posso esperar por isso".

Em sua conversa com Natalya, Galina levou suas preocupações muito a sério. Com sua *declaração empática*, ela transmitiu a Natalya que entendia seus sentimentos de isolamento e solidão. Então, ela fez uma observação sobre as habilidades de brincar de Natalya que somente alguém que passa horas brincando com a filha poderia ter feito. Ela terminou com uma frase que transmitiu confiança na capacidade de Natalya.

No dia do encontro com Sophie, Natalya estava claramente muito nervosa e não se envolveu no faz de conta com sua naturalidade habitual. Galina e a mãe de Sophie assistiram à brincadeira a distância enquanto estavam sentadas conversando em um banco do parque. No caminho para casa, Natalya disse que a brincadeira tinha sido "meio que divertida". Galina disse a ela que sabia o quão difícil pode ser fazer algo quando estamos muito nervosos. "Mas sabe de uma coisa?", ela acrescentou. "Mesmo que você estivesse nervosa, você conseguiu, e parecia que você estava se divertindo um pouco. Vamos nos encontrar com Sophie no parque de novo?".

"Não", disse Natalya. "Ela pode vir brincar em casa?".

Ferramentas da Disciplina Positiva relacionadas aos objetivos equivocados da criança

Mesmo que as habilidades sociais de Natalya estivessem notavelmente melhorando, as coisas nem sempre iam bem. Como Ivan e Galina descobriram, nem todos os comportamentos que viram em Natalya eram "inocentes". Houve ocasiões em que o Quadro dos objetivos equivocados se mostrou inestimável para eles. Embora o relacionamento de Natalya com ambos os pais adotivos estivesse ficando mais próximo, parecia-lhes que ainda havia momentos em que se encontravam com sentimentos de irritação e desafiados por seu comportamento. Depois de um primeiro olhar para a possibilidade de ser um comportamento inocente, eles chegaram à conclusão de que era mais provável que Natalya estivesse buscando um senso de aceitação por meio do objetivo equivocado do poder mal direcionado. Um exemplo era sua frequente recusa em fazer tarefas domésticas que eram atribuídas a ela, como arrumar a mesa para o jantar. Frequentemente, ela procrastinava enquanto via televisão, concordando em arrumar a mesa, mas simplesmente não fazendo isso. Isso era especialmente difícil para Ivan. Com ele, a recusa passiva de Natalya logo se transformava em um jogo de gritos entre eles que resultava em perda de privilégios para Natalya, como um horário de dormir posterior ao de Taneisha.

Quando a criança com deficiência estiver envolvida em comportamentos que fazem você se sentir irritado, desafiado ou derrotado, consulte o Quadro dos objetivos equivocados. Ele oferece várias ferramentas que irão ajudá-la a ganhar um senso de aceitação e importância, de maneira a promover tanto o seu relacionamento com ela como um senso de contribuição para a família. Entre as ferramentas, estão as seguintes.

Deixar a rotina ser o chefe

Rotinas bem planejadas e de forma conjunta podem tomar o lugar de muitas brigas entre adultos e crianças. Uma rotina, especialmente aquela que a criança ajudou a criar e que é regular, torna muito mais difícil que a criança prolongue a briga com você. Afinal, não se trata apenas de você dizer ao seu filho para arrumar a mesa; é a rotina designada e acordada que faz isso.

Ao se lembrar do sucesso do cartaz de Galina sobre revezar e compartilhar os brinquedos com Natalya, Ivan esperou até a próxima reunião de família e pediu ajuda para planejar uma rotina para as tardes depois da escola. Com uma contribuição considerável das três meninas, um acordo foi desenvolvido. Ele descobriu todas as coisas que precisavam acontecer entre o momento de voltar da escola para casa e a hora de dormir. Isso incluía tanto as tarefas que precisavam ser feitas (como colocar a mesa) como as opções de atividades divertidas (como televisão ou brincadeiras). As meninas concordaram que iriam fazer um rodízio de tarefas periodicamente para que ninguém ficasse preso fazendo algo que não gostasse por muito tempo. Novamente, com a ajuda das meninas, o cronograma de rotina foi desenhado no cartaz e pendurado na sala dos brinquedos. (Para Natalya, Ivan perguntou se havia alguma tarefa para a qual ela desejava fotos adicionais, para a qual um passo a passo poderia ser útil.)

Ser gentil e firme ao mesmo tempo

Como já dissemos em outro momento neste livro, ser gentil e firme ao mesmo tempo é uma habilidade crucial da Disciplina Positiva. Em nossa cultura em geral, muitas vezes gostamos que as coisas sejam uma coisa ou outra, preto ou branco. Nós imaginamos que as coisas são mais fáceis com esse tipo de simplicidade. No entanto, quando nós paramos um tempo para examinar um problema, muitas vezes acaba por ser uma coisa *e* outra. Tal é o caso de gentileza e firmeza. Dependência excessiva da gentileza leva os pais ou professores a exercerem suas funções com permissividade. Excessiva confiança na firmeza leva os pais ou professores ao ensino rígido. Então, ao fazer os dois *ao mesmo tempo* é que nós cuidamos ou ensinamos com autoridade, ou a partir da perspectiva da Disciplina Positiva.

Mesmo com o quadro de rotina, Natalya nem sempre estava disposta a realizar a tarefa escolhida. Quando ela se recusava, por procrastinar ou por ser agressiva, Ivan respondia com gentileza e firmeza. Se Natalya estivesse assistindo a um programa de televisão, ele perguntava a ela o que o quadro de rotina indicava que era hora de fazer (deixar a rotina ser o chefe). Se Natalya começava a procrastinar ou argumentar, Ivan fazia uma declaração empática como "Eu posso ver que você está realmente gostando desse programa". (Sendo gentil.) Ele se posicionava em pé na frente da televisão, sorrindo e apontando para a sala de jantar, onde a mesa estava esperando para ser arrumada. (Sendo firme.)

Deve-se notar que muitas vezes é verdade que as crianças, com ou sem deficiência, não necessariamente registram a parte *gentil* da mensagem. Nenhum de nós se lembra de nenhum dos nossos filhos ou crianças com as quais trabalhamos dizendo para nós (verbalmente ou não): "Obrigado por passar essa mensagem indesejada sobre arrumar a mesa tão gentilmente". Embora não tenhamos desistido por completo da esperança de que nossas crianças sejam, em longo prazo, apreciadoras do nosso estilo gentil e atencioso, nos consolamos com o fato de que as crianças tendem a cooperar muito mais quando somos gentis e firmes ao mesmo tempo. Além disso, somos encorajados quando novas pesquisas, como a de Jody McVittie e Al Best, são publicadas dando suporte à nossa convicção de que o desenvolvimento socioemocional das crianças melhora muito no contexto das relações com adultos cujos estilos parentais e de ensino são tanto benevolentemente responsivos como respeitosamente exigentes, isto é, gentil e firme ao mesmo tempo.[12]

Oferecer escolhas limitadas

Crianças que estão buscando o objetivo equivocado do poder mal direcionado ainda precisam de poder, assim como todos nós. É com o senso de que precisam ter quantidades excessivas de poder para se sentirem aceitas e importantes que devemos ajudá-las. É fácil para nós, pais e professores, "sermos fisgados" quando as crianças exigem quantidades excessivas de poder e reagirmos com todo nosso próprio poder. ("Eu sou o adulto aqui! Você só vai fazer o que eu mandar".) Em vez disso, devemos ter em mente que buscar algum nível de poder é simplesmente parte de ser humano. Nós podemos ajudá-las oferecendo escolhas limitadas e apropriadas ao seu desenvolvimento.

Quando Natalya continuou sua busca por poder mal direcionado, foi muito útil tanto para Galina como para Ivan lembrarem o conceito de escolhas limitadas. Assim, mesmo quando ela se recusava a deixar a rotina ser o chefe na tarefa de arrumar a mesa, Ivan podia falar com ela perguntando algo como: "Quais você quer colocar primeiro, os pratos ou as xícaras?". Outra maneira que ele encontrou para oferecer escolhas foi colocar fotos dos itens da mesa em um grande chapéu e deixar que Natalya escolhesse dessa forma a ordem do que colocar na mesa.

Pedir ajuda

É notável a frequência com que as crianças se tornam mais cooperativas quando pedimos a ajuda delas, em vez de lhes dizer o que devem fazer. É um ótimo exemplo para percebermos como Adler pensava à frente ao notar quão importante para o senso de aceitação era fazer uma contribuição.

De manhã, Natalya (e, verdade seja dita, suas irmãs adotivas também) ficavam enrolando. Elas também tinham um quadro de rotina para a manhã, e era muito claro que todas sabiam o que deveriam fazer. Mas, para desgosto de Galina, todas as garotas se moviam como se estivessem caminhando no melado. Nas manhãs em que tinha que sair de casa em uma determinada hora para levar as meninas à escola e estar em seus compromissos agendados, Galina, às vezes, entrava em "modo sargento do exército". Não surpreende que as meninas não encontrassem motivação nela.

Um dia, na manhã seguinte a um de seus *workshops* de Disciplina Positiva, ela sentou-se com as meninas e disse: "Meninas, eu realmente preciso da ajuda de vocês hoje de manhã. Preciso ter

> É notável a frequência com que as crianças se tornam mais cooperativas quando pedimos a ajuda delas em vez de dizer-lhes o que elas devem fazer.

certeza de que chegarei ao meu compromisso a tempo. O que vocês podem fazer para me ajudar?". As meninas decidiram rapidamente quais tarefas elas poderiam fazer e as fizeram. Foi só mais tarde que Galina notou que essas foram as mesmas tarefas que elas haviam escolhido colocar no quadro de rotina daquela semana.

Fazer reuniões de família

As reuniões de família são uma ferramenta da Disciplina Positiva que ajuda as crianças a aprenderem muitas habilidades essenciais para viver em uma sociedade democrática. As reuniões comunicam a importância da contribuição de cada membro da família; então, ao fazê-las, reforça-se o senso de aceitação dentro da família. Não é incomum para as famílias que têm crianças com deficiência subestimarem a importância do senso de aceitação, especialmente se a condição de seu filho dificulta a comunicação. Também é fácil para essas famílias, igualmente de forma não intencional, subestimarem a capacidade da criança de fazer contribuições significativas.

Como descrito anteriormente, a família Marchenko usou as reuniões de família para encorajar Natalya a contribuir para melhorar a rotina diária da vida familiar depois da escola. Ao fazê-lo, eles também estavam ajudando Natalya a encontrar formas mais socialmente úteis de usar seu poder.

Entre as outras habilidades que podem ser aprendidas por meio de reuniões de família, estão as seguintes:

- Solucionar problemas.
- Fazer planos futuros.

- Ter capacidade de esperar.
- Ter capacidade de revezar.
- Gerenciar sentimentos de frustração e decepção.
- Compreender o ponto de vista de outra pessoa.

Revisão das ferramentas da Disciplina Positiva apresentadas neste capítulo

1. Dedicar tempo para ensinar.
2. Envolver a criança em Floortime. (A ferramenta da Disciplina Positiva correspondente é "entrar no mundo da criança".)
3. Estruturar experiências para ajudar a criança a desenvolver um senso de conexão e capacidade.
4. Concentrar-se nos pontos fortes da criança.
5. Confiar e usar encorajamento para ajudar a criança a dar o melhor de si.
6. Usar empatia.
7. Deixar a rotina ser o chefe.
8. Ser gentil e firme ao mesmo tempo.
9. Oferecer escolhas limitadas.
10. Pedir ajuda.
11. Usar reuniões de família.

10

A HISTÓRIA DE DAMON: FOCAR NA CRIANÇA, NÃO EM SEU DIAGNÓSTICO

Damon, de 5 anos, está sendo criado por sua bisavó. Numa época em que os laços familiares parecem estar cada vez mais desgastados, a situação de Damon não é incomum. A mãe de Damon tinha um atraso de desenvolvimento e, mais provável, uma deficiência intelectual. Ela deu à luz Damon enquanto ainda morava em casa e logo se mudou para o outro lado do país para viver com um homem que ela conheceu na internet. A avó de Damon estava com a saúde debilitada e pediu à sua mãe, a bisavó de Damon, para ajudar. Como a saúde da avó continuou a se deteriorar, a "ajuda" da bisavó acabou significando adotar Damon e assumir a responsabilidade de criá-lo. Sua mãe não o via havia mais de dois anos.

A bisavó de Damon, Barbara, entrou em sua vida logo após o nascimento. Foi ela quem notou que seu desenvolvimento parecia estar atrasado. Quando ele foi avaliado pela primeira vez por um programa local de intervenção precoce, aos 8 meses, Damon não se qualificava para os serviços. Foi sugerido à família, no entanto, que ele fosse reavaliado mais perto de seu terceiro aniversário, se continuassem a ter preocupações.

Com 2 anos e 10 meses, as dificuldades de desenvolvimento de Damon eram mais óbvias. Em vez de falar, ele ainda estava apontando e fazendo gestos quando queria alguma coisa. Tarefas simples pareciam muito difíceis para ele. Ele não conseguia empilhar blocos. Apesar de continuar se frustrando, ele continuava a colocar os blocos menores embaixo e os maiores em cima. Tirar a roupa, até peças simples como calças de moletom, se revelou extremamente complexo para ele. Ele não conseguia usar utensílios para se alimentar e ficava frustrado muito facilmente.

Barbara era notavelmente paciente com ele, mostrando-lhe de novo e de novo como fazer as coisas que pareciam demais para ele. Ela relatou: "Parte o meu cora-

Disciplina Positiva para crianças com deficiência

ção quando ele começa a chorar porque não consegue fazer algo simples". Barbara adquiriu o hábito de antecipar suas necessidades e fazer as coisas para ele, de modo que Damon não ficasse tão frustrado.

Quando Damon tinha 3 anos, dois eventos importantes ocorreram. Primeiro, sua mãe, Darla, voltou para o bairro e quis vê-lo. Ela ficou maravilhada ao ver quão fofo ele era, mas não entendia por que ele não conseguia se vestir ou usar o banheiro por conta própria. Um fim de semana, Barbara fez uma pausa bem merecida e deixou Damon sob os cuidados de Darla e da mãe dela, a avó de Damon. Durante aquele fim de semana, Darla decidiu que Damon deveria ser treinado a usar o banheiro. Ela o levou ao banheiro e disse que lhe daria doces se ele fizesse xixi no banheiro. Damon ficou muito animado quando ouviu a palavra doce, mas não usou o banheiro. Quando várias tentativas de atraí-lo dessa maneira não tiveram sucesso, Darla ficou frustrada e com raiva. Ela o levou até o banheiro e disse-lhe que ele tinha que ficar sentado lá até que fizesse xixi no vaso. Damon não entendeu e desenvolveu um medo muito grande em resposta à insistência de Darla para que ele ficasse no banheiro. Ele tentou levantar-se e fugir, mas Darla o segurou. Depois disso acontecer várias vezes, a mãe de Darla interveio e exigiu que ela parasse. Nesse ponto, Damon estava aterrorizado até mesmo de se aproximar do banheiro.

O segundo grande evento ocorreu quando Damon foi reavaliado, e, dessa vez, qualificado para a educação especial na primeira infância. A única área de desenvolvimento em que Damon parecia estar perto do desenvolvimento de outras crianças de sua idade era em habilidades motoras grossas. O seu desenvolvimento em habilidades cognitivas (pensamento), habilidades expressiva e receptiva de linguagem, habilidades motoras finas e habilidades da vida diária (como vestir-se ou alimentar-se) estava significativamente atrasado em comparação ao das outras crianças da sua idade. O programa não usou um teste para avaliar a inteligência de Damon, no entanto, especulou-se que ele provavelmente se enquadraria dentro de um grau mais alto de atraso mental (deficiência intelectual).

Nesse momento, Darla retornou à sua vida do outro lado do país e Damon foi matriculado em um grupo de habilidades de desenvolvimento oferecido pelo programa de educação especial da primeira infância. No início, essa experiência foi muito positiva para Damon. Ele adorava estar perto das outras crianças, uma experiência à qual ele não estava acostumado, pois morava em uma área rural. Sua capacidade de se comunicar aumentou, e ele começou a juntar frases de três e quatro palavras. Ele era capaz de mostrar a seus professores, de certa forma, o que ele queria e o que não queria, e de fazer escolhas simples entre duas opções.

A história de Damon: focar na criança, não em seu diagnóstico

Ao mesmo tempo, coisas relativamente simples, como tirar seu casaco ou colocá--lo no armário continuavam a ser muito difíceis para Damon. Uma das primeiras frases que ele começou a usar de forma consistente na escola foi "Você faz isso". Aparentemente, sempre que um pedido era feito a Damon para que tentasse fazer algo, ele respondia com esta frase: "Você faz isso". As tentativas da professora de dividir as tarefas em etapas menores foram recebidas com lágrimas e uma recusa firme de Damon, seguida por "Não, você faz isso!".

A brincadeira de Damon no grupo ficava mais difícil. Embora não parecesse que ele quisesse realmente tentar ferir alguém, suas habilidades relativamente bem desenvolvidas em corrida, salto e escalada, em conjunto com sua aparente falta de capacidade de compreender as consequências de como ele brincava, levaram várias crianças a se machucar. Frustrada, a professora de Damon, Cathy, recorreu a dar punição quando ele machucava alguém. Ele sempre parecia arrependido, mas o comportamento continuava.

Além disso, Cathy ficava frustrada porque percebia que Barbara estava "mimando" Damon em casa, ao não colocar limites em sua brincadeira motora bruta. Ela também sentia que suas tentativas em ajudar Damon a se tornar mais independente (aprender a tirar seu casaco ou usar o banheiro por si mesmo) estavam sendo enfraquecidas pela insistência de Barbara de que Damon ainda estava traumatizado pelo medo de usar o banheiro e por sua tendência a se antecipar e fazer as coisas por ele.

De sua parte, Barbara acreditava que Damon era somente punido em sala de aula (ao receber castigos). Ela disse à professora que só estava sendo dito a Damon o que não fazer, mas não ensinavam o que ele deveria fazer em vez disso. Ela acreditava que a professora não ajudava Damon o suficiente e que era cruel, diante de suas limitações óbvias, ao deixá-lo encarar tarefas que estavam além de seu nível de habilidade. Finalmente, ela apontou que Damon estava começando a resistir a ir à escola, dizendo que não gostava de lá.

Por mútuo acordo, uma consultora especializada em Disciplina Positiva foi convidada a observar Damon, conversar com Barbara e Cathy, e determinar se ela poderia ajudar as duas a trabalharem juntas para aumentar o interesse de Damon. Uma das primeiras coisas que a consultora sugeriu foi que tanto Barbara como Cathy fizessem o workshop *de Disciplina Positiva para crianças com deficiência, a fim de obterem uma compreensão da filosofia básica por trás das habilidades que elas estariam aprendendo.*

Quando Barbara ouviu na avaliação de Damon que era provável que ele fosse mentalmente deficiente, ela fez certas suposições sobre suas capacidades. Afinal, ela foi a primeira a perceber como o desenvolvimento dele estava atrasado. O diagnóstico "deficiência mental" apenas confirmou o que Barbara acreditava e temia sobre as limitações de Damon. Ela se sentiu justificada em suas crenças de que Damon deveria ser poupado de frustração e de que ele precisava do tipo de ajuda que alguns chamariam de mimos.

Tanto na educação especial como na medicina, os diagnósticos são usados para classificar crianças (e adultos) com deficiências. Um diagnóstico dá uma "ideia geral" a partir da qual pais e professores podem começar a entender melhor as necessidades das crianças. Esse campo é destinado a definir uma generalidade. Assim, quando nós dizemos que uma criança tem deficiência mental, há um conjunto de características que serão comuns entre as crianças com essa condição.

Dentro dessa "ideia geral", é nossa responsabilidade entender cada uma das nossas crianças como um indivíduo. Todas as crianças com deficiência mental não se parecem ou se comportam de maneira semelhante. Assim como outras crianças, essas estarão interpretando suas experiências de vida e tomando decisões sobre o que elas devem fazer para se sentirem aceitas e importantes. As ferramentas que elas têm à sua disposição para fazer isso serão diferentes e talvez mais limitadas, mas o processo vai acontecer mesmo assim.

Ao longo da penúltima ou última geração, nossa cultura sofreu uma mudança radical em termos de como as deficiências são entendidas. Nesses dias, as crianças com deficiência podiam ser excluídas de escolas ou creches. Embora não tenha sido completamente erradicado, o estigma associado a muitas condições diferentes tem sido altamente reduzido. Mas, mesmo sem estigma, o que resta é desleal.

> Dentro dessa "ideia geral", é nossa responsabilidade entender cada uma das nossas crianças como um indivíduo. Todas as crianças com deficiência mental não se parecem ou se comportam de maneira semelhante. Assim como outras crianças, essas estarão interpretando suas experiências de vida e tomando decisões sobre o que elas devem fazer para se sentirem aceitas e importantes.

O que acontece quando confundimos a "ideia geral" com a criança dentro dela? Um resultado é o que o ex-presidente George W. Bush chamou uma vez de "prejulgamento suave de baixas expectativas". Ao ouvir que Damon era deficiente mental, Barbara pensou de imediato na ideia geral que esse diagnóstico provavelmente significaria para Damon. Ao fazê-lo, ela aceitou o *fato* da deficiência de Damon, mas também deixou que esse *fato* bloqueasse sua visão do *potencial* dele.

A participação conjunta no *workshop* de Disciplina Positiva para crianças com deficiência provou ser uma experiência enriquecedora para Barbara e Cathy, professora de Damon. Ambas entenderam que cada uma estava percebendo a questão de ajudar Damon em direções opostas. Quando Bárbara aprendeu sobre o conceito de "comportamento inocente", seu primeiro pensamento foi que ela estava certa o tempo todo ao dar a Damon a quantidade de "ajuda" que ele parecia precisar. Afinal, era sua provável deficiência mental que estava tornando tão difícil seu aprendizado. Quando Cathy aprendeu sobre o conceito de "objetivos equivocados", ela inicialmente achou que tinha sido certo responsabilizar Damon por seu comportamento. Ao longo do *workshop*, no entanto, elas perceberam que as duas estavam certas e que cada uma delas precisava da perspectiva da outra para fazer o seu melhor para Damon.

Sobretudo após o incidente do treino do banheiro, Barbara estava sensibilizada ao perceber quão facilmente Damon ficava sobrecarregado e frustrado por sua falta de compreensão. Parecia natural para ela que ele precisasse ser tratado gentilmente para se sentir melhor consigo mesmo. Além disso, realmente partia seu coração vê-lo passar por dificuldades e extremamente infeliz.

No *workshop*, Barbara aprendeu sobre o conceito de *gentileza e firmeza ao mesmo tempo*. Quando ela começou a entender que a gentileza excessiva à custa da firmeza levava a mimos, ela pôde ver que nem sempre era útil evitar situações em que Damon tivesse que

> A dificuldade ajuda as crianças a desenvolverem seus "músculos da capacidade".

se esforçar para conseguir alguma coisa. Ela foi capaz de entender que algumas dificuldades ajudam as crianças a desenvolverem seus "músculos da capacidade". Ao trabalhar em conjunto com Cathy e Damon, ela criou um sistema visual que ilustrava o processo de vestir várias peças de roupa. Ela também *dedicou tempo para ensinar ativamente* a Damon cada passo de forma individual. A diferença em sua orientação dessa vez foi que ela agora acreditava em sua capacidade de aprender, mesmo em um ritmo mais lento.

Um dia, quando Barbara veio à escola para pegar Damon depois da aula, ela apontou para o casaco dele quando Damon começou a sair pela porta sem ele. Ela disse: "Damon, coloque seu casaco primeiro". Tranquilamente, Damon foi até o armário, pegou o casaco, fez uma tentativa frustrada de vesti-lo, e o entregou a Barbara, dizendo: "Você faz isso". Ao descobrir a professora olhando para ele, Barbara apontou para a primeira foto (pendurada no armário de Damon) e perguntou: "O que você faz primeiro?". (Esse foi um exemplo maravilhoso do uso de *perguntas curiosas* para ajudar as crianças a aprenderem a se tornar solucionadoras de problemas.) Damon olhou para a foto e passou o braço esquerdo pela manga. Barbara disse: "Você conseguiu! O que vem a seguir?". Damon fez duas rápidas tentativas de colocar o braço direito na manga e depois começou a chorar. "Você faz! Você faz isso!". Barbara usou uma *frase empática*, dizendo: "É frustrante quando seu braço não entra na manga!", e continuou com uma *frase encorajadora*: "Vou esperar aqui com você enquanto continua tentando. Eu sei que você pode fazer isso". Essa sequência precisou ser repetida mais duas vezes, mas Damon passou o braço direito pela manga. Instantaneamente, seu rosto se iluminou e ele gritou: "Eu consegui!".

Ferramentas da Disciplina Positiva para focar na criança, não no diagnóstico

Damon era um garoto de sorte, embora não soubesse desse fato. Ele era feliz porque sua bisavó, Barbara, tinha aprendido uma lição muito importante. Ela aprendeu que a "ideia geral", ou seja, atraso mental, não definia completamente Damon. Sim, sugeria que haveria limites e acomodações que se aplicariam e seriam necessários para ele. Mas isso não significava que ele não poderia aprender ou que ele não poderia ser aceito e se sentir importante. Garry Landreth, um premiado professor de ludoterapia e mentor de muitos, tem uma frase maravilhosa que sintetiza a necessidade de ver as deficiências das crianças. Em *Ludoterapia: a arte do relacionamento*, ele nos lembra: "Concentre-se na rosquinha, não no buraco dela".[13]

Os itens a seguir ajudarão pais e professores a se concentrarem na rosquinha:

- Ajudar outros membros da família, funcionários e colegas a reverterem suas próprias expectativas baixas sobre as crianças ou alunos.
- Cuidar de si mesmo.

Ajudar outros a reverterem suas próprias expectativas baixas sobre as crianças

Pais de crianças com deficiência e, em menor grau, seus professores, têm um duplo fardo a esse respeito. Como vimos com Barbara, pode ser difícil e demorar um pouco para os pais aceitarem o *fato* da deficiência de seus filhos e manterem a capacidade de ver o *potencial* das crianças. Feito isso, no entanto, seu trabalho não está pronto. É provável que outras pessoas com papéis importantes na vida de seus filhos precisem de ajuda para visualizá-los de forma holística e não simplesmente através da lente de sua deficiência. Os pais precisarão ser os defensores do direito de seus filhos de passar por dificuldades. (Isso não significa que eles não precisarão defender acomodações lógicas para seus filhos também.)

> Os pais precisarão ser os defensores do direito de seus filhos de passar por dificuldades.

Tanto nas famílias como em salas de aula, muitas vezes, querer que as coisas corram bem é um objetivo que não é mencionado, de forma que os planos de aprendizagem para toda a turma possam prosseguir sem interrupções indevidas ou então para que a família possa sair rapidamente de casa de manhã. Esse não é um objetivo sem valor. Como nós ensinamos crianças em grupos e porque o *grupo* familiar tem necessidades legítimas, há alguma urgência de que as crianças aprendam no contexto do grupo (classe ou família), mesmo quando algumas crianças podem estar em dificuldade. Em qualquer grupo, até mesmo em salas de aula de educação especial autossuficientes, nas quais a lei norte-americana nos lembra de estarmos cientes do plano de educação individualizado de cada criança, há uma constante tensão entre as necessidades do grupo como um todo e as necessidades individuais das crianças que compõem o grupo.

Como isso é verdadeiro, pode surgir a tendência, apesar das melhores intenções de todos os envolvidos, de fazer mais pelas crianças com deficiência do que é bom para elas, de modo que a experiência do grupo em que elas estão inseridas (a família ou a turma) possa prosseguir sem problemas. Pense em uma lagarta em um casulo. É o esforço para sair que fortalece os músculos que se tornam asas da borboleta. Sem o esforço, o potencial da borboleta não se realizaria. Novamente, vamos enfatizar que não estamos defendendo deixar as crianças com deficiência sem o apoio de que precisam. Deve haver um equilíbrio que tanto acomode suas deficiências como as encoraje a atingir o que está a seu alcance.

Como o incidente do banheiro com a mãe de Damon, Darla, o tinha afetado tão drasticamente, Barbara estava relutante em deixar Damon com alguém. Depois de um tempo, no entanto, ela conheceu uma jovem mãe que também vivia em sua comunidade rural. Ela tinha um filho que era da idade de Damon e ia à mesma comunidade escolar infantil que ele. As duas mulheres começaram uma amizade e passaram a ir à casa uma da outra para conversar e deixar os meninos brincarem juntos. Barbara notou que Damon frequentemente pegava os brinquedos depois que observava seu novo amigo brincar com eles. Parecia que ele queria tentar fazer o que acabara de ver. Não surpreende que o menino não gostasse muito disso e gritasse com Damon para devolver o brinquedo dele. No início, a mãe do menino tentou levá-lo a brincar com um brinquedo diferente, dizendo: "Tudo bem. Damon ainda não sabe como compartilhar. Apenas deixe ele brincar com isso, está bem?".

> Pense em uma lagarta em um casulo. É o esforço para sair que fortalece os músculos que se tornam asas da borboleta. Sem o esforço, o potencial da borboleta não se realizaria.

Barbara teve um vislumbre do futuro e viu pessoas, com as mais gentis intenções, fazendo concessões para Damon. (Devemos notar aqui que *concessões* não são o mesmo que *acomodações*. Concessões tendem a constituir mimos e, na verdade, inibem a aprendizagem. Acomodações são sistemas colocados em prática para ajudar uma criança com deficiência a aprender habilidades que costumam acontecer mais facilmente para outras crianças. Elas nivelam o plano do jogo para que a aprendizagem possa acontecer.) Ela viu como isso seria limitante para ele. Isso reforçou o que ela havia aprendido no *workshop*. Ela agradeceu à jovem mãe por suas boas intenções e disse: "Eu estou aprendendo a ajudar Damon a revezar". De sua bolsa, ela tirou uma argola com várias fotos pequenas plastificadas anexas. Uma delas mostrava uma criança perguntando a outra criança para ter a vez. Obtendo a atenção de Damon, ela mostrou-lhe o cartão. Seus olhos brilharam em reconhecimento e ele disse: "Eu quero ter a vez".

Cuidar de si mesmo

Em uma companhia aérea comercial, no início de qualquer viagem, o comissário de bordo passa um conjunto de instruções de segurança. Uma delas é sobre o caso de acontecer uma queda repentina na pressurização da cabine. Se houver essa queda, como nos é dito, as máscaras de oxigênio caem automaticamente. Nós somos então instruídos a colocarmos nossas próprias máscaras antes de tentarmos ajudar as crianças a colocarem as delas. A explicação é que não poderemos ajudar nossos filhos se não nos cuidarmos primeiro.

Esse é também um excelente conselho parental. Para muitos pais, no entanto, vai contra tudo o que sabemos. Estamos acostumados a colocar as necessidades de nossos filhos primeiro e acima de tudo. É fácil para os pais estarem tão consumidos com todas as tarefas de criar os filhos que eles podem ver seus próprios recursos internos acabando. As advertências do comissário são muito apropriadas aqui. Se os pais são incapazes de satisfazer às suas próprias necessidades básicas, eles estarão mal equipados para atender às de seus filhos. Isso acontece quando nós "perdemos a paciência" mais facilmente.

Para pais de crianças com deficiência, isso é ainda mais verdadeiro. Como vimos, o número

> Estamos acostumados a colocar as necessidades de nossos filhos primeiro e acima de tudo. É fácil para os pais estarem tão consumidos com todas as tarefas de criar os filhos que eles podem ver seus próprios recursos internos acabando. As advertências do comissário são muito apropriadas aqui. Se os pais são incapazes de satisfazer às suas próprias necessidades básicas, eles estarão mal equipados para atender às de seus filhos. Isso acontece quando nós "perdemos a paciência" mais facilmente.

de bolas no ar que precisam ser equilibradas pode ser esmagador. Junte a isso a culpa, que muitas vezes está acima de tudo, e as coisas podem se tornar críticas. Então, como você pode cuidar de si mesmo?

Em nossos *workshops*, dedicamos tempo a ajudar os pais a responderem a essa pergunta por si mesmos. Nós descobrimos que a questão de como cuidar de você mesmo, na verdade, constitui duas perguntas: como você cuida de si mesmo no momento em que seu filho está gritando e você está prestes a ficar sobrecarregado pelo estresse? E como você se cuida ao longo do tempo para que esses tipos de momentos estressantes aconteçam com menos frequência? Às vezes, é útil pensar, analogicamente, em como você faz a manutenção do carro. Quando as coisas quebram na estrada, você tem que fazer algo de imediato para conseguir dirigir novamente. Por outro lado, a manutenção regular faz com que avarias na estrada sejam menos prováveis.

Ao longo dos anos, pais e professores em nossos *workshops* fizeram listas de coisas que eles podem fazer no momento em que sentem que estão prestes a serem sobrecarregados. As listas geralmente incluem – mas não estão limitadas – ao que segue:

- Respirar. A respiração profunda tem sido usada para reduzir o nível de cortisol, o hormônio do estresse, em nossos cérebros. De fato, se você ficar com as mãos entrelaçadas atrás das costas, seu corpo estará automaticamente na posição certa para fazer uma "respiração abdominal".
- Afastar-se. Mesmo que seja apenas por um momento ou dois. Pesquisas sobre o cérebro nos dizem claramente que o calor do momento não é o momento em que pensamos na melhor resolução do problema. Nesse momento, nossos cérebros estão em modo de "luta ou fuga". Ao ir embora, também estaremos modelando para nossos filhos como se acalmar.
- Usar humor e/ou fazer algo inesperado. Uma vez, Damon estava gritando para Barbara que ele queria que ela construísse uma torre de blocos, que ela pensou que ele poderia fazer por si mesmo. Frases empáticas não estavam ajudando, e ela não conseguia ir embora porque ele continuava a segui-la. Ela agarrou um velho sino que mantinha em uma prateleira e o tocou, gritando: "E esse é o final deste *round*, senhoras e senhores! Certifique-se de ficar sintonizado para ver Damon tentar construir a torre mais uma vez!". Damon começou a rir e disse: "Você é boba, vovó".

A história de Damon: focar na criança, não em seu diagnóstico

- Contar até dez lentamente. Esse é um remédio antigo que assumiu o *status* de um "conto da carochinha". No entanto, pode ser muito eficaz para ajudar você a chegar a um lugar aonde você possa tomar uma decisão com mais calma.
- Revezar com alguém, se isso for uma opção para você. Às vezes, uma pessoa diferente para lidar com a situação muda a dinâmica apenas o suficiente para trazer alguma calma. Um casal compartilhou que eles concordaram com antecedência que o outro poderia intervir quando um deles "perdesse a paciência". Como era um combinado deles entrar em cena (então, o que tinha perdido a paciência poderia fazer uma pausa), era aceito com gratidão em vez de defensividade.
- Conversar consigo mesmo. Lembre-se das coisas que você aprendeu. Por exemplo, Barbara frequentemente lembrava a si mesma que se esforçar não era uma coisa ruim para Damon. Ela descobriu que isso a ajudava a resistir ao desejo de ceder diante de seu choro lamentoso.

Os pais fizeram listas semelhantes das maneiras como eles poderiam cuidar de si mesmos ao longo do tempo. Essas listas geralmente incluem – mas não estão limitadas – ao que segue:

- Fazer exercício. Fazer caminhadas. Andar de bicicleta. Fazer qualquer coisa que leve você a se mexer.
- Cuidar do jardim.
- Ler. A leitura por si só pode ser relaxante. Além disso, vários pais mencionaram juntar-se a grupos de livros como forma de ler e ter algum tempo com outros adultos.
- Escutar música.
- Participar de um grupo de apoio. Existem grupos de suporte ativos para praticamente cada deficiência.
- Passar tempo com os amigos.
- Passar tempo romântico com seu parceiro.
- Especialmente se você for um pai ou mãe solteiros, é importante encontrar alguém a quem possa confiar seus filhos para que você possa fazer pausas. Isso pode ser estendido a família ou amigos. Nos EUA, em algumas comunidades existe um serviço chamado descanso do cuidador, disponível por meio de agências públicas ou não lucrativas.

Os itens da segunda lista mencionada são planejados e se tornam um compromisso. Greg Crosby, um orientador profissional e treinador em Portland, Oregon, nos ensina algo que não deveria ser surpresa para ninguém: atividades prazerosas, atividades que podem fortalecer suas reservas emocionais, não acontecem sem um planejamento. Todos nós já dissemos coisas para nós mesmos como: "Eu realmente devo sair e caminhar mais". Barbara descobriu que, para ela, a chave era fazer um plano específico. "No sábado, Annie vai ficar com Damon por três horas. Eu vou levar os cães para uma longa caminhada no parque."

> Atividades prazerosas, atividades que podem fortalecer suas reservas emocionais, não acontecem sem um planejamento.

Ferramentas da Disciplina Positiva relacionadas ao objetivo equivocado da criança

Assim como Barbara estava mudando a maneira como ela entendia o que era útil para Damon em casa, sua professora, Cathy, estava passando por um processo semelhante com Damon no grupo de desenvolvimento de habilidades. Embora estivesse estava certa sobre a tendência de Barbara de mimar Damon em casa, também começou a ver que suas respostas mais punitivas a Damon, nascidas de sua frustração, não tinham sido úteis.

Um dos resultados mais agradáveis da participação de Barbara e Cathy no *workshop* de Disciplina Positiva que fizeram juntas foi a crescente capacidade de expandirem seus recursos e trabalharem juntas sem sentir como se só a outra estivesse errada. Como resultado, elas conseguiram ajudar uma à outra a ver que o fato de Damon ter sido mimado por tanto tempo fez com que ele tivesse crescido muito acostumado à quantidade desmedida de atenção adulta recebida, e também aos adultos fazendo coisas para ele quando estava chateado.

Em particular, Cathy notou que ela com frequência se sentia irritada ou frustrada pelo comportamento de Damon, bem como ocasionalmente preocupada (e culpada) de que talvez ela não o tivesse ajudado o suficiente quando ele parecia estar se esforçando. A primeira pergunta que ela fez a si mesma foi se os comportamentos que ela viu em Damon eram "inocentes", ou seja, simplesmente o resultado de suas limitações cognitivas significativas. Para ajudá-la a responder a essa pergunta, ela refletiu sobre como Damon reagira com Barbara naquele momento em que não queria colocar o casaco. Ela e Barbara haviam trabalhado arduamente para criar um sistema visual para Damon e, de forma efetiva, ensinar-lhe todos os passos. Além disso, ela o tinha visto usar as fotos muitas vezes para lembrar os passos. Ela concluiu que quando Damon agora choramingava para realizar uma tarefa semelhante e exigia que Cathy fizesse por ele, seus sentimentos apontavam para o objetivo equivocado de Damon, e não para o comportamento inocente.

Uma olhada no Quadro dos objetivos equivocados mostrou que os sentimentos de Cathy (aborrecimento, irritação, preocupação e culpa) sugeriam que o objetivo equivocado de Damon era a atenção indevida e, ainda mais especificamente, vantagem especial, um tipo particular de atenção indevida. Sendo esse o caso, a crença de Damon era "Eu sou aceito e importante apenas quando estou sendo notado ou recebendo vantagem especial. Só sou importante quando você está ocupada comigo". (Claro, essa crença por trás do comportamento de Damon estava fora de sua consciência.)

Quando seu filho ou aluno com deficiência está envolvido em comportamentos que você determinou não serem uma consequência de sua condição e está fazendo você se sentir como Cathy, considere algumas das seguintes ferramentas.

Permitir-se sentir decepção e frustração quando novas habilidades estiverem sendo desenvolvidas

Se você pensa em voltar atrás a qualquer momento em que aprendeu uma nova habilidade, as chances são de que o processo não tenha corrido bem. A maioria das habilidades leva um tempo para ser aprendida e ainda mais para ser dominada. Ao longo do caminho, frequentemente ficamos frustrados ou desapontados por não estarmos dominando a habilidade tão rapidamente como gostaríamos. *Esses sentimentos fazem parte do processo.* Nós quase nunca podemos alcançar a independência ou competência sem eles. Alfred Adler dizia que o nosso esforço para superar esses sentimentos de "inferioridade" faz parte do que nos torna humanos e cria uma motivação para melhorar.

Quando Damon começou no grupo de desenvolvimento de habilidades, ele claramente não sabia como pedir para revezar brinquedos ou materiais. Além disso, ele havia se acostumado a ter tudo o que queria. Cathy criou sistemas visuais que ilustravam como pedir a sua vez. Ela também lhe deu pistas verbais frequentes (p. ex., "Damon, lembre-se de perguntar se você pode ter a vez"). Inicial-

> A maioria das habilidades leva um tempo para ser aprendida e ainda mais para ser dominada. Ao longo do caminho, frequentemente ficamos frustrados ou desapontados por não estarmos dominando a habilidade tão rapidamente como gostaríamos. Esses sentimentos fazem parte do processo.

mente, antes que Cathy pudesse impedir, Damon agarrava ou empurrava primeiro e fazia a pergunta depois. Os dois, então, olhavam no quadro de suporte visual e praticavam como pedir a vez. Frequentemente, no entanto, sobretudo se Damon tivesse acabado de bater ou empurrar a outra criança, esta dizia não quando Damon perguntava se poderia ter a vez. Cathy, então, falava uma frase empática sobre a decepção de Damon, mas não mudava o resultado.

Ensinar habilidades para resolver problemas

Quando as crianças estão se envolvendo em comportamentos designados para nos manter envolvidos com elas ou para que façamos coisas por elas, isso ocorre, frequentemente, porque elas não têm a confiança para resolver um problema por conta própria. Procurar atenção indevida ou vantagem especial os impede de se expandirem para aprender tarefas que parecem muito difíceis.

No início das aulas, como já exemplificado, Damon começou a desenvolver uma reputação com as outras crianças. Ele rolou sobre elas ou agarrou coisas delas com tal frequência que, mesmo quando ele começou a dominar a habilidade de pedir brinquedos ou materiais primeiro, outras crianças ainda frequentemente recusavam. Nesse ponto, Cathy começou a ensinar a Damon a "arte da negociação". Quando uma outra criança disse não a Damon, Cathy ensinou-lhe a perguntar: "Quando posso ter a vez?". (Toda a turma estava aprendendo esse processo também.) Cathy ajudava as duas crianças a chegarem a um número de minutos e perguntava se elas queriam definir um temporizador para que ambas soubessem quando a vez acabou.

A história de Damon: focar na criança, não em seu diagnóstico

Devemos enfatizar aqui que a compreensão de números ou de tempo não é necessariamente importante nesse processo. (Cathy relatou uma história sobre quando, depois de perguntar quantos minutos até a sua vez, foi dito a Damon: "Dois". Fiel ao espírito de um negociador nato, ele argumentou: "Não, três". A habilidade a ser ensinada aqui é dar e receber. Se houver compreensão de números, é como se isso fosse a cereja do bolo.

Dedicar um tempo especial

Uma coisa importante a ter em mente sobre atenção indevida é que o aspecto "indevido" é que é problemático; todas as crianças precisam de atenção. Dedicar um tempo especial regular e garantido é uma forma de ajudar as crianças a aprenderem a preencher as demais horas entretendo-se.

Parte do que Damon aprendeu em sua vida jovem foi que *tinha direito* à atenção de Barbara praticamente sempre que ele queria. Ele também acreditava que, mesmo quando tinha toda a atenção de Barbara, era responsabilidade dela fazer por ele todas as coisas que ele não acreditava que poderia fazer por si mesmo. Isso, claro, era uma responsabilidade sufocante para Bárbara. Como resultado de ter participado do *workshop* de Disciplina Positiva, ela percebeu como toda essa atenção indevida estava restringindo Damon. Ela começou por ter vários "momentos especiais" curtos por dia com Damon nos dias em que ele não ia à escola. Durante aqueles momentos, ela se concentrava em brincar com o que Damon quisesse.

Nesse meio-tempo, Barbara fez um quadro de escolhas com as coisas que ela sabia que Damon realmente gostava de brincar e com as quais ela acreditava que ele pudesse brincar sem ela. A lista incluía imagens representando carros, blocos, dinossauros e alguns outros brinquedos favoritos.

Em primeiro lugar, como Damon adorava o tempo especial, ele não entendia bem por que todo o tempo não poderia ser assim. Ele não gostava quando o tempo especial terminava. Bárbara demonstrava empatia com sua decepção, mas se mantinha no seu objetivo. Ela dizia a Damon que estava realmente ansiosa para o próximo momento especial com ele e agora ela ia fazer uma tarefa doméstica ou ler uma revista. Ela mostrava-lhe o quadro de escolhas e o encorajava a escolher uma daquelas atividades.

Inicialmente, esse não foi um processo tranquilo, mas Barbara perseverou, nem discutindo com Damon, nem cedendo a ele. Ela permitiu que ele expressasse seus sentimentos e confiava que ele poderia superá-los. Ao longo do tempo, Damon descobriu que ele realmente poderia se ocupar e se divertir.

Oferecer oportunidades para a criança fazer contribuições

Quando qualquer criança, com ou sem deficiência, está buscando atenção indevida, é útil virar o jogo. Em vez de ser atraído e reagir a sentimentos de aborrecimento ou irritação, redirecione o seu filho ou aluno, pedindo-lhe para realizar uma tarefa significativa. Isso permitirá que ele ganhe atenção de maneiras socialmente úteis.

Na sala de aula, Damon frequentemente foi muito estimulado na brincadeira motora bruta e, em seu descontrole, acabava ferindo as crianças menores. Em vez de continuar a focar sua atenção no comportamento sobre o qual ela havia falado com Damon repetidamente, Cathy colocou o braço ao redor de seus ombros e pediu-lhe para acompanhá-la ao preparar a massinha. Essa ação teve a dupla vantagem de redirecionar Damon para longe da brincadeira descontrolada e permitir que ele fizesse uma contribuição para todo o grupo. Agora havia uma atividade nova e divertida para todos, que Cathy sabia que era a favorita de Damon também.

Usar encorajamento

Quando as crianças que estão buscando atenção indevida ou vantagem especial estão aprendendo novas maneiras de obter atenção de forma socialmente útil ou de funcionar de forma mais autônoma, é útil falar frases encorajadoras em vez de apenas fazer elogios. Encorajamento, entre muitas outras vantagens, comunica às crianças que elas são notadas e apreciadas e que o que elas fazem importa. Elogio frequentemente recompensa um produto acabado, enquanto encorajamento enfatiza o esforço e a contribuição. (Ver, no Apêndice, o quadro Elogio *versus* Encorajamento.)

Tanto Barbara como Cathy tornaram-se mestres em oferecer encorajamento a Damon. Em casa, Barbara dizia coisas como: "Eu realmente gostei da sua ajuda para arrumar a mesa hoje à noite. Isso tornou meu trabalho muito mais fácil". Na escola, Cathy fazia questão de encorajar, especialmente quando Damon persistia em uma tarefa frustrante. Uma vez, quando Damon realmente queria a vez em um triciclo vermelho, seu colega recusou-se a responder à pergunta "quantos minutos". Damon seguiu-o e continuou repetindo: "Você tem que dizer dois ou três minutos!". Cathy deu-lhe um grande abraço e disse: "Você está *realmente* tentando fazer Collin responder!".

Damon progrediu em suas capacidades e autoconfiança. Barbara e Cathy também. Nenhuma delas se tornou perfeita (nenhum de nós é), mas as duas começaram a aprender com seus erros e a se concentrar na criança e não no diagnóstico.

Revisão das ferramentas da Disciplina Positiva apresentadas neste capítulo

1. Ser gentil e firme ao mesmo tempo.
2. Dedicar tempo para ensinar.
3. Fazer perguntas curiosas.
4. Usar empatia.
5. Encorajar.
6. Ajudar os outros a reverterem as baixas expectativas sobre a criança.
7. Cuidar de si mesmo.
8. Permitir ter o sentimento de decepção e frustração à medida que novas habilidades são desenvolvidas.
9. Ensinar habilidades para resolver problemas.
10. Dedicar um tempo especial.
11. Oferecer oportunidades para a criança fazer contribuições.

11

A HISTÓRIA DE LANCE: INSPIRAR A CRIANÇA POR MEIO DE SUAS INTERAÇÕES

Lance, de 5 anos, tinha sido diagnosticado em idade muito jovem com uma perda auditiva significativa. Uma avaliação abrangente feita pela equipe de educação especial da primeira infância local, quando ele tinha 3 anos, determinou que, além de sua deficiência auditiva, Lance demonstrava atrasos em importantes competências do desenvolvimento: comunicação, funcionamento social/emocional e habilidades da vida diária. A elegibilidade de Lance para os serviços de educação especial na primeira infância, combinada com uma experiência malsucedida na creche, levou seus pais e a equipe educacional a colocarem Lance em uma escola infantil de educação especial de primeira infância altamente qualificada para o ano que antecedia o jardim de infância.

Nas primeiras semanas em sua nova escola, Lance claramente preferia brincar sozinho durante as atividades lúdicas, tanto dentro da sala de aula quanto ao ar livre. Ele, inflexivelmente, recusava-se a participar de todas as outras atividades: hora da roda (que incluía canções e histórias), lanche, arte e hora dos jogos. Lance usava comunicações não verbais para sinalizar sua recusa das atividades oferecidas. Ele se afastava e não prestava atenção à proposta ou simplesmente se afastava da pessoa. Ocasionalmente, ele empurrava a pessoa para longe. Tentativas de fazer Lance participar por meio de um suporte suave, movendo-o de um lugar para outro na sala de aula ou fora dela, normalmente resultavam em uma ou todas as seguintes reações: um esforço físico, jogar-se no chão ou grama, gritar e se afastar.

A equipe de educação multidisciplinar de Lance tinha uma ampla experiência em ensinar crianças com desafios significativos de comunicação e comportamento. Mesmo com todo o seu treinamento nas técnicas de gestão de comportamentos no campo da educação especial, bem como nos métodos adequados para ensinar crianças pequenas com perda auditiva e atrasos do desenvolvimento, a equipe teve dificuldade. Durante as primeiras semanas de aula na escola, a equipe de Lance não encontrou uma estratégia eficaz para motivá-lo a participar de quaisquer atividades que não fossem suas preferências. O que tornava o ensino de habilidades novas e necessárias para Lance ainda mais desafiador para a equipe era que, mesmo enquanto eles estavam se envolvendo com ele em atividades que Lance havia escolhido, ele geralmente não aceitava direcionamento ou sugestão (por qualquer modo de comunicação: verbal, sinais ou imagens simbólicas). Nas raras ocasiões em que ele começava a participar de uma atividade compartilhada com seu instrutor, ele simplesmente perdia o interesse quando o instrutor lhe dava feedback *positivo por seu envolvimento na atividade, mas muitas vezes Lance ativamente se desengajava (afastava os brinquedos que faziam parte da interação, virava o corpo para o lado e se afastava).*

A equipe de Lance respeitosamente considerava o impacto de sua deficiência auditiva no atraso de sua comunicação e habilidades sociais. No entanto, por meio de repetidas recusas de Lance em interagir com eles em qualquer tipo de atividade compartilhada, mesmo em uma proposta de alto interesse dele, ficou claro para os instrutores que ele estava decidindo clara e enfaticamente não ser ensinado por nenhum deles. O desafio de sua equipe naquele ano letivo não estava em meramente mudar os comportamentos de Lance, ou seja, substituir as muitas formas de resistência por comportamentos de engajamento e cooperação. Seu maior desafio era compreender e ajudá-lo a mudar as crenças que tinham levado às decisões que ele estava tomando sobre como se comportar. A professora de Lance tinha participado recentemente de um workshop *de Disciplina Positiva e decidiu olhar através da lente dessa abordagem para entender Lance e considerar maneiras de ajudá-lo a fazer escolhas que aumentassem sua abertura para aprender com os outros.*

Na Disciplina Positiva, reconhecemos as potenciais limitações que uma determinada condição de deficiência impõe à criança, bem como os correspondentes desafios de aprendizagem que ela pode enfrentar. No entanto, nosso maior foco está em como inspirar as crianças com deficiência a verem a si mesmas como membros conectados, capazes, cuidadosos e contribuintes de suas famílias e de suas comunidades, apesar de sua(s) deficiência(s). Por mais que encorajemos pais e educadores a usar as ferramentas da Disciplina Positiva para ajudar a transformar comportamentos equivocados de crianças em comportamentos mais responsáveis e socialmente aceitáveis, a base de nossos esforços é ensinar a pais e educadores as ferramentas que ajudam as crianças a tomarem decisões a fim de se envolverem de maneiras socialmente úteis que, em última instância, levarão ao genuíno sentido de aceitação e importância.

No caso de Lance, motivá-lo a tomar decisões que o levassem ao aumento da aprendizagem em um contexto social não foi tarefa fácil. Seus métodos de desengajamento eram preocupantes para os professores, especialmente quando ele se tornava agressivo com os outros. A equipe de Lance decidiu tentar a abordagem da Disciplina Positiva, que sua professora acreditava que poderia ser valiosa, tanto para entender sua resistência ao engajamento social como para ajudá-lo a aceitar as relações com os outros como um contexto significativo para o aprendizado.

> A base de nossos esforços é ensinar a pais e educadores as ferramentas que ajudam as crianças a tomarem decisões a fim de se envolverem de maneiras socialmente úteis que, em última instância, levarão ao genuíno sentimento de aceitação e importância.

A equipe de Lance foi desafiada a "pensar fora da caixa" em abordagens que eles haviam aprendido ao longo de muitos anos de treinamentos combinados, diante da resposta negativa de Lance a essas abordagens. Por exemplo, ele entendeu rapidamente todos os esforços da equipe para "manipular as contingências" (as coisas que precediam ou aconteciam depois do seu comportamento), e ele encontrava maneiras de contornar as contingências comportamentais positivas ("recompensas") criadas para seduzi-lo. Ele também não respondia quando a equipe tentava maneiras diferentes de ajudá-lo a obter informações auditivas e visuais.

A equipe de Lance chegou a ver que a Disciplina Positiva lhe oferecia duas importantes lições para responder aos desafios que enfrentavam com ele. Primeiro, ofereceu-lhes a oportunidade de se concentrar em seus próprios comportamentos relacionados ao seu *estilo* de interação com crianças como Lance. Especificamente, eles aprenderam sobre um *estilo equilibrado de engajamento*. Esse estilo de interação não é nem autoritário nem permissivo. É mutuamente respeitoso, incentiva a cooperação da criança e dá suporte à sua capacidade de aprender autogerenciamento (ao contrário do "gerenciamento" da criança pelos adultos). Os instrutores de Lance aprenderam que os comportamentos associados a um estilo equilibrado de engajamento eram exatamente os comportamentos que eles queriam despertar em Lance. Os professores perguntaram: se Lance pudesse observar e vivenciar o respeito e o incentivo que advêm de um estilo equilibrado de ensino, a sua abertura para se envolver e aprender com seus professores aumentaria?

Em segundo lugar, a Disciplina Positiva ofereceu à equipe de Lance uma estrutura que observa por trás da superfície do comportamento da criança, para além dos antecedentes e consequências que são aparentes na superfície observável, as crenças equivocadas que fundamentam tais comportamentos. Com base no que eles conjecturaram sobre o objetivo equivocado de Lance, a equipe foi capaz de considerar uma variedade de respostas proativas e encorajadoras da Disciplina Positiva que serviram tanto para aumentar seu senso de aceitação e importância como para que ele interagisse e aprendesse com os outros.

Quando você ficar perplexo com os comportamentos da criança que forem barreiras na construção de relacionamentos com os outros e em aprender habilidades que fortaleçam seu senso de capacidade, considere (1) ferramentas da Disciplina Positiva que irão ajudá-lo a manter um estilo equilibrado de engajamento com a criança, mesmo quando ela se recusar a aprender com você, e (2) o objetivo equivocado da criança e as ferramentas da Disciplina Positiva relacionadas a ele que você poderá usar para ajudar a criança a aumentar seu senso de aceitação e importância por meio de conexões positivas com os outros e aumento da competência.

Ferramentas da Disciplina Positiva que inspiram a criança por meio das suas interações

A criança aprende muito conforme você interage com ela, mesmo que as ações dela façam parecer diferente. Se seu estilo parental ou de ensino é equilibrado (o que significa ser gentil e firme ao mesmo tempo, bem como mutuamente respeitoso), você aumentará a pro-

> Se seu estilo parental ou de ensino é equilibrado (o que significa ser gentil e firme ao mesmo tempo, bem como mutuamente respeitoso), você aumentará a probabilidade de melhorar o desenvolvimento social da criança.

babilidade de melhorar o desenvolvimento social da criança. Embora crianças com padrões mais típicos de desenvolvimento apresentem menos obstáculos para aprender com suas experiências do que crianças com dificuldades nas áreas cognitiva, de comunicação, social, e/ou sensoriais, a criança com deficiência, ainda assim, aprenderá com o seu estilo equilibrado de engajamento quando você usar estas ferramentas da Disciplina Positiva:

- Ser um modelo das interações que você deseja para a criança.
- Concentrar-se em ganhar as crianças, não ganhar das crianças.
- Usar gentileza e firmeza ao mesmo tempo.
- Encorajar a criança.
- Desenvolver a partir dos pontos fortes da criança.
- Implementar formas respeitosas de apresentar os limites.

Ser um modelo das interações que você deseja para a criança

Como a criança aprenderá a mostrar respeito pelos outros, se comunicar e escutar, demonstrar paciência, compartilhar, cooperar e negociar, resolver problemas com flexibilidade, ter empatia, demonstrar preocupação e compaixão pelos outros se você não for um modelo disso durante as muitas interações que você tem com ela a cada dia? Nós acreditamos que até as crianças com mais deficiências aprendem e crescem a partir do modelo positivo dos outros. Se você quiser que a criança se torne mais flexível na resolução de problemas, mostre-lhe como a flexibilidade "se parece" por meio da sua própria demonstração de flexibilidade enquanto você se relaciona com ela. Se você quiser que a criança coopere mais, coopere com ela.

Modelar as interações que você deseja ver manifestadas na criança pode não ser a única ferramenta que você usará para ensinar as habilidades importantes listadas aqui, mas, certamente, é um ponto de início, em especial com crianças que mostram uma

> Se você quiser que a criança se torne mais flexível na resolução de problemas, mostre-lhe como a flexibilidade "se parece" por meio da sua própria demonstração de flexibilidade enquanto você se relaciona com ela. Se você quiser que a criança coopere mais, coopere com ela.

forte resistência a aprender com você. Mais uma vez, não queremos dizer que esse é um caminho fácil. Pode ser difícil, por exemplo, se manter cooperativo e flexível diante da inflexibilidade e da recusa da criança em cooperar.

Provavelmente, o primeiro na lista de comportamentos que os instrutores de Lance precisavam modelar com ele era a paciência. Nas primeiras semanas após seu ingresso na educação infantil, quando ele precisava de considerável apoio individual, a oposição ativa de Lance aos pedidos dos instrutores e à rotina do grupo era tão frequente que os membros da equipe da sala pediram que nenhum deles fosse designado a estar exclusivamente com ele. Seus instrutores perceberam que, aproximadamente a cada hora, um "distanciamento" de Lance era necessário; quanto mais tempo eles passassem com ele, mais esgotada sua paciência se tornaria.

Além da paciência, os instrutores de Lance interagiram com ele mostrando muitos comportamentos sociais desejáveis que eles queriam que Lance desenvolvesse. Eles mostravam interesse e atenção por ele, observando-o enquanto brincava e oferecendo contato visual e sorrisos quando Lance olhava para eles. Eles falavam com ele em um tom de voz amável mesmo enquanto aumentavam seu volume de voz em função da sua perda auditiva. Eles compartilhavam brinquedos que estavam segurando enquanto brincavam com ele e negociavam com Lance se queriam um brinquedo que ele estivesse segurando. Seus movimentos corporais eram visíveis e previsíveis para ele, e eles evitavam qualquer interação física que ele pudesse interpretar erroneamente como força. Eles demonstravam empatia quando ele estava triste ou chateado e ofereciam conforto em forma de abraços sempre que ele os aceitava. A esperança deles era que, pelo menos, modelar comportamentos positivos *não* convidaria comportamentos negativos. Além disso, ao modelar comportamentos positivos, havia uma chance de que ele sentisse e vivenciasse o que esses comportamentos poderiam parecer para ele e começasse a ver ações positivas como modelo para o seu próprio comportamento.

Concentrar-se em ganhar as crianças, não ganhar das crianças

Um dos riscos que você pode enfrentar como mãe, pai ou professor de uma criança com deficiência é a inclinação para fazer coisas para a criança que ela pode aprender a fazer de forma independente ou com autonomia parcial. Da mesma forma, quando a criança se comporta de maneira que não é socialmente útil, você pode se sentir inclinado a assumir o comando de imediato, "fazendo-a" parar ou "fazendo-a" se comportar de modo diferente. Você pode fazer isso mesmo que, no final das contas, você deseje ansiosamente o momento em que a criança, sem a sua ajuda, consiga parar o comportamento mal dirigido e agir com responsabilidade. Para ajudar a criança a ganhar mais habilidade em gerenciar seu próprio comportamento, sugerimos que você evite tentar controlar a criança e, em vez disso, se concentre em ganhar cooperação.

Os *quatro passos para conseguir cooperação* da Disciplina Positiva são: (1) expressar compreensão dos sentimentos da criança; (2) mostrar empatia pelo ponto de vista da criança, o que não significa que você concorda com ela; (3) compartilhar seus sentimentos e percepções quando a criança estiver pronta para ouvir; e (4) convidar a criança a focar em uma solução. Com Lance, esses passos foram apresentados de forma muito simples em virtude de seus atrasos de desenvolvimento, sua deficiência de comunicação e seu limitado interesse social. Além disso, deve-se notar que a informação verbal foi apresentada a Lance com aumento do volume por causa da deficiência auditiva. A informação visual foi apresentada simultaneamente com palavras em forma de imagens e linguagem de sinais que destacaram os conceitos das mensagens verbais. O que segue é um exemplo de como os quatro passos para conseguir cooperação foram usados com Lance.

Quatro passos para conseguir cooperação

1. Expressar compreensão dos sentimentos da criança.
2. Mostrar empatia pelo ponto de vista da criança (sem necessariamente concordar com ela).
3. Compartilhar seus sentimentos e percepções quando a criança estiver pronta para ouvir.
4. Convidar a criança a focar em uma solução.

Quando brincava do lado de fora durante o intervalo, Lance sempre recebia um aviso cinco minutos antes do intervalo terminar. Ao final do período de cinco minutos, a professora lhe mostrava a foto do "lanche", dizia e gesticulava: "É hora de voltar para dentro da escola para a hora do lanche". Se Lance começava a gritar e se afastava de sua professora, ela costumava dizer e gesticular algo como: "Lance, você está triste. Você não gosta de parar de brincar lá fora".

Ainda que sua compreensão e empatia atraíssem a atenção momentânea de Lance, ele normalmente não ficava tempo suficiente para ouvir muito mais. A professora de Lance, persistente em seu esforço para conseguir a cooperação dele na transição para dentro da escola, geralmente compartilhava uma percepção como: "Você trouxe lanche hoje. Você gosta de lanchar". Ela continuava a correr atrás dele no parquinho (enquanto ele fugia dela), dizendo e gesticulando: "Você quer correr de volta ou andar?", oferecendo-lhe escolhas limitadas como uma solução. Ele, claro, continuava correndo, e ela transformava a atividade de fugir/perseguir em um jogo de "Eu vou pegar você". Lance geralmente começava a rir e olhava para trás para ver se a professora o estava perseguindo. Ela colocava seu corpo em movimento em relação ao movimento do corpo dele, de tal maneira que Lance muitas vezes corria de volta para a sala de aula, exatamente onde a atividade do lanche estava acontecendo!

Está claro, com esse exemplo, que a cooperação não é uma condição de tudo ou nada. Em vez disso, ela é uma qualidade que existe "em maior ou menor extensão". No caso de Lance, seu movimento para dentro da sala de aula ocorreu em maior grau em função de se divertir ao participar de um jogo de perseguição e em menor grau porque ele estava cooperando. Nessa fase inicial de conseguir a cooperação de Lance, a professora *evitava assumir o controle sobre* o movimento de Lance. Ela *não o forçava* a seguir suas solicitações, assim como guiá-lo fisicamente a realizar o comportamento desejado só levaria a resistência física e dificuldade, e não a uma verdadeira cooperação. Em vez disso, ela o seduzia a cooperar por sua própria vontade.

Ao ler o exemplo citado, você pode estar pensando que a professora de Lance estava, de fato, "cedendo" ao interagir com ele positivamente após ele ter "se recusado" a cumprir uma ordem. Em resposta, vamos apenas lembrá-lo da perspectiva de longo prazo da Disciplina Positiva. Sua professora não estava interessada *simplesmente* em conquistar a obediência de Lance. No contexto de interações positivas e respeitosas com ele, ela queria ajudá-lo a aprender a pensar livremente, considerar o ponto de vista dos outros e desenvolver autogerenciamento.

Usar gentileza e firmeza ao mesmo tempo

Aprender a estabelecer limites razoáveis e seguros para a criança, mantendo uma disposição gentil e firme, é uma importante ferramenta da Disciplina Positiva. Sua capacidade de ser gentil e firme *simultaneamente* em situações críticas com a criança (p. ex., quando a criança está extremamente chateada e reagindo com gritos, birras, autoagressão e/ou agressão ao outro) permitirá que você aprenda como *se sente fisicamente* para expressar gentileza e firmeza *ao mesmo tempo*. Esse estilo de interação não é um ponto médio entre ser gentil e ser firme. Como alternativa, por meio de movimentos calmos e pacíficos do seu corpo, seu tom e volume de voz calmos e neutros, e sua postura perseverante e inabalável, você se comunica respeitosamente e segue adiante com a expectativa que você tem com relação à criança.

> Aprender a estabelecer limites razoáveis e seguros para a criança, mantendo uma disposição gentil e firme, é uma importante ferramenta da Disciplina Positiva.

Um exemplo disso ocorreu com Lance quando chegou o momento do intervalo. Ele rapidamente correu para a porta da sala de aula quando foi dito que era hora de brincar lá fora. Por causa da relação professor-aluno em sua sala de aula, era mais seguro para Lance e seus colegas que todos os oito saíssem juntos com os quatro ou cinco adultos que estavam trabalhando naquele dia. Muitas vezes, chegando primeiro à porta, Lance estava inclinado a empurrá-la para abrir e correr para o parquinho sozinho. A professora, antecipando suas ações, geralmente bloqueava a porta e a mantinha fechada até que todos estivessem juntos para sair como um grupo. Quando Lance tentava empurrá-la para chegar à porta, ela estava preparada com fotos que combinavam com seus sinais e palavras, comunicando "fique na porta" e "espere por seus amigos". Sua linguagem corporal não era abrupta ou dura; em vez disso era previsível e calma. Ela agachava-se parcialmente, posicionando-se no nível de seus olhos. E sua voz era agradável e otimista. No entanto, ela não se movia de sua posição de guardar a porta, porque era seu objetivo final protegê-lo contra qualquer dano que pudesse vir a acontecer caso ele deixasse a sala de aula sem a companhia de um adulto.

Oferecer encorajamento para a criança

A criança será inspirada a se comportar de maneira socialmente útil se suas frases forem encorajadoras e de apoio, além de reconhecerem respeitosamente as ações construtivas dela, bem como a responsabilidade dela ao iniciar essas ações. Suas observações encorajadoras devem chamar a atenção para as ações da criança, concentrando-se em seus esforços e realizações específicos. Ofereça encorajamento logo após a ação e use linguagem compreensível com a criança. Acrescente às suas palavras faladas a linguagem de sinais e/ou imagens conforme necessário. Melhore sua comunicação pelo contato visual e com expressões faciais e tom de voz. Especialmente para crianças pequenas, que muitas vezes gritam "Olhe para mim! Olhe para mim!", palavras de encorajamento transmitem a mensagem de que estamos realmente olhando para elas e que o que elas fazem é importante.

> A criança será inspirada a se comportar de maneira socialmente útil se suas frases forem encorajadoras e de apoio, e respeitosamente reconhecerem as ações construtivas dela, bem como a responsabilidade dela ao iniciar essas ações.

O encorajamento que era oferecido a Lance era simplificado para que combinasse com sua capacidade de entender a linguagem. Os comentários encorajadores eram feitos com aumento de volume e acréscimos (sinais e fotos) em virtude da perda auditiva de Lance. Os professores faziam um grande esforço para se comunicarem com ele no nível de seus olhos, a fim de que ele pudesse ver e entender suas expressões faciais. Quando Lance começava, de pequenas maneiras, a demonstrar interesse social e cooperação com os outros, seus instrutores ofereciam encorajamento como: "Você veio para a roda!", "Você está pintando!", "Obrigado por esperar!". Lance não rejeitava o encorajamento que seus instrutores ofereciam, provavelmente porque se concentravam no que *ele* fazia, e não no que *eles* queriam que ele fizesse.

Desenvolver a partir dos pontos fortes da criança

Destacar os pontos fortes da criança e ajudá-la a usá-los para expandir as áreas fracas trará múltiplos benefícios para ela. Ao fazer isso, você a ajudará a focar a atenção em ações construtivas. Engajar-se em ações construtivas e vivenciar sentimentos bons como resultado aumentarão seu senso de importância e capacidade. Além disso, ao manter sua atenção nos pontos fortes da criança, você tem maior probabilidade de interagir com ela durante um confronto de maneira otimista, e isso, por sua vez, irá melhorar o seu relacionamento com ela. Por isso, focar nos pontos fortes da criança levará a um aumento dos seus sentimentos de competência e conexão que acabará por melhorar sua capacidade de se comportar de maneira socialmente útil.

Considere em quais atividades a criança com deficiência é boa e está motivada a se envolver. Ofereça oportunidades para ela desenvolver esses pontos fortes. Considere atividades que lhe permitam usar suas habilidades fortes para melhorar seus pontos fracos. No caso de Lance, suas habilidades motoras grossas estavam no mesmo nível das outras crianças da sua idade, e ele gostava muito de se envolver em atividades que abrangiam correr, pular e escalar.

> Focar nos pontos fortes da criança levará a um aumento dos seus sentimentos de competência e conexão, o que acabará por melhorar sua capacidade de se comportar de maneira socialmente útil.

Um dia, quando sua professora colocou pinos de boliche de plástico na sala de aula e demonstrou para os alunos como usar uma bola de boliche para derrubar os pinos, Lance, em vez disso, decidiu desconsiderar a bola de boliche e saltar sobre os pinos. A professora, aproveitando isso como uma oportunidade possível para aumentar a interação com Lance, seguiu seu exemplo, saltando também sobre os pinos de boliche. Lance respondeu com sorrisos enquanto observava a professora, e então repetiu suas ações. A professora repetiu, e Lance a seguiu de novo, claramente animado por ter uma parceira de brincadeira com quem pular sobre os pinos de boliche. Nessa situação, uma atividade que abrangeu a habilidade motora forte de Lance foi usada para fortalecer seu envolvimento social e habilidades de revezar.

Implementar formas respeitosas de apresentar os limites

Todas as crianças, incluindo crianças com deficiência, precisam ser mantidas em segurança contra danos. Além disso, elas precisam aprender a interagir respeitosamente com os outros e a mostrar consideração pelas coisas vivas e não vivas que elas encontram. Uma das maneiras de ajudar a criança a permanecer segura e a realizar as habilidades que ela precisa aprender se dá por meio do uso das orientações da Disciplina Positiva para a definição de limites. As diretrizes de ajuste dos limites são as mesmas tanto para as crianças com deficiência como para as crianças sem.

Uma diretriz central da Disciplina Positiva para estabelecer limites é uma que já abordamos anteriormente: demonstrar firmeza acompanhada de gentileza. Outra diretriz importante é envolver as crianças ao estabelecer e aplicar limites. Você pode fazer isso respeitosamente, gerando soluções junto com elas, em vez de "gerenciá-las". No entanto, se a criança tem um desenvolvimento abaixo de 4 anos, mesmo que ela seja cronologicamente mais velha, você terá que assumir a responsabilidade de estabelecer os limites e acompanhá-los, lembrando-se de fazer isso com gentileza e firmeza ao mesmo tempo. Para crianças que possuem baixo desenvolvimento, *supervisão, distração e redirecionamento* são ferramentas fundamentais para garantir sua segurança e para mostrar a elas o que podem fazer em vez do que não podem fazer.

> Para crianças que possuem baixo desenvolvimento, supervisão, distração e redirecionamento são ferramentas fundamentais para garantir sua segurança e para mostrar a elas o que podem fazer em vez do que não podem fazer.

Nunca é útil usar tratamento punitivo como método para estabelecer limites com a criança. Embora métodos punitivos pareçam funcionar (pois costumam parar os comportamentos em curto prazo), eles não são úteis (em longo prazo) para o desenvolvimento das habilidades e características de sua lista de esperanças e sonhos para a criança. Se a criança se comporta de maneira que causa danos para os outros, para si mesma ou estraga coisas, é possível que ela precise de um descanso da situação em questão até que ela se acalme significativamente o suficiente para envolver-se na resolução de problemas. Uma área para pausa positiva (que a criança ajudou a projetar) pode ser um lugar bem-vindo, onde ela possa se recuperar de estados significativos de agitação. (Ver Cap. 4.) No espaço da pausa positiva podem ser incluídos itens que ajudam a criança a se acalmar e a se sentir melhor. Itens que acalmam a criança, bem como suportes visuais (como fotos, imagens e/ou palavras) que encorajam a criança a pensar sobre comportamentos úteis, podem estar disponíveis na área da pausa positiva.

Se a criança ficar ainda mais chateada quando for levada ou quando for sugerido que ela use o espaço da pausa positiva, é melhor permanecer calmo e criar a experiência da pausa positiva exatamente onde ela estiver. Itens que você sabe que despertam mais serenidade na criança podem ser oferecidos. Você pode demonstrar respirações profundas exageradas ou entregar para a criança seu bicho de pelúcia favorito. Você pode simplesmente sentar perto dela enquanto a criança vivencia seus próprios sentimentos. Quando a criança estiver calma o suficiente para restabelecer uma conexão com você, siga os quatro passos para conseguir cooperação, conforme descrito anteriormente. Acrescente às suas palavras ditas a linguagem de sinais e/ou imagens (que já estiverem preparadas, ou você pode desenhar no papel ou quadro branco).

Em geral, se o estabelecimento de limite faz com que a criança se sinta mais conectada e competente, você a terá apoiado positivamente. Para Lance, estabelecer os limites foi necessário durante os primeiros meses de seu ingresso na escola de educação especial na primeira infância, quando ainda não tinha aprendido a respeitar os outros nos momentos em que estava em um estado elevado de excitação emocional. Durante seus episódios significativos de transtorno emocional, demonstrados por explosões de temperamento e atos de agressão, Lance muitas vezes concordou com a opção de um espaço para a pausa positiva, especialmente quando a professora o acompanhava. Ao longo do tempo e à medida que sua conexão com a professora se fortalecia, Lance tornou-se mais competente no autogerenciamento quando ficava aborrecido.

As ferramentas da Disciplina Positiva relacionadas ao objetivo equivocado da criança

Durante as primeiras semanas de ingresso na escola de educação especial na primeira infância, a equipe de Lance sentiu-se desafiada pelos comportamentos equivocados que ele mostrava sob a forma de recusas em participar das atividades de classe. Seus instrutores logo descobriram que até mesmo quando eles lhe ofereciam o mínimo de incentivo para participar de uma atividade, ele reagia intensificando seus comportamentos desafiadores. Diante das reações emocionais dos professores, ou seja, sentindo-se desafiados e derrotados por Lance, a crença por trás de seus comportamentos parecia consistentemente surgir a partir do objetivo equivocado de poder mal direcionado. Seus comportamentos *equivocados* pareciam vir de sua crença equivocada de que ele era aceito e importante apenas quando estava no controle e quando ninguém mais lhe dizia o que fazer ou o que não fazer.

Se a criança está agindo sob o objetivo equivocado de poder mal direcionado, você pode usar respostas proativas e encorajadoras para ajudá-la a descobrir como ela pode sentir um senso de controle positivo, satisfatório e apropriado para o desenvolvimento ao contribuir para sua família e comunidade. Aquelas ferramentas que foram úteis com Lance, além das ferramentas que destacamos anteriormente neste capítulo, estão descritas a seguir.

Evitar disputas por poder

É preciso mais do que uma pessoa para se envolver em uma disputa por poder. Se o comportamento da criança desafia você, evite ser levado a um conflito. Em vez disso, retire-se da potencial disputa. Se for seguro para a criança e para os outros, você pode se retirar fisicamente, indo embora e, em seguida, retornando um pouco mais tarde, quando a criança estiver calma, para reintroduzir o que tiver provocado a criança inicialmente.

> Nem a criança nem você conseguirão fazer uma efetiva resolução de problemas quando estiverem "descontrolados".

Tenha em mente o "cérebro na palma da mão" (ver Cap. 3). Nem a criança nem você conseguirão fazer uma efetiva resolução de problemas quando estiverem "descontrolados".

Se a segurança da criança ou a dos outros estiver em risco se você se afastar, você pode se retirar da disputa que está prestes a se intensificar ao permanecer fisicamente presente, permitindo que seu estado emocional se mantenha neutro (respirar profundamente pode ajudar), e esperando pacientemente até que a criança esteja calma antes de apresentar a situação anterior de novo. Qualquer resposta lhe dará o tempo necessário para considerar se você deve ou não modificar a situação quando reapresentá-la para a criança. A professora de Lance respondeu ao seu comportamento ficando fisicamente presente e mantendo uma postura neutra. Essa resposta não só evitou que Lance aumentasse seu comportamento preocupante como também deu tempo à sua instrutora para avaliar se a situação original que provocou o aborrecimento de Lance precisava ser apresentada de forma diferente a fim de torná-la mais compreensível e tolerável para ele.

Entendemos que ficar neutro e esperar pacientemente é muitas vezes mais fácil falar do que fazer. Haverá momentos em que você não atenderá a esse padrão tão alto. Isso vai acontecer não porque você é fraco, mas porque você é humano. Lembre-se: os erros são oportunidades de aprendizado.

Não brigar e não desistir

Abrir mão de uma disputa por poder com a criança não significa que você está se retirando da oportunidade de ensinar habilidades importantes. Se o que você tentou fazer foi razoável, mas ainda levou à resistência, você pode precisar tentar novamente depois que a criança estiver calma. Se você decidir mudar sua interação um pouco, você ainda precisará fazê-lo depois que a criança estiver em um estado calmo. Em ambos os casos, você pode imaginar que a criança se recusará novamente a participar da sua ideia. Se isso ocorrer, retire-se novamente da potencial disputa por poder e espere que ela esteja calma. Permaneça gentil, firme e emocionalmente calmo ao revelar novamente a expectativa.

Sempre que a segurança de Lance ou de seus colegas estava em risco, sua professora permanecia firme em seus esforços para evitar ferimentos. Lance, que estava mais inclinado a correr pela

> Permaneça gentil, firme e emocionalmente calmo ao revelar novamente a expectativa.

pequena sala de aula em vez de caminhar, às vezes, por acidente, batia em um de seus colegas, fazendo com que o aluno perdesse o equilíbrio e ocasionalmente caísse. A professora de Lance razoavelmente exigia que Lance andasse pela sala de aula. Ela usava a foto "andar" para acrescentar a imagem às suas palavras, dava um toque suave em seu peito para diminuir seu movimento para a frente e oferecia comentários encorajadores toda vez que ele andava. Se ele começasse a resistir fisicamente às suas tentativas de ajudá-lo a desacelerar, ela mantinha firme a sua expectativa de modo gentil. Se a sua firmeza o provocasse a responder com maior resistência e a ter um ataque de birra, então ela esperava pacientemente que ele se acalmasse enquanto mantinha a expectativa de que ele andasse na sala de aula.

Oferecer oportunidades para a criança usar o poder de forma construtiva

Quando a criança está agindo sob o objetivo equivocado de poder mal direcionado, sua crença subjacente é de que o senso de aceitação e importância só será alcançado se ela estiver no controle e ninguém estiver mandando nela. O *esforço* da criança para manter o controle nunca satisfará seu desejo de ser aceita e importante porque disputar com os outros leva a relacionamentos instáveis, que, por sua vez, colocam em risco o senso de aceitação e importância.

> Para contrabalançar a dificuldade da criança de manter o controle, ofereça oportunidades para que ela use seu poder de maneiras úteis.

Para contrabalançar a dificuldade da criança de manter o controle, ofereça oportunidades para que ela use seu poder de maneiras úteis. Por exemplo, como Lance era interessado e habilidoso no parquinho da escola, sua professora muitas vezes levava alguns de seus colegas para brincar ao lado dele a fim de que eles pudessem aprender uma habilidade motora grossa ou uma brincadeira independente imitando-o. Além disso, sempre que era possível e razoável para Lance assumir a liderança em uma situação dentro da escola, a professora lhe permitia "assumir o controle". Por meio de uma variedade de situações nas quais Lance tinha a oportunidade de ser um líder, a professora desejava substituir suas tentativas equivocadas de alcançar o poder por ações mais benéficas socialmente.

Oferecer escolhas limitadas

Todo mundo gosta de ter opções na vida, e sua criança não é uma exceção. Ajudá-la a reconhecer que ela tem opções aumentará o senso de controle sobre sua vida. Ofereça escolhas à criança de forma claramente compreensível, com palavras faladas, imagens ou representações de objetos. Apresente um número razoável de escolhas, dependendo da situação e da compreensão da criança: apenas duas. Provavelmente não mais do que dezesseis se você estiver usando a roda de escolhas.

Ofereça escolhas quando a criança estiver em um estado calmo, pois a tomada de decisão e outras habilidades de resolução de problemas são menos prováveis de serem utilizadas quando ela estiver em um estado de alta excitação emocional. Lembre-se de que as escolhas que você oferece devem levar em consideração as necessidades da criança, suas próprias necessidades e as necessidades da situação.

Às vezes, a criança pode precisar de um tempo longe de uma situação com altas demandas ou demorar a responder a uma expectativa. Se for razoável para a situação, certifique-se de que suas escolhas incluem a opção de fazer uma pausa e a opção de esperar. Oferecer essas opções não elimina a expectativa. Simplesmente irá adiá-la até que você possa revisitá-la mais tarde, quando a criança estiver em um estado mais receptivo. Combinar essa ferramenta com outras ferramentas da Disciplina Positiva aumentará a probabilidade de que a criança se torne mais receptiva a expectativas razoáveis. Se a criança que está agindo com objetivo equivocado de poder mal direcionado puder vivenciar seu poder de escolher opções socialmente úteis em seu próprio tempo, ela estará mais propensa a usar essas escolhas por conta própria.

> Ofereça escolhas quando a criança estiver em um estado calmo, pois a tomada de decisão e outras habilidades de solucionar problemas são menos prováveis de serem utilizadas quando ela estiver em um estado de alta excitação emocional.

A professora de Lance oferecia muitas oportunidades para Lance fazer escolhas ao longo de seu dia na pré-escola. Diante de sua deficiência auditiva e habilidades de comunicação atrasadas, foram apresentadas a ele fotos em um quadro de escolhas, bem como desenhos simples de suas escolhas em um quadro branco. Como os conceitos de "pausa" e "espera" não eram totalmente compreendidos por ele, a professora interpretava sua linguagem corporal e ações físicas; estes sinalizavam seu interesse em acabar com algo ou parar uma ação. Ela começou a ensiná-lo a apontar "acabei" quando suas ações comunicavam o desejo de terminar uma atividade. Espontaneamente, ele mesmo começou a estender o braço na frente do peito, com a palma da mão voltada para o adulto, para sinalizar "pare". Ao reconhecer seus gestos com as mãos, sinalizando "acabei" e "pare", e oferecer-lhe escolhas apresentadas visualmente, a professora esperava aumentar seu senso de controle sobre sua vida.

Praticar o acompanhamento

O acompanhamento eficaz envolve quatro etapas: (1) em uma conversa construtiva com a criança, convide-a a compartilhar os seus sentimentos e pensamentos sobre a situação; (2) elabore ideias com a criança para gerar possíveis soluções e escolha uma com a qual vocês concordem mutuamente; (3) decidam juntos um prazo específico; e (4) acompanhe de maneira firme e gentil se a criança não cumprir o acordo.

Acompanhamento eficaz

1. Convidar a criança a compartilhar seus sentimentos e pensamentos sobre a situação.
2. Elaborar ideias para gerar possíveis soluções e escolher uma com a qual ambos concordem.
3. Decidir juntos um prazo específico.
4. Acompanhar de forma gentil e firme se a criança não cumprir o acordo.

Em virtude da deficiência auditiva de Lance e do atraso na comunicação, os passos do acompanhamento precisavam ser modificados. Inicialmente, a professora de Lance conversava/usava sinais porque ele não falava/sinalizava para ela. Ela compartilhava o que percebia sobre seus sentimentos e o que ele poderia estar pensando sobre a situação. Por exemplo, se ele começava a mostrar sinais de estar chateado quando era anunciado para a turma que era hora de arrumar os brinquedos e se preparar para o lanche, a professora dizia e fazia os sinais: "Você está triste. A hora de brincar acabou". Ela também mostrava fotos em uma tira de velcro (p. ex., imagens representando "triste", "brincar", "acabou") para aumentar a compreensão de sua comunicação com ele.

A professora de Lance modificou ainda mais os passos a seguir porque Lance ainda não era capaz de elaborar soluções, nem era capaz de entender conceitos de tempo. Em vez disso, ofereceu-lhe escolhas limitadas. Por exemplo, ela perguntava enquanto sinalizava: "Você quer guardar *este* brinquedo ou *aquele* brinquedo?". Se Lance escolhesse qual deles guardar, mas não agisse, ela seguiria lembrando a ele: "Você escolheu guardar _____". Ela muitas vezes *apontava* para o brinquedo, sem falar, para acompanhar com gentileza e firmeza. Quando Lance finalmente começava a guardar o brinquedo que ele havia escolhido, a professora expressava sua gratidão (dizendo e fazendo sinais de "obrigada!") e encorajamento ("Você está guardando o _____").

Dedicar um tempo especial à criança

Compartilhar experiências agradáveis com a criança fortalecerá seu relacionamento, bem como aumentará as oportunidades para você oferecer encorajamento. A professora de Lance se juntava a ele na brincadeira com frequência durante seu dia na pré-escola. Inicialmente, ela simplesmente se sentava no chão perto dele e o observava. Então ela começava a brincar paralelamente a ele usando os mesmos tipos de brinquedos que ele usava. Finalmente, ela começava uma brincadeira divertida ou boba com os brinquedos para chamar sua atenção. Se ele mostrava interesse na brincadeira, ela oferecia a vez a ele, tentando não parecer ameaçadora. Seu objetivo era compartilhar um tempo especial com Lance para que ele se lembrasse de seu período nessa escola especial como tendo sido preenchido por momentos agradáveis mais do que por dificuldades.

Revisão das ferramentas da Disciplina Positiva apresentadas neste capítulo

1. Ser um modelo das interações que você deseja para a criança.
2. Concentrar-se em ganhar as crianças, não ganhar das crianças.
3. Ser gentil e firme ao mesmo tempo.
4. Encorajar a criança.
5. Desenvolver os pontos fortes da criança.
6. Implementar formas respeitosas de estabelecer os limites.
7. Oferecer supervisão, distração e redirecionamento.
8. Evitar disputas por poder.
9. Não brigar e não desistir.

10. Oferecer oportunidades para a criança usar o poder de forma construtiva.
11. Oferecer escolhas limitadas.
12. Praticar o acompanhamento.
13. Dedicar um tempo especial à criança.

12

A HISTÓRIA DE ARI: ACREDITAR NA CRIANÇA – A PROFECIA AUTORREALIZÁVEL

Uma bola de futebol macia e pequena voou para o chão perto do assento do passageiro à frente, acompanhada por um grito estridente e rouco. Lançada com grande força por Ari, de 3 anos, a bola quase acertou a lateral da cabeça de Ilana. Ilana, de 8 anos, sentada no assento do passageiro, continuou lendo seu livro, apenas tirando os olhos da página momentaneamente para observar o objeto em alta velocidade com sua visão periférica. "Ai! Pare de puxar meu cabelo! Mamãe, Ari está me machucando!", gritou Dalia, de 5 anos, que estava sentada ao lado de seu irmão mais novo no banco de trás. Com um tom tenso de voz, Mara, mãe dos três, respondeu pausadamente: "Dê a ele um de seus brinquedos, Dalia". Em seu estilo habitual, Mara tentou manter a compostura enquanto dirigia seus filhos pelo trânsito pesado da cidade depois de pegar suas meninas na escola. O rosto de Dalia mostrou surpresa e imediatamente explodiu em lágrimas. Quando Dalia empurrou as mãos de Ari para longe de sua cabeça, ela exigiu: "Pare!". Ari, por sua vez, correspondeu ao volume com um grito alto e empurrou-a de volta. O tumulto no banco de trás continuou pelos próximos cinco minutos, até que Mara entrou na garagem.

Ari, que sempre acompanhava Mara e suas irmãs nessas viagens de segunda a sexta, costumava ser um passageiro agradável, contanto que pudesse segurar e brincar com um brinquedo favorito enquanto estava em sua cadeirinha. Ocasionalmente, no entanto, um ruído de outro veículo ou o barulho de uma obra na rua o irritava. Ele muitas vezes respondia a esses sons gritando. Às vezes, ele intensificava suas expressões de irritação ao também arremessar brinquedos, chutar o banco na frente dele e pegar coisas ao seu alcance, incluindo brinquedos e os cabelos de Dalia.

Mara costumava ser bem criativa para responder aos momentos de irritação de Ari. Afinal, ela tinha uma compreensão considerável sobre Ari desde o seu nas-

cimento, não só porque ela era uma mãe atenciosa e amorosa, mas também porque ela tinha passado um bom tempo aprendendo sobre Ari do ponto de vista de seus médicos, seus especialistas em visão e sua equipe de intervenção precoce. Ao nascer, Ari mostrou sinais de deficiência visual grave; embora ele fosse capaz de responder a algum estímulo visual, foi considerado legalmente cego pelos padrões médicos. Além disso, ele mostrou atrasos significativos nas habilidades motora e de comunicação durante seu primeiro ano de vida. Diante de sua deficiência visual e atrasos de desenvolvimento, Ari qualificou-se ainda muito jovem aos serviços do programa de intervenção precoce na primeira infância de seu distrito escolar

Mara havia absorvido todos os conselhos e dicas que os terapeutas de Ari e especialistas tinham compartilhado com ela, além de, diligentemente, ter seguido com todas as atividades terapêuticas que tinham recomendado. Ela era capaz de manter Ari calmo e contente no carro quando eles estavam juntos sozinhos. No entanto, quando as irmãs de Ari também estavam no carro, Mara muitas vezes ficava perplexa sobre como lidar com os problemas de Ari, especialmente quando envolviam seus desentendimentos com Dalia.

Mara se sentia ambivalente ao responder aos conflitos que surgiam com muita frequência entre seus dois filhos mais jovens. Por um lado, ela se sentia muito triste com as limitações de Ari e preocupada sobre o seu potencial no futuro. Ela queria que suas irmãs mais velhas o tratassem com tolerância e compaixão. Por outro lado, enquanto ela se sentia desapontada pela falta de paciência de Dalia com Ari, também se sentia culpada por ter expectativas tão altas sobre sua filha de 5 anos. Mara reconhecia que pelos três últimos anos de sua jovem vida, Dalia tinha sido obrigada a dar espaço para um irmãozinho que chegou a este mundo precisando de uma grande quantidade de tempo, atenção e energia de seus pais. Além disso, embora Mara e seu marido, David, tentassem conscientemente e de forma equitativa responder às necessidades de cada um dos seus filhos, eles estavam bastante cientes de quanto as atividades de Ari consumiam suas horas de vigília. Considerando que Ilana, sua filha mais velha, era resiliente, autônoma e geralmente despreocupada em relação à atenção dada a Ari por seus pais, Dalia se mostrava frequentemente inflexível, carente e mal-humorada quando tinha que compartilhar o tempo de um ou ambos os pais com Ari.

Quando Mara parou na entrada da garagem, aliviada por ela e suas crianças terem chegado em casa com segurança, percebeu que o relacionamento entre Ari e Dalia precisava mudar. Ela se comprometeu consigo mesma a descobrir como seu filho de 3 anos com deficiência significativa e sua talentosa filha de 5 anos poderiam

*aprender a conviver melhor. Era verdade que atender às necessidades de desenvol-
vimento de Ari, que eram complicadas e singulares, tinha que ser uma prioridade
para ela e David. No entanto, era igualmente verdade que a saúde em longo prazo
de sua família dependia de ajudar seus filhos a viverem juntos em paz.*

Enquanto você se concentra intensamente nos muitos detalhes das atividades de cuidado diário e apoio da criança com deficiência, pode ser difícil
reajustar o foco da lente a fim de olhar para a cena maior e imaginar a criança
nos próximos anos. No entanto, para ajudar a criança a progredir para um
futuro mais otimista e promissor, é importante vislumbrar características valiosas e habilidades para a vida dela. Essas características e habilidades de vida
formam marcos significativos para os quais você pode direcionar sua energia e
atenção. Com a visão do futuro da criança em mente, acredite em sua capacidade de progredir em direção a esses marcos. O uso das ferramentas da Disciplina Positiva para capacitar a criança a desenvolver essas habilidades importantes ajudará você a agir como se os resultados fossem alcançáveis. Os passos
que você seguirá ajudarão você e a criança a progredirem em sua jornada juntos,
assim como ela desenvolverá características desejáveis e habilidades de vida.

O desafiador trajeto de carro de Mara terminou com o reconhecimento
da necessidade de uma relação melhor entre Ari e Dalia, bem como com a
esperança de harmonia em longo prazo para sua família. A Disciplina Positiva oferece muitas ferramentas que podem ajudar pais como Mara e professores
de crianças com deficiência a acreditarem na capacidade das crianças de desenvolver características importantes e habilidades de vida, além de ajudá-las
a progredir em direção a essas aspirações em longo prazo.

Ferramentas da Disciplina Positiva para ajudar a criança a desenvolver as características valiosas e as habilidades de vida que você deseja

Quando você acredita que a criança irá desenvolver as características e
habilidades de vida que você almeja para ela, você ativa a *profecia autorrealizável.* Esse é o princípio que sugere que nossas crenças sobre a capacidade de
sucesso de nossas crianças influenciarão tanto nossas interações com as crianças como suas próprias crenças em suas capacidades de obter sucesso. Isso, por

sua vez, leva ao progresso em direção ao objetivo. Essencialmente, se nos apegarmos a crenças sobre a capacidade das crianças de progredir em direção a metas em longo prazo, isso aumentará as chances de o que prevemos se tornar realidade.

Concentrar-se nas características e habilidades de vida que você deseja para a criança com deficiência pode ser um exercício muito poderoso. Ao usar as ferramentas da Disciplina Positiva para ajudar a criança a progredir em direção a esses objetivos em longo prazo, você se beneficiará da perspectiva otimista e construtiva que acompanha esse esforço. Tal perspectiva afirmará os seus esforços quando o seu caminho com a criança for suave, e vai mantê-lo a salvo quando a jornada com a criança for difícil.

> Essencialmente, se nos apegarmos a crenças sobre a capacidade das crianças de progredirem em direção a metas em longo prazo, isso aumentará as chances do que prevemos se tornar realidade.

Pense sobre as seguintes ferramentas da Disciplina Positiva para ajudá-lo a alcançar a perspectiva em longo prazo da criança:

- Identificar suas esperanças e desejos para a criança.
- Empoderar a criança ao...
  - Evitar mimá-la.
  - Colocar as crianças no mesmo barco:
    - Oferecer acomodações para a criança com deficiência.
    - Ouvir todas as suas crianças.
    - Dar a todas as crianças consideração e empatia.
    - Oferecer a elas oportunidades de encontrar soluções para seus conflitos.
    - Usar adaptações de comunicação com a criança com deficiência, se necessário.
  - Dedicar tempo para ensinar.
  - Focar em pequenos passos.
  - Oferecer encorajamento.
  - Mostrar confiança na criança por meio de seu apoio energético.
  - Desapegar-se e cuidar de si mesmo.

Identificar suas esperanças e desejos para a criança

No Capítulo 1, você teve a oportunidade de participar de um exercício do qual os pais e professores dos nossos *workshops* participam durante o primeiro encontro de Disciplina Positiva. Você imaginou uma visita do seu filho daqui a 30 anos. Você listou qualidades que gostaria que fossem verdadeiras sobre esse adulto no futuro. Essas características e habilidades de vida formam uma *lista de esperanças e desejos* que você almeja para a criança. Encontre a lista que você fez enquanto lia o Capítulo 1, ou gere uma lista agora. Enquanto você revisa sua lista, considere as seguintes perguntas para orientá-lo ao ajudar a criança a progredir em direção a esses resultados em longo prazo: o que *você* pode fazer para ajudar a criança a alcançar esse potencial? Quando você imagina a rede de apoio da criança, quem pode ajudá-lo em seus esforços?

Tanto sua atitude como suas ações influenciarão quão bem-sucedido você poderá ser ao maximizar o potencial da criança. É importante perceber que as características e habilidades de vida são uma visão em longo prazo da criança, e embora ela possa não demonstrar essas qualidades agora, ela pode aprender a desenvolvê-las ao longo do tempo, ou pelo menos seguir nessa direção. Quando considerar métodos de disciplina, lembre-se de que a raiz da palavra *disciplina* tem a ver com ensino. Consulte essa lista frequentemente e se pergunte: "Será que esse método de disciplina ajuda a criança a desenvolver essas características e habilidades de vida?".

Pode ser altamente motivador afirmar em pensamento que essas qualidades são atingíveis e agir como se fossem possíveis. Defina sua intenção para a criança para, finalmente, desenvolver essas qualidades.

Talvez você queira manter a lista de esperanças e desejos para a criança com você ou afixá-la em um lugar de destaque onde você possa ser lembrado dela regularmente. Se você é pai, mãe ou professor, pode usar a sua lista como um guia quando participar da equipe da escola da criança para desenvolver objetivos

> É importante perceber que as características e habilidades de vida são uma visão em longo prazo da criança, e embora ela possa não demonstrar essas qualidades agora, pode aprender a desenvolvê-las ao longo do tempo, ou pelo menos seguir nessa direção.

educacionais para ela. Como mãe e pai, você pode usar a lista quando buscar serviços terapêuticos para seu filho ou quando procurar atividades recreativas para ele. Revise periodicamente a lista para obter uma perspectiva do progresso da criança em direção a essas metas significativas e para obter novas perspectivas sobre maneiras de acelerar o movimento em direção a suas esperanças e desejos para a criança.

Enquanto você pensa sobre todos aqueles que podem ajudá-lo em sua jornada com a criança, considere o seguinte exercício. Em uma folha de papel, desenhe um pequeno círculo no meio da folha. Em seguida, desenhe uma série de círculos concêntricos ao redor do pequeno círculo. No centro do pequeno círculo, escreva o nome da criança. Em cada um dos círculos concêntricos, começando com o mais próximo ao nome da sua criança, escreva os nomes das pessoas na vida dela, daquelas que estão mais próximas dela e que a conhecem muito bem (nos círculos internos) para aquelas pessoas na vida da sua criança que estão menos familiarizadas com ela (nos exteriores).

Quando você tiver adicionado os nomes de todas as pessoas conectadas à criança, você terá desenvolvido uma representação simples da *rede de apoio* dela. No espírito do provérbio africano: "É preciso uma aldeia inteira para criar uma criança", pode-se dizer: "É preciso uma rede de indivíduos gentis, cuidadosos e prestativos para impulsionar o contínuo movimento de uma criança com deficiência em direção a um futuro promissor". A rede de apoio da criança também se tornará *sua* importante conexão de suporte enquanto você ajuda a criança a se tornar a pessoa que você acredita que ela será capaz de se tornar.

Se você desenhou os círculos da rede de apoio como pai ou mãe, as pessoas mais próximas da sua criança são você e sua família imediata. Se você o desenvolveu como professor, as pessoas mais próximas à criança são você, os colegas de classe dela e os outros membros da equipe educacional. Esses indivíduos, que passam a maior parte do tempo com a criança, são os principais participantes na sua rede social. Envolva-os em tarefas de apoio para auxiliá-lo enquanto você ajuda a criança a construir habilidades hoje que, finalmente, levarão a realizações futuras. Por exemplo, o foco de Mara em melhorar a

> É preciso uma rede de indivíduos gentis, cuidadosos e prestativos para impulsionar o contínuo movimento de uma criança com deficiência em direção a um futuro promissor.

relação entre Ari e Dalia será um grande passo em direção à realização de seu sonho para Ari: harmonia em longo prazo para ele em sua família. Como Dalia é uma participante-chave na vida de Ari, Mara pode carinhosamente envolver Dalia em ajudar a resolver os desafios para conseguirem uma viagem tranquila de carro.

As ações mais importantes que você pode tomar para impulsionar você e sua criança para a realização das características e habilidades de vida que você deseja para ela devem empregar regularmente as seguintes ferramentas da Disciplina Positiva.

Evitar mimar

Alfred Adler usou o conceito *Gemeinschaftsgefühl* para descrever um de nossos dons mais nobres como seres humanos: desenvolver um senso de comunidade e trabalhar ativamente para contribuir para essa comunidade.[14] *Gemeinschaftsgefühl* é a condição de se sentir conectado de forma genuína aos outros e sinceramente preocupado com o bem-estar dos outros. Nós agimos nesse senso de conexão e preocupação com os outros quando nos responsabilizamos ativamente por contribuir para o bem-estar de nossa comunidade.

As características e habilidades de vida que imaginamos para as crianças muitas vezes refletem os traços que mais valorizamos nos seres humanos, incluindo qualidades associadas ao *Gemeinschaftsgefühl*. Quando pedimos aos pais e professores de crianças com deficiência em nossos *workshops* de Disciplina Positiva para identificar características que eles gostariam que fossem verdadeiras sobre a criança no futuro, eles incluíram em

> *Gemeinschaftsgefühl*: nós agimos nesse senso de conexão e preocupação com os outros quando nos responsabilizamos ativamente por contribuir para o bem-estar de nossa comunidade.

suas listas: capacidade de amar e ser amado, compaixão, conexões com os outros, consciência, consideração pelos outros, empatia, paciência, habilidade para ser um modelo, respeito e tolerância.

Essas são qualidades que permitirão que as crianças se tornem responsáveis, cuidadosas e membros contribuintes de suas comunidades. E essas admiráveis características são alcançadas por meio do encorajamento das crianças, e não por mimá-las.

De acordo com Adler, nós mimamos uma criança quando somos superprotetores e a satisfazemos com nossa ajuda excessiva. Ao fazer isso, nós a impedimos de passar por desafios comuns na vida, fazendo coisas para ela que ela pode aprender a fazer por si mesma. Tal criança corre o risco de se tornar excessivamente dependente dos outros e egoísta. Ela pode não ter confiança em sua própria capacidade de superar desafios, não acreditando que é capaz. E pode desenvolver a crença de que ela tem direito a "serviço especial".

Você pode empoderar a criança com deficiência e evitar mimá-la ao identificar as características e habilidades de vida que ela precisa aprender, acreditando que ela é capaz de progredir e ajudando-a a ser independente de você tanto quanto possível, enquanto ela desenvolve essas qualidades e habilidades. Isso significa que você tem que dar a ela o espaço necessário para tentar as coisas, com a sua ajuda decrescente e, finalmente, por conta própria. Isso significa que ela vai cometer erros ao longo do caminho e que você evitará impedir que ela cometa um erro quando sua saúde e segurança não estiverem em risco. Tenha em mente que os erros que ela comete são oportunidades para ela aprender.

Como discutimos no Capítulo 10, você pode empoderar a criança com deficiência e evitar mimá-la ao oferecer acomodações a ela e não fazer concessões só porque ela é uma criança com deficiência. *Acomodações* é um termo usado na educação especial para descrever os suportes e serviços que uma criança precisa para ser bem-sucedida no currículo regular. Acomodações são ajustes concretos que auxiliam a criança a aprender com a instrução e a mostrar que ela está aprendendo apesar de suas limitações. Por exemplo, uma acomodação para uma criança não verbal pode ser um quadro de escolha com fotos que ela use a fim de pedir os objetos que deseja. Você

> Você pode empoderar a criança com deficiência e evitar mimá-la ao oferecer acomodações a ela e não fazer concessões só porque ela é uma criança com deficiência.

estará empoderando a criança quando disponibilizar esse quadro de escolhas e encorajá-la a usá-lo para fazer pedidos. Você estará mimando-a se permitir que ela simplesmente pegue o item que deseja ou fique choramingando enquanto você tenta adivinhar o que ela quer. Ao encorajar a criança e evitar mimá-la, você atingirá aquele delicado equilíbrio em que reconhece que a criança precisa de apoio para aprender alguma coisa enquanto você oferece apenas a quantidade de ajuda necessária para ela demonstrar sucesso por conta própria.

Desde o momento em que Ari era um bebê, Mara estava comprometida em encorajá-lo. Quando era mais novo e eles entravam no carro juntos, Ari dependia de Mara para ajudá-lo a lidar com os desafios que ele experimentava durante a viagem: sua incapacidade de parar os ruídos desagradáveis que vinham de fora do carro e seu sentimento de irritação crescente e esmagador por não ter controle sobre esses ruídos. Ao reconhecer que os ruídos eram uma fonte de irritação para Ari, Mara decidiu dar-lhe seu brinquedo favorito para segurar enquanto andava, tanto para distraí-lo como para acalmá-lo. Ao fazer isso, Mara forneceu a Ari uma acomodação que foi projetada para ajudá-lo a manter a calma, mesmo quando incomodado pelos ruídos. Com o tempo, Ari aprendeu com Mara que, embora ele não pudesse prever ou controlar ruídos desagradáveis, havia coisas que o ajudavam a se sentir melhor.

> Ao encorajar a criança e evitar mimá-la, você atingirá aquele delicado equilíbrio em que reconhece que a criança precisa de apoio para aprender alguma coisa enquanto você oferece apenas a quantidade de ajuda necessária para ela demonstrar sucesso por conta própria.

No entanto, sempre que ele e Dalia brigavam enquanto andavam de carro juntos, Mara sentia-se em conflito sobre como responder e, muitas vezes, acabava mimando-o à custa de oferecer a Dalia um apoio justo e igualitário. Mara respondia aos conflitos de Ari e Dalia fazendo concessões a Ari que não eram úteis para ele, para Dalia, ou para a situação. Por exemplo, quando Mara disse a Dalia para "dar a ele um de seus brinquedos para segurar", um brinquedo que já havia sido dado a Ari como acomodação agora se tornava uma concessão. Em uma tentativa frustrada de "consertar" a irritação de Ari, que se expressou puxando o cabelo de Dalia, Mara o mimou, sugerindo que o brinquedo fosse dado a ele. Nesse caso, a sugestão de dar a Ari um dos seus brinquedos para segurar não era uma acomodação que ajudava Ari a se sentir calmo ou distraído do barulho ou da sua raiva. Dar a Ari o brinquedo nesse momento significou oferecer um serviço especial que poderia acabar encorajando um comportamento mal direcionado no futuro. Isso não ajudou Dalia a se sentir apoiada e compreendida pela mãe. E não aumentou as chances de Ari ou Dalia resolverem o problema do trajeto de carro desagradável.

O antídoto para os mimos que Mara ofereceu a Ari ocorreu quando ela entrou na garagem e reformulou suas prioridades, dando mais atenção à melhoria da relação entre Ari e Dalia. Embora ela não tivesse ideias específicas ainda sobre como fazer isso, sua determinação em aumentar a harmonia na família foi seu primeiro passo para ajudar Ari a se aproximar das esperanças e desejos que ela tinha para ele. Mara sabia que fazer concessões para Ari, dando-lhe um brinquedo para, em essência, "comprá-lo" no momento não tinha sido uma boa estratégia em longo prazo. Encorajá-lo a ser um solucionador de problemas teria sido muito mais útil. Da mesma forma, você verá que as ferramentas da Disciplina Positiva descritas nesta seção ajudarão você a capacitar a criança com deficiência a se tornar um membro mais responsável e atencioso em sua comunidade.

Colocar as crianças no mesmo barco

Todas as crianças com deficiência são *antes de tudo crianças*, independentemente da sua limitação. E todas as crianças têm o direito de vivenciar um senso de aceitação e importância e de serem tratadas com dignidade e respeito. Você pode encorajar as crianças a desenvolverem características valiosas e habilidades de vida se olhar para elas como verdadeiramente iguais umas às outras, se valorizar cada criança nem mais nem menos do que qualquer outra criança. Embora você tenha essa perspectiva sobre suas crianças, você também poderá reconhecer a singularidade de cada criança e de suas diferentes experiências de vida.

A perspectiva de igualdade entre as crianças é especialmente útil para dar suporte quando as crianças brigam umas com as outras. Se as crianças da sua família ou em sua sala de aula brigarem umas com as outras, você poderá tratá-las igualmente ao colocá-las no mesmo barco. Mesmo que uma das crianças tenha deficiência, evite inclinar-se a tomar partido ou julgar quem está errado. Em vez disso, concentre-se no que você espera: harmonia entre as crianças. Para a criança com deficiência, *ofereça acomodações*, se possível. *Ouça todas as crianças*, que terão, não surpreendentemente, perspectivas diferentes. *Demons-*

tre a todas as crianças consideração e empatia. Ofereça às crianças oportunidades de buscar soluções para os conflitos delas. E, claro, *use uma adaptação de comunicação* para a criança com deficiência, se necessário.

O foco de Mara na deficiência de Ari ofuscava sua atenção para o que Dalia precisava quando as duas crianças estavam juntas. Ela tendia a tomar partido, vendo Ari como o mais frágil no conflito por causa de sua deficiência. Como resultado, Dalia não se sentia ouvida ou compreendida. Ela não era encorajada a chegar a uma solução que pudesse levar a uma maior harmonia entre ela e Ari, e ela se sentia magoada e sem poder.

Quando Mara aprender a ferramenta da Disciplina Positiva "colocar as crianças no mesmo barco", ela poderá fazer o seguinte:

1. Oferecer acomodações para Ari.
2. Escutar Ari e Dalia.
3. Demonstrar a Ari e Dalia sua consideração e empatia.
4. Oferecer oportunidades a ambos para encontrarem uma solução para o conflito.
5. Usar adaptações de comunicação para Ari durante suas interações com ele.

Oferecer acomodações para Ari. Primeiro, Mara pode oferecer algumas acomodações úteis para Ari. Ela pode fazer a si mesma estas perguntas: "Quais ajustes eu posso fazer ou ajudar Ari a fazer para que os trajetos de carro sejam menos estressantes para ele?". "Ele ficaria menos irritado com os ruídos da rua se ouvisse música no carro com fones de ouvido ou ao ar livre?". "Se fosse ensinado a ele, em uma variedade de situações, a tapar os ouvidos com os dedos ao ouvir ruídos desagradáveis, ele usaria essa habilidade nos trajetos de carro para ajudar na redução da estimulação auditiva e evitar 'perder o controle'?". "Seria possível Ari e Dalia estarem separados por um 'espaço neutro' entre eles?".

Escutar tanto Ari como Dalia. Em seguida, Mara pode ouvir as mensagens de ambas as crianças. A mensagem de raiva de Ari foi comunicada por meio de seus comportamentos, mesmo sem ter as palavras para expressá-la. As palavras de angústia de Dalia eram altas e claras. Ao ouvir as preocupações de ambas as crianças, com *igual consideração* pelas duas mensagens, Mara poderia ter respondido sob um ponto de vista imparcial.

Demonstrar a Ari e Dalia sua consideração e empatia. Após ouvir as duas mensagens, Mara poderia responder a cada um dos seus filhos com preocupação e compreensão. Em resposta ao grito de aflição de Dalia, Mara poderia dizer: "Dalia, você está sentindo dor, e quando Ari faz isso, você provavelmente se sente magoada também", ou "Você sente raiva quando Ari puxa seu cabelo". Em resposta a Ari, Mara poderia entregar a ele uma foto grande representando "irritado" (ou um objeto que ela usa regularmente com ele para representar o sentimento de irritação), dizendo: "Você se sente irritado". Ou, se Ari tiver melhor compreensão das palavras, Mara poderia lhe dar a foto ou objeto representando "irritado", dizendo: "Você se sente irritado quando ouve barulhos altos".

Nós reconhecemos que, enquanto Mara está dirigindo o carro, ela está limitada em sua capacidade de se comunicar efetivamente com seus filhos. Ela não será capaz de falar com eles cara a cara e ao nível dos olhos. No entanto, o estilo de comunicação compreensiva que Mara desenvolve com as duas crianças em casa provavelmente será eficaz no carro, mesmo quando ela tem que falar indiretamente e virada para o banco de trás enquanto o carro está em movimento.

Oferecer oportunidades a ambos para encontrarem uma solução para o conflito. Embora Mara ofereça a Ari e Dalia uma oportunidade para encontrarem uma solução para o conflito, suas habilidades para resolver problemas, por causa de suas diferentes idades e níveis de desenvolvimento, obviamente serão diferentes. Fora do contexto do carro, quando todo mundo estiver calmo, Mara poderá fazer a Dalia perguntas que comecem com "o que" e "como" sobre os desafios do trajeto de carro. Por exemplo, Mara poderia perguntar: "O que você pode fazer para se cuidar quando Ari estiver irritado no carro?", ou "Como podemos deixar as viagens de carro mais agradáveis para você?". Ari, ao contrário, por causa de seu atraso significativo na comunicação, vai precisar de algo tangível, com mais clareza e soluções concretas sendo oferecidas, como um quadro de escolhas com opções (em símbolos tridimensionais) que representem o que ele poderia fazer quando ficar irritado. Algumas opções podem incluir "cobrir os ouvidos", "pedir música" e "pedir um brinquedo". Mostrar a Ari um quadro de escolhas quando ele estiver irritado e perguntar a ele: "O que você pode fazer quando está irritado?" poderá ser útil em diversos contextos, incluindo o carro.

Usar uma adaptação de comunicação para Ari durante suas interações com ele. As adaptações na comunicação para Ari que Mara usa durante suas interações que envolvem empatia e resolução de problemas podem ser adaptadas às suas necessidades e habilidades específicas. A professora de Ari, o especialista em visão e a fonoaudióloga poderiam oferecer orientações úteis para Mara sobre como desenvolver um sistema de comunicação individualizado para ele.

Dedicar tempo para ensinar e focar em dar pequenos passos

Uma das ferramentas mais importantes que você pode usar para ajudar a criança com deficiência a desenvolver características desejadas e habilidades de vida é dedicar tempo para ensinar. Como pais ou professores de uma criança ou crianças com deficiência, você está muito familiarizado com os planos anuais desenvolvidos por você e pelos outros membros da equipe da criança: o plano de serviço familiar individualizado para crianças desde o nascimento até os 5 anos e o plano de educação individualizada para crianças do jardim de infância até os 21 anos são exemplos de planos norte-americanos. Uma das chaves para o desenvolvimento de um plano educacional de sucesso para a criança é identificar os objetivos em curto prazo que levarão ao consequente objetivo anual. As oportunidades instrucionais, em que a criança aprende os pequenos passos que levam à realização do objetivo final, são fundamentais para a realização do objetivo em curto prazo.

Inicialmente, quando a criança está aprendendo a habilidade que você quer que ela realize, você provavelmente precisará ajudar durante cada uma das etapas dessa habilidade. Conforme você ensina as etapas da habilidade à criança, preste muita atenção aos indícios de que ela está começando a executar independentemente parte ou toda a habilidade. Dê suporte à independência da criança e se esforce para assumir a responsabilidade de diminuir gradualmente sua assistência quando ela mostrar prontidão para realizar a habilidade por conta própria.

> Dê suporte à independência da criança e se esforce para assumir a responsabilidade de reduzir gradualmente sua assistência quando ela mostrar prontidão para realizar a habilidade por conta própria.

Quando Mara aprender as ferramentas da Disciplina Positiva "dedicar tempo para ensinar" e "focar em dar pequenos passos", ela poderá fazer o seguinte:

1. Identificar habilidades para ensinar a Ari e Dalia.
2. Ensinar Ari e Dalia a dar pequenos passos.
3. Oferecer mais ajuda inicialmente e reduzir o suporte à medida que cada uma das crianças se sentir pronta para realizar a habilidade de forma independente.

Se o objetivo dela em longo prazo para Ari e Dalia é aumentar a harmonia entre eles enquanto dirige o carro, Mara precisa primeiro identificar as habilidades que levarão a esse objetivo para ensiná-las a cada criança. Será uma habilidade importante para Ari aprender a responder aos ruídos da rua cobrindo seus ouvidos. Isso o ajudará a chegar ao objetivo final em longo prazo. Ensinar Dalia a ser menos reativa ao irmão vai torná-la mais aberta a ser colaborativa para que ambos desfrutem do passeio de carro e estejam *envolvidos na tarefa útil* de ajudar Ari a ficar mais tranquilo. Ela pode, então, mostrar a ele as figuras ou símbolos dos objetos que representam o comportamento que ele está aprendendo ("cobrir os ouvidos") ou a sensação que ele está vivenciando ("irritado"). Isso terá o duplo benefício de aumentar o senso de importância de Dalia à medida que ela aprende a ser autossuficiente e útil, e aumentar a importância do relacionamento de Dalia com Ari enquanto ela o orienta e demonstra empatia.

Mara poderá dedicar tempo para ensinar a Ari, em pequenos passos, a habilidade de cobrir os ouvidos para bloquear os barulhos de que ele não gosta. Em diversas situações, quando não estiverem andando de carro, ela poderá ensiná-lo a cobrir as orelhas em resposta aos sons desagradáveis. Ela poderá ajudá-lo, colocando as mãos suavemente sobre suas mãos e guiando-as para cobrir os ouvidos. Ao fazer isso, ela poderá ajudar totalmente no início e depois reduzir de forma gradual a ajuda quando ele fizer o movimento por conta própria. Além disso, ela poderá usar uma imagem ou objeto que represente o ato de cobrir as orelhas para lembrá-lo de fazer isso por si próprio, sem esperar ouvir as palavras de sua mãe como um lembrete.

Mara também poderá ensinar a Dalia, em pequenos passos, a habilidade de ser útil ao seu irmão quando os ruídos o incomodarem. Em diversas situações, enquanto não estiverem no carro, Dalia poderá aprender a usar a foto ou o objeto para lembrar a Ari o que fazer. Primeiro, Mara poderá modelar o passo a passo para Dalia enquanto explica o que ela está fazendo: perceber quando Ari começa a mostrar sinais de irritação em virtude de um ruído desagradável e mostrar uma foto ou objeto para Ari que represente "cobrir as orelhas". Então, ela poderá sugerir que elas (Mara e Dalia) façam isso juntas. Em seguida, Mara poderá observar Dalia quando ela fizer isso sozinha. Finalmente, Mara poderá sugerir a Dalia que mostre a foto ou o objeto para Ari mesmo quando Mara não estiver por perto para observar.

Com cada um de seus filhos, Mara deve oferecer mais ajuda no início e, em seguida, diminuir gradualmente o suporte à medida que cada um estiver pronto para executar a habilidade de forma independente. Quando Ari estiver mais espontâneo em fazer o movimento de cobrir os ouvidos com os dedos, Mara poderá usar isso como sinal para diminuir a ajuda e dar a ele encorajamento. E quando Dalia for capaz de responder com maior independência aos sinais de raiva de Ari, Mara pode encorajá-la. Quando os filhos de Mara começarem a agir com responsabilidade e a mostrarem que se importam um com o outro, ela poderá apoiá-los por meio da ferramenta da Disciplina Positiva de "encorajamento".

Oferecer encorajamento

Como apontamos nos capítulos anteriores, você pode encorajar a criança fazendo comentários positivos sobre seus comportamentos responsáveis ou expressando gratidão por suas ações. Encorajamento é a essência de criar "uma conexão antes da correção".

Evite criticar a criança por suas ações equivocadas porque as críticas só irão levá-la a se sentir mal. Para que ela aja melhor, ela precisa se sentir melhor. Embora não seja fácil encorajar a criança quando ela estiver se comportando mal, provavelmente esse é o momento em que ela mais precisa. Encorajamento é uma parte importante da parentalidade/criação dos filhos e do ensino, porque ajuda a criança a se sentir aceita e importante. Encorajar a criança vai motivá-la a agir melhor porque, por meio do encorajamento, o foco dela estará em suas próprias ações responsáveis e irá levá-la a vivenciar a si mesma como um membro capaz e contribuinte de sua família ou grupo escolar. Finalmente, por meio do seu encorajamento, a criança sentirá o apoio de que precisa para desenvolver características valiosas e habilidades de vida.

O encorajamento será uma ferramenta útil para Mara usar com seus filhos em todos os tipos de situações, incluindo durante o trajeto no carro. Se ela olhar para trás, onde Ari fica, e perceber que ele está calmo em seu assento, brincando com um brinquedo, ela pode dizer algo como: "Ari, você realmente parece estar gostando desse caminhão com que está brincando". Se houver barulho na rua e ela perceber que ele cobre as orelhas, ela pode dizer: "Bom para você! Você cuidou dos ouvidos quando ouviu aquele barulho alto". Se ela observar que Dalia está interagindo com Ari de uma forma cuidadosa, ela pode dizer: "Dalia, Ari parece gostar quando você brinca com ele desse jeito". Ou se Dalia mostrar a Ari a foto ou objeto para lembrá-lo de cobrir os ouvidos, Mara pode agradecer à filha por ser tão prestativa.

> Encorajamento é uma parte importante da parentalidade e do ensino, porque ajuda a criança a se sentir aceita e importante.

Aqui temos que ter cautela. Embora esse tipo de percepção possa ser muito afirmativo para as crianças, os adultos devem evitar comentar em excesso para evitar correrem o risco de tornar as crianças dependentes deles para dar *feedback* positivo. É muito melhor quando as crianças estão focadas em seu próprio senso de satisfação com a realização de algo importante.

Poderá ser encorajador para Dalia validar seus sentimentos também quando ela não tiver vontade de ajudar. Ou Mara poderá focar na possível crença por trás do comportamento de Dalia e dizer: "Dalia, sabe que eu realmente amo você?". Isso poderia ser uma verdadeira surpresa para Dalia se ela estivesse esperando uma crítica e poderia mudar a dinâmica das interações entre ela e Ari.

Há muitas maneiras de encorajar: fazer comentários, compartilhar expressões de gratidão, fazer perguntas do tipo "Como você se sente sobre isso?". Ao usá-las, Mara estará ensinando seus filhos a se autoavaliarem e se sentirem valiosos por causa de seus próprios esforços, e não por causa de sua aprovação a eles.

Demonstrar confiança na criança por meio de seu apoio energético

Ao ensinar novas habilidades à criança que a ajudarão a desenvolver características e habilidades de vida, demonstre confiança em sua capacidade de ser bem-sucedida. Mesmo que o passo na habilidade que a criança esteja aprendendo seja muito pequeno (p. ex., ela está aprendendo a segurar um copo com sua leve ajuda em vez da sua ajuda total, quando a sua mão estava totalmente sobre a dela), deixe que ela saiba por meio do seu apoio energético que você acredita em sua capacidade de se tornar mais independente.

O que queremos dizer com apoio energético? Esse é um conceito que é raramente usado na medicina convencional e na educação regular, e é provável que seja dada maior credibilidade a ele nos campos da medicina complementar e da educação holística. O conceito de apoio energético como um ensino eficaz e ferramenta da parentalidade tem uma quantidade crescente de evidências científicas para apoiar sua eficácia.[15] William A. Tiller, professor emérito de ciência de materiais e engenharia na Universidade de Stanford, pesquisador e autor, usa o termo *energias sutis*. Segundo Tiller, energias sutis do corpo estão "associadas ao foco direcionado da intenção humana" e são difíceis de mensurar com o uso dos protocolos padrão científicos de hoje. Contudo, por meio de seus experimentos sobre energias sutis, ele descobriu que "intenções humanas direcionadas podem ter efeitos robustos sobre a realidade física".[16] Em essência, o que Tiller e outros estão dizendo é que, quando projetamos sentimentos de apoio e encorajamento, nossas crianças aprendem e são ajudadas por isso.

O apoio energético também pode ser entendido dentro do paradigma da neurobiologia interpessoal, que inclui o estudo do sistema de neurônio-espelho. Daniel Siegel, professor clínico de psiquiatria na escola da UCLA de medicina, pesquisador e autor, sugeriu que o sistema de neurônio-espelho é a parte essencial do sistema nervoso relacionada à empatia. Em sua eloquente discussão desse fenômeno, Siegel fornece esta explicação:

> Ao perceber as expressões de outro indivíduo, o cérebro é capaz de criar dentro de seu próprio corpo um estado interno que é usado para "ressoar" com o da outra pessoa. Ressonância envolve uma mudança nos estados fisiológicos, afetivos e intencionais dentro do observador que são determinados pela percepção dos respectivos estados de ativação dentro da pessoa que está sendo observada. A comunicação sintonizada de um a outro pode encontrar seu senso de coerência dentro de tais estados internos ressonantes.[17]

Dentro da estrutura da neurobiologia interpessoal, o apoio energético está intimamente relacionado com a empatia. Entretanto, embora suas expressões de empatia sejam acompanhadas por palavras e/ou imagens que informam à criança que você entende como ela se sente, suas expressões de apoio energético serão transmitidas por meio de comunicação não verbal. Isso inclui, mas não se limita a, um olhar que comunica compreensão, expressões faciais que exemplificam gentileza e uma postura corporal que demonstre abertura e amor. Você transmite apoio energético por meio de sua atitude. Às vezes, as crianças sentem sua atitude mais intensamente do que elas entendem o significado de suas palavras. Frequentemente, o sentimento (energia) por trás do que você faz é tão importante quanto o que você faz.

> Você transmite apoio energético por meio de sua atitude. Às vezes, crianças sentem sua atitude mais intensamente do que elas entendem o significado de suas palavras.

Seu apoio energético irá comunicar à criança que você tem confiança nela. Sua resposta empática será de apoio à criança porque irá ajudá-la – nas palavras de Siegel – a "se sentir compreendida". Crianças (e adultos) que se sentem compreendidas e percebidas são muito mais propensas a resolverem problemas.

Mara pode dar apoio energético regular aos seus filhos. Quando ela ajuda os dois mais jovens a se acomodarem nas cadeirinhas no carro, ela pode dirigir o foco de sua intenção, tendo pensamentos positivos sobre a conectividade entre Ari e Dalia. Ela pode visualizar como suas interações podem ser quando eles se relacionam de uma forma harmoniosa. E por meio da comunicação não verbal ela pode ser uma presença de apoio para ambos quando eles estiverem se dando bem e quando não estiverem. Esses pensamentos e ações não verbalizados, valiosos em si e por si, serão projetados de Mara para seus filhos. As crianças irão senti-los e serão ajudadas por eles, mesmo que nenhuma palavra tenha sido dita.

Desapegar-se e cuidar de si mesmo

Um passo importante no ensino de qualquer habilidade para a criança é o momento em que você deixa de ensinar e observa enquanto a criança realiza a habilidade por conta própria. Assim como você deu pequenos passos no seu processo de ensinar uma habilidade à criança, *dê pequenos passos em seu processo de desapego*. Em outras palavras, reduza sua assistência gradualmente até que a criança se sinta capaz e responsável o suficiente para ser bem-sucedida por conta própria. Se a criança comete erros que não colocarão ela mesma ou outra pessoa em risco, tenha confiança de que *erros são oportunidades de aprendizado.* Desapegar-se permite que você *tenha uma vida* em que possa gastar menos tempo gerenciando a vida da criança e mais tempo criando equilíbrio em sua própria vida.

Embora os conceitos de desapego e foco em sua vida possam ser um pouco mais fáceis para você caso seja um professor para crianças com deficiência, eles podem ser difíceis até mesmo de imaginar se você for pai ou mãe, em virtude do aumento das exigências de ter uma criança com deficiência em sua vida. Para os pais de crianças com deficiência que estão lendo isto (e para os professores que investem incontáveis horas, além do planejamento de aula, se preparando para seus alunos), não estamos dizendo que você deve abandonar a criança e priorizar suas próprias necessidades acima das necessidades dela. O que estamos sugerindo é buscar um equilíbrio em sua vida para que, além de atender às muitas necessidades que a criança lhe apresenta todos os dias, você crie espaço para *si mesmo.* Dedicar pelo menos 15 minutos por dia reabastecendo sua energia por meio de algo que acalente você (p. ex., caminhar ao ar livre, ler um livro, ouvir música) pode servir como um lembrete de que cuidar de si é tão importante como cuidar da sua criança. Lembre-se da mensagem do comissário de bordo: você não pode efetivamente cuidar dos outros se você não colocar sua própria máscara de oxigênio.

Conforme você considera maneiras de cuidar de si mesmo no processo de desapego, lembre-se da rede de apoio da criança que você já esquematizou anteriormente quando identificou suas esperanças e desejos para a criança. Há pessoas na rede de apoio da criança que podem ajudá-lo para que

> Desapegar-se permite que você tenha uma vida em que possa gastar menos tempo gerenciando a vida da criança e mais tempo criando equilíbrio em sua própria vida.

> O que estamos sugerindo é buscar um equilíbrio em sua vida para que, além de atender às muitas necessidades que a criança lhe apresenta todos os dias, você crie espaço para si mesmo.

você possa tomar conta de suas necessidades regularmente? Assim como Mara considera maneiras de conseguir resolver as necessidades de seus filhos, ela poderá pensar em amigos que estariam interessados em ficar com as crianças, mesmo que apenas uma vez por semana. Ou ela poderá ter um vizinho adolescente que venha brincar com seus filhos por uma ou duas horas a cada semana. Mara será ainda mais capaz de se sustentar, assim como seguir a jornada ao longo dos anos, para ajudar seus filhos a crescerem e se desenvolverem se ela encontrar, criativamente, maneiras de desapegar-se e cuidar de si mesma.

Ferramentas da Disciplina Positiva relacionadas ao objetivo equivocado da criança

Na história de abertura do capítulo, Ari mostrou uma série de comportamentos que eram problemáticos: gritar, jogar a bola, puxar o cabelo de Dalia e empurrar Dalia combinado com mais gritos. Embora essa série de comportamentos como um todo reflita o fato de que Ari estava "descontrolado", vamos nos concentrar por um momento no cabelo que foi puxado, uma vez que é provavelmente o comportamento que traz maior preocupação, tanto porque poderia levar a danos físicos à sua irmã como porque despertou uma forte reação de Dalia que, por sua vez, despertou outra resposta forte de Ari.

À medida que começamos a procurar pistas sobre os objetivos equivocados na complexa interação entre Ari e Dalia, podemos nos voltar primeiro para os sentimentos de Mara e sua resposta a Ari enquanto ele puxava o cabelo de Dalia. Mara sentiu preocupação com Ari e sugeriu que Dalia fizesse algo por ele que o irmão pudesse aprender a fazer por si mesmo ("Basta dar a ele um de seus brinquedos para segurar"). Assim, é provável que o objetivo equivocado que Ari estava tentando realizar quando puxou o cabelo de Dalia fosse a atenção indevida, com a crença equivocada "Eu conto apenas quando estou sendo notado ou recebendo tratamento especial".

A resposta de Dalia ao ter o cabelo puxado (gritando: "Ai! Pare de puxar meu cabelo! Mamãe, Ari está me machucando!") foi um comportamento parcialmente inocente, provocado pela experiência de estar sendo fisicamente machucada. O fato de ela ter gritado para a mãe sobre isso poderia ser uma pista de que ela estava agindo pelo objetivo equivocado de vingança – querer que a mãe machucasse Ari por machucá-la. O sentimento de decepção de Mara com Dalia, comunicado por seu tom de voz e por focar, naquele momento, nas necessidades de Ari acima das necessidades de Dalia, convidou Dalia, por sua vez, a se sentir emocionalmente magoada e a agir de acordo com a crença equivocada "não sou aceita, então vou magoar os outros assim como me sinto magoada". Ao agir com base no objetivo equivocado de vingança, Dalia gritou e empurrou Ari.

Quais são as ferramentas da Disciplina Positiva que Mara pode usar em resposta às crenças equivocadas de cada um de seus filhos? Para Ari, todas as ferramentas descritas anteriormente serão úteis para ajudá-lo a vivenciar um senso de aceitação e importância conforme ele desenvolve respostas socialmente úteis para os trajetos de carro. Em reconhecimento de sua deficiência, entre as ferramentas descritas anteriormente estas são de importância fundamental a considerar: *oferecer acomodações* que reduzam sua hiper-reatividade sensorial, *evitar mimos, e dedicar tempo para ensinar.*

Para Dalia, todas as ferramentas descritas serão úteis para ajudá-la a restaurar seu senso de aceitação e importância à medida que ela desenvolve respostas socialmente úteis ao seu dilema dos trajetos de carro. Considerando seu objetivo equivocado de vingança, as seguintes ferramentas entre as discutidas antes são importantes: *lidar com os sentimentos feridos de Dalia e demonstrar empatia.* Além dessas ferramentas, será útil para Dalia se Mara se *concentrar em soluções e não em consequências; criar oportunidades para Dalia desenvolver fortes crenças sobre si mesma* ("eu sou capaz", "eu posso contribuir de maneira significativa", "tenho poder pessoal e influência em minha vida") e *realizar reuniões de família regulares,* momento em que Dalia poderá colocar suas preocupações sobre o irmão na agenda da reunião e obter ajuda de sua família para *gerar soluções relacionadas, respeitosas, razoáveis e úteis.*

Revisão das ferramentas da Disciplina Positiva apresentadas neste capítulo

1. Identificar suas esperanças e desejos para a criança.
2. Construir uma rede de apoio para você e a criança.
3. Encorajar a criança...
   a. Evitando mimá-la.

b. Colocando as crianças no mesmo barco:
  i. Oferecer acomodações para a criança com deficiência.
  ii. Escutar todas as crianças.
  iii. Demonstrar consideração e empatia a todas as crianças.
  iv. Oferecer às crianças oportunidades de encontrar resoluções para seus conflitos.
  v. Usar adaptações de comunicação com a criança com deficiência, se necessário.
c. Dedicar tempo a ensinar.
d. Concentrar-se em dar pequenos passos.
e. Oferecer encorajamento.
f. Mostrar confiança na criança por meio de seu apoio energético.
g. Desapegar-se e cuidar de si mesmo.
4. Reconhecer que erros são oportunidades de aprendizado.
5. Redirecionar ao envolvê-la em uma tarefa útil.
6. Lidar com sentimentos feridos.
7. Demonstrar empatia.
8. Concentrar-se nas soluções e não nas consequências.
9. Encorajar os pontos fortes, criando oportunidades para a criança desenvolver estas crenças:
  a. Eu sou capaz.
  b. Eu posso contribuir de maneira significativa.
  c. Eu tenho poder pessoal e influência em minha vida.
10. Realizar reuniões de família/de classe regularmente.
11. Elaborar soluções relacionadas, respeitosas, razoáveis e úteis.

13

COMBINAR TUDO: DISCIPLINA POSITIVA AO LONGO DO DIA

Nos capítulos anteriores, você viu como os princípios e as ferramentas da Disciplina Positiva podem ser usados para crianças com deficiência. Você pode estar se perguntando como, na vida cotidiana, aplicará tudo o que aprendeu. Diante da abrangência da abordagem da Disciplina Positiva, isso pode realmente parecer uma tarefa esmagadora! (Antes mesmo de você começar, pode ser útil lembrar o que Rudolf Dreikurs ensinou repetidas vezes: "Tenha coragem de ser imperfeito. Trabalhe em direção à melhora, não à perfeição".)

Imagine o processo de criar os filhos ou de ensinar a criança com deficiência, usando a Disciplina Positiva, como uma jornada. Ao se preparar para uma jornada, o que você faz? Normalmente, você faz preparações especiais, como reunir informações sobre o destino e as condições meteorológicas, criar um itinerário e separar suas roupas e outros itens práticos de que você vai precisar. Depois de ter iniciado a viagem, você procura lugares e eventos de que gosta. E caso você se perca ou se depare com dificuldades ao longo do caminho, você está preparado para usar o mapa detalhado ou o *kit* de primeiros socorros que você levou. Você também poderá ter uma lista de pessoas para visitar ou indivíduos para entrar em contato caso tenha dúvidas específicas sobre sua viagem.

> O Quadro dos objetivos equivocados da Disciplina Positiva será o seu "mapa detalhado", oferecendo-lhe ferramentas específicas que irão ajudá-lo a responder à criança respeitosamente e ensinar a ela importantes habilidades interpessoais e de autodisciplina.

Da mesma forma, ao iniciar sua jornada em Disciplina Positiva você se preparou aprendendo sobre os princípios e as ferramentas relacionados a essa filosofia. Você descobriu as ferramentas da Disciplina Positiva para ajudá-lo a criar um ambiente em casa ou na sala de aula que dê apoio a seus objetivos e esforços. Você aprendeu as ferramentas da Disciplina Positiva relacionadas a rotinas diárias e outros eventos para a criança. Você aprendeu as ferramentas práticas da Disciplina Positiva que influenciarão positivamente suas interações com a criança ao longo do dia. Você descobriu que, se encontrar dificuldades ao longo do caminho, o Quadro dos objetivos equivocados da Disciplina Positiva será o seu "mapa detalhado", oferecendo-lhe ferramentas específicas que irão ajudá-lo a responder à criança respeitosamente e ensinar a ela importantes habilidades interpessoais e de autodisciplina. Além disso, você aprendeu as ferramentas da Disciplina Positiva para fortalecer sua rede de apoio. Por meio de todos esses esforços, você tem disponíveis pelo menos 90 ferramentas da Disciplina Positiva que o ajudarão à medida que você prosseguir em sua jornada de ensinar a criança da maneira mais respeitosa possível.

Preparação para a sua jornada: ferramentas da Disciplina Positiva relacionadas com sua perspectiva

Nos capítulos anteriores, descrevemos muitas ferramentas para ajudá-lo a observar a criança através da lente única da Disciplina Positiva. Essas ferramentas podem estar disponíveis para você em todos os momentos, formando uma base sólida para a sua perspectiva. Essa base irá apoiar e informar você à medida que interage e responde à criança em qualquer momento ao longo do dia.

A seguir, um resumo das ferramentas que ampliarão sua perspectiva sobre a Disciplina Positiva:

- Entender o cérebro.
- Identificar esperanças e desejos para a criança.
- Ajudar a criança a desenvolver estas crenças:
    - "Eu sou capaz."
    - "Eu posso contribuir de maneira significativa."
    - "Eu tenho poder pessoal e influência em minha vida."

Combinar tudo: Disciplina Positiva ao longo do dia

- "Eu tenho a capacidade de entender meus sentimentos e posso exibir autocontrole."
- "Eu posso responder às experiências da vida cotidiana com responsabilidade, adaptabilidade, flexibilidade e integridade."
- Entender a singularidade da criança.
  - Conhecer seus gostos e desgostos.
  - Apreciar seu temperamento.
  - Reconhecer seus pontos fortes e desafios de aprendizado.
- Entender os comportamentos inocentes da criança.
- Evitar interpretações errôneas.
- Oferecer acomodações.
- Oferecer adaptações de comunicação.
- Ajudar os outros a aumentarem as expectativas sobre a criança.
- Educar os outros sobre...
  - Estratégias de intervenção especializadas relacionadas à deficiência da criança.
  - Ferramentas da Disciplina Positiva relacionadas ao comportamento equivocado da criança.
- Cuidar-se.

Conhecimento sobre o seu entorno: ferramentas para melhorar o seu ambiente de Disciplina Positiva

Use as seguintes ferramentas para criar um ambiente em casa ou na escola que dê apoio à Disciplina Positiva:

- **Selecionar um espaço de reunião apropriado.** Identifique um espaço para reuniões familiares ou uma área para reunião de classe e arrume as cadeiras de modo a promover comunicação cara a cara e colaboração.
- **Criar um espaço de pausa positiva.** Envolva seu filho ou alunos na criação de uma área de pausa positiva, incluindo itens que os ajudarão a se acalmar sozinhos (p. ex., pufes, cobertores, bolas de apertar), bem como itens selecionados individualmente que ajudarão a criança a se sentir melhor. Também tenha à disposição itens reconfortantes que poderão ser oferecidos à criança em situações nas quais o deslocamento até o espaço

de pausa positiva não seja possível (p. ex., se você estiver viajando com seu filho de carro ou se a criança estiver tão chateada que qualquer movimentação para outro espaço, mesmo que seja um lugar positivo para ela, exacerba sua chateação).

- **Expor recursos úteis e inspiradores.** Pendure cartazes em lugares de destaque em sua casa ou na sala de aula que possam servir como recursos para você, bem como fontes de encorajamento. Inclua os seguintes itens: o Quadro dos objetivos equivocados, sua lista de esperanças e desejos, além de cartazes inspiradores criados por você que contenham princípios da Disciplina Positiva. Os cartazes são folhas fáceis de preparar com frases em letras grandes que você coloca em pontos estratégicos ao redor de sua casa ou sala de aula (p. ex., "Dedique tempo a ensinar" afixado em seu banheiro quando você estiver treinando desfralde com o seu filho).
- **Oferecer adaptações de comunicação.** Disponibilize para a criança adaptações visuais que aumentem sua independência para receber informações e para comunicar seus sentimentos, pensamentos e decisões. Inclua nessas adaptações visuais o seguinte: imagens de sentimentos, agenda visual e quadro de rotina, placas de escolhas, a roda de escolhas, a roda de escolhas da raiva, e um quadro de tarefas/atividades.

Criar um itinerário: ferramentas da Disciplina Positiva para reforçar atividades diárias

As agendas diárias aumentam o senso de previsibilidade das crianças sobre o que acontecerá em seu dia. O uso de calendários visuais e quadros de rotina ajudam as crianças a desenvolverem uma maior independência porque elas aprendem a confiar mais ao olhar o calendário ou o quadro de rotina para obter informações e menos em um adulto para lhes dizer o que fazer e quando. Use as seguintes ferramentas da Disciplina Positiva para ajudar as crianças a saberem o que esperar e como assumir maior responsabilidade por suas atividades em casa ou na escola:

- **Ajudar a criança a aprender por meio de rotinas.** Crie quadros de rotina, com a ajuda da criança, se possível. O quadro incluirá tarefas, geralmente em sequência, que fazem parte da rotina. Dependendo do nível de compreensão da criança, use um ou mais dos seguintes itens nos quadros para representar os passos da rotina: palavras impressas, desenhos, fotografias e itens concretos. Calendários visuais podem ser criados para o dia todo da criança (da chegada à partida) e para as atividades de casa (desde o despertar até ir para a cama) e/ou quadros de rotina podem ser desenvolvidos para cada uma das atividades que fazem parte da programação diária. Embora nem todo momento precise ser visual, é útil saber que essas ferramentas estão disponíveis e são fáceis de fazer se você precisar delas. Rotinas em casa podem incluir refeições, hora de dormir, vestir-se, ir ao banheiro, tarefas familiares e tempo especial. Rotinas na escola podem incluir a chegada, instrução em grupo, instrução individual, hora do almoço, higiene pessoal, intervalo, reunião no auditório e partida.

- **Ajudar a criança durante passeios com a família e excursões com a escola.** Viagens que estiverem fora das rotinas diárias habituais podem exigir preparação individualizada para a criança com deficiência. Uma lista impressa ou ilustrada do que encontrar e colocar no carrinho durante a ida às compras de supermercado pode ajudar a criança a se concentrar (assim como poder contribuir), enquanto estiver em uma loja cujo ambiente seja muito estimulante para seus sentidos. Fotografias dos parentes ou amigos cujas casas a criança visitará podem ajudá-la a conhecer o objetivo de uma viagem de carro. Fotos do que esperar no consultório do médico ou dentista em uma consulta regular podem reduzir o medo da criança. Atividades agradáveis podem ser planejadas, com a participação da criança, na família ou reuniões de classe, usando um quadro de escolha com palavras ou fotos de lugares possíveis. Antes e durante uma atividade recreativa e/ou educativa externa, você pode oferecer informações visuais (fotos e/ou palavras impressas) para ajudar a criança a entender a sequência de atividades e fazer escolhas ou comentar as experiências dela. Um quadro branco portátil e canetas são dispositivos úteis que podem estar disponíveis para que a comunicação de/para a criança possa ser mostrada visualmente, se necessário.

- **Apoiar a criança durante as transições entre as atividades.** Para algumas crianças com deficiência, pode ser desafiador autogerenciar o "espaço" entre as atividades, ou sair de uma atividade agradável pode ser difícil. Se você sabe que a criança tem dificuldade em fazer transições, esteja disponível para oferecer encorajamento durante a mudança de atividade e mostre empatia se o término de uma atividade desperta sentimentos de infelicidade na criança. Lembre-se: mostrar empatia significa que você reconhece os sentimentos da criança sobre o término de uma atividade, não que a atividade não terminará ainda.

O tempo é outro ingrediente importante que você pode adicionar para dar suporte à criança na transição entre as atividades. Um fator frequente em disputas por poder e conflitos em torno de transições consiste, simplesmente, no fato de pais e professores serem muito apressados em permitir que as crianças tenham o tempo que precisam para fazer uma mudança. As crianças podem estar dispostas a fazer o que seus pais ou professores pedem – mas no seu próprio ritmo, o que pode ser um problema se os adultos estiverem exigindo que as transições aconteçam agora, neste exato momento.

Sempre que possível, se você pretende fazer um pedido de transição para a criança, faça isso *antes* que a transição precise acontecer. Isso vai dar tempo para você e a criança negociarem e chegarem a um acordo juntos. "Precisamos ir embora agora" é um pedido que não deixa espaço para negociação ou para escolhas por parte da criança. Mas "Nós precisamos sair em dez minutos" permite às crianças um grau de escolha. Elas podem decidir se querem se preparar imediatamente e, em seguida, ter um pouco de tempo extra ou continuar a atividade anterior por mais alguns minutos antes de começar a se preparar e partir.

Ao ser sensível à necessidade de tempo da criança antes da transição, e deixar algum espaço para negociação e acordo, você pode demonstrar e modelar paciência e flexibilidade. Então, evite situações em que existe apenas um caminho de ação possível que a criança pode tomar. Obviamente, isso nem sempre é viável, mas em muitos casos é. Se vocês vão sair às 16h e você sabe que pode incomodar a criança informá-la naquele exato momento, diga a ela às 15h45 ou 15h50 em vez de às 16h em ponto. Isso lhe dará tempo para ser paciente e se adaptar, se necessário, além de evitar uma situação em que a criança simplesmente não tenha escolha no assunto.

Se a criança se sente mais confortável prevendo o que vai acontecer no dia seguinte, seu aviso prévio, combinado com uma adaptação, ajudarão a criança a fazer uma transição mais suave. Uma adaptação que representa a transição, uma foto do quadro de horários da criança e/ou um cronômetro também serão bastante úteis para ajudar a criança a antecipar a transição e processar as informações de maneira paciente e oportuna. Algumas crianças gostam da ideia de ter um relógio que elas possam colocar no bolso e que emitirá um "som" um minuto antes do tempo para acabar ou trocar de atividade, especialmente quando isso significar que elas podem agora ir avisar *você* que é hora da mudança.

Itens práticos para a sua jornada: ferramentas da Disciplina Positiva relacionadas ao seu estilo de interação com a criança

Entre os itens práticos para levar com você em sua jornada de Disciplina Positiva estão as ferramentas relacionadas ao seu estilo geral de interação com a criança. Essas ferramentas, que você pode usar todos os dias, fortalecerão a conexão que você tem com a criança e o ajudarão no ensino de importantes qualidades interpessoais e habilidades de vida. Enquanto apenas algumas das ferramentas requerem que a criança tenha compreensão e uso de linguagem verbal comparável à idade de pelo menos 3 anos, todas as ferramentas podem ser adaptadas ou melhoradas para proporcionar à criança maior compreensão e benefício do que você está ensinando.

> Ambas as adaptações de comunicação e aprimoramentos de comunicação não verbal ajudam a tornar as ferramentas da Disciplina Positiva mais acessíveis para a criança com deficiência e dão suporte à capacidade da criança de participar ativamente da resolução de problemas e da aprendizagem.

As *adaptações de comunicação* são suportes visuais ou táteis (fotos, imagens, desenhos, palavras impressas, Braille e/ou objetos) que você usa para ajudar a criança a entender os conceitos de linguagem associados a uma ferramenta. Por exemplo, uma placa circular com algumas fotos de opções de brinquedos presas a ela com velcro pode ser usada com algumas crianças como uma adaptação de comunicação associada à ferramenta "escolhas limitadas". *Aprimoramentos de comuni-*

cação não verbal são as expressões faciais, gestos, linguagem corporal e/ou volume e tom de voz que você usa para aumentar a compreensão da criança sobre o significado de uma ferramenta. Por exemplo, posicionar-se de modo que você se comunique com a criança ao nível de seus olhos é um aprimoramento de comunicação não verbal da ferramenta "conexão antes da correção". Ambas as adaptações de comunicação e aprimoramentos de comunicação não verbal ajudam a tornar as ferramentas de Disciplina Positiva mais acessíveis para a criança com deficiência e dão suporte à capacidade da criança de participar ativamente da resolução de problemas e da aprendizagem.

O quadro a seguir mostra exemplos de adaptações de comunicação para cada uma das ferramentas associadas ao seu estilo de interação em Disciplina Positiva.

Ferramentas da Disciplina Positiva	Adaptações de comunicação
Abraços	Imagem e/ou palavra impressa "abraço"
Encorajamento	Imagens e/ou palavras impressas que mostram a criança realizando ações úteis; imagens e/ou palavras impressas de gratidão
Tempo para ensinar	Imagens e/ou palavras impressas mostrando os passos da tarefa
Resolução de problemas	Quadro de escolhas ou quadro branco com imagens e/ou palavras; quadro para anotar as resoluções de problemas
Acordos	Quadro branco para anotar as resoluções de problemas; imagens e/ou palavras impressas na folha do acordo
Erros	Imagens de sentimentos que acompanham os comentários empáticos; quadro com imagens e/ou palavras que oferecem soluções
Soluções "ganha-ganha"	Quadro com números ou cronômetro para ajudar na expectativa de tempo; quadro com duas colunas "antes e depois" com fotos e/ou palavras
Gentil e firme ao mesmo tempo	Imagens e/ou palavras em um quadro: "Eu amo você 'e' ____"; quadro antes-depois

(continua)

Ferramentas da Disciplina Positiva	Adaptações de comunicação
Espelho	Imagens e/ou palavras impressas que mostram o que você observa
Escuta ativa	Imagens e/ou palavras impressas que mostram o que você escuta
Validar sentimentos/ transmitir empatia	Imagens de sentimentos e/ou palavras
Apreciação	Imagens ou palavras de gratidão
Senso de humor	Imagens de sentimentos e/ou palavras
Conseguir cooperação	Imagens de sentimentos e/ou palavras; quadro branco para compartilhar experiências e elaborar soluções
Oportunidades para fazer contribuições	Quadro branco ou quadro de tarefas com imagens e/ou palavras
Distrair e redirecionar	Quadro com escolhas com imagens e/ou palavras
Concentrar-se nos pontos fortes	Desenho ou foto da criança com imagens e/ou palavras relacionadas aos pontos fortes/talentos
Basear-se nos interesses	Quadro com escolhas com imagens e/ou palavras representando interesses
Rotinas	Quadro de rotina e agenda de horários com imagens e/ou palavras
Limitar o tempo de tela	Quadro com horários com imagens e/ou palavras; cronômetro
Tempo especial	Imagem ou foto do "tempo especial" com quadro de escolhas
Tarefas	Quadro de tarefas com imagens e/ou palavras; imagens dos passos da tarefa
Reuniões de família/classe	Calendário da família; quadro de escolhas; quadro branco para anotar as soluções como imagens e/ou palavras

O quadro a seguir mostra exemplos de melhorias de comunicação não verbal para cada uma das ferramentas associadas ao seu estilo de interação em Disciplina Positiva.

Ferramentas da Disciplina Positiva	Aprimoramentos de comunicação não verbal
Prestar atenção	Faça contato visual com a criança; manifeste interesse por meio de expressão facial e tom de voz
Encorajamento	Faça contato visual com a criança; adote uma postura de braços abertos e não cruzados; use tom de voz otimista
Erros como oportunidades de aprendizado	Faça um gesto "oh, não" com as mãos/braços; expresse cuidado e preocupação por meio de expressão facial e tom de voz; suavize o volume de voz
Controlar seu próprio comportamento	Relaxe o corpo; faça movimentos vagarosamente; respire fundo; use gestos com a mão para reconhecer que está se acalmando; suavize o volume e o tom de voz
Gentil e firme ao mesmo tempo	Mantenha uma postura forte e firme; mostre compaixão por meio da expressão facial; use tom de voz neutro e suavize o volume de voz
Escuta ativa	Encare a criança; expresse cuidado e preocupação por meio da expressão facial e do tom de voz
Escutar, sem abrir a boca	Sente-se/fique bem perto da criança; não faça perguntas
"Ouvir" com mais do que apenas os ouvidos	Use todos os sentidos para "ler" a criança; faça contato visual com a criança e observe; bem próximo a ela, sinta as mudanças no movimento e na agitação corporal
Conexão antes da correção	Faça contato visual com a criança; se posicione ao nível dos olhos da criança; adote uma postura de braços abertos e não cruzados; expresse cuidado por meio da expressão facial e do tom de voz; suavize o volume da voz
Perguntas curiosas	Expresse interesse por meio da expressão facial e do tom de voz
Os Três R da Reparação: Reconhecer, Reconciliar e Resolver	Faça contato visual com a criança; se posicione ao nível dos olhos da criança; adote uma postura de braços abertos e não cruzados; expresse cuidado e preocupação por meio da expressão facial e do tom de voz; suavize o volume da voz
Fazer reparações	Altere a linguagem corporal, a expressão facial, o volume e/ou tom de voz para refletir o amor e o cuidado

(continua)

Combinar tudo: Disciplina Positiva ao longo do dia

Ferramentas da Disciplina Positiva	Aprimoramentos de comunicação não verbal
Não mimar a criança	Faça contato visual com a criança; espere, observe e sinta os sinais de total ou parcial independência; use tom de voz otimista
Curtir a criança	Demonstre o quanto se diverte com a criança por meio de expressão facial, tom de voz e volume de voz
Entrar no mundo da criança	Faça contato visual com a criança; se posicione ao nível dos olhos da criança; adote uma postura de braços abertos e não cruzados; espelhe os sentimentos da criança por meio da expressão facial e do tom de voz
Desenvolver confiança	Faça contato visual com a criança; se posicione ao nível dos olhos da criança; adote uma postura de braços abertos e não cruzados; expresse cuidado e preocupação por meio de expressão facial e tom de voz
Modelar as interações que você deseja	Expresse por meio de linguagem corporal, expressão facial, volume e/ou tom de voz sentimentos de amor e cuidado
Fornecer apoio energético	Expresse cuidado e preocupação por meio da expressão facial e do tom de voz; suavize o volume da voz; observe e espere sinais de melhora
Abraços	Faça contato visual com a criança; adote uma postura de braços abertos e não cruzados; expresse amor por meio da expressão facial e do tom de voz
Senso de humor	Expresse prazer por meio de expressão facial, tom de voz e risada

Embora o uso das adaptações e aprimoramentos mencionados seja útil para as crianças com deficiência, descobrimos que todas as crianças se beneficiam de ferramentas da Disciplina Positiva que são coerentes com a melhoria na comunicação não verbal. Em outras palavras, linguagem corporal, expressões faciais, volume e tom de voz são importantes. Além disso, muitas crianças, especialmente crianças pequenas, pré-escolares e crianças nos primeiros anos do ensino fundamental, se beneficiam de adaptações de comunicação na forma de fotos e imagens, no caso das crianças mais jovens, e palavras impressas, no caso das crianças mais velhas.

Uma observação importante deve ser adicionada a respeito da melhoria na comunicação não verbal. Sem atenção para a sutil e, às vezes, não tão sutil mensagem não verbal na interação com a criança, há o risco de inspirar um comportamento de objetivo equivocado. Por exemplo, quando fizer perguntas curiosas, é fundamental que seu tom de voz e expressão facial reflitam interesse genuíno na capacidade da criança de chegar a uma solução para o problema. Fazer uma pergunta curiosa em um tom de voz exigente e interrogativo (esperando a resposta que você tem em mente) poderá ser confuso ou ameaçador para a criança e levá-la a buscar seu senso de aceitação e importância por meio do poder mal direcionado. (Como mais um exemplo, considere a pergunta: "O que você estava pensando?" e imagine como ela pode ser interpretada de formas diferentes, dependendo de como você perguntou.)

Elementos importantes que serão úteis quando as dificuldades surgirem: ferramentas da Disciplina Positiva relacionadas ao ensino da autodisciplina e habilidades de relacionamento

Como indicamos nos capítulos anteriores, uma das decisões mais importantes que você terá que tomar como mãe, pai ou professor quando a criança mostrar um comportamento que preocupa você é saber se o comportamento é *inocente* ou *equivocado*. Se a criança está agindo inocentemente, de um modo característico de sua deficiência ou de seu nível de desenvolvimento e/ou por uma razão médica relacionada, decida o que ensinar e/ou como oferecer tratamento para direcionar o comportamento. Além disso, considere de que maneira você pode evitar uma interpretação equivocada do comportamento. (Uma maneira de fazer isso é elaborar uma lista dos comportamentos que são característicos da deficiência da criança.) Continue usando as ferramentas de Disciplina Positiva já descritas, assim como sua perspectiva, o ambiente da criança, as

> Uma das decisões mais importantes que você terá que tomar como mãe, pai ou professor quando a criança mostrar um comportamento que preocupa você é saber se o comportamento é inocente ou equivocado.

atividades diárias da criança e o seu estilo de interação, pois tudo isso dá apoio aos esforços da criança para agir de maneira responsável e respeitosa.

Se você determinar que o comportamento da criança é equivocado, use o Quadro dos objetivos equivocados para decifrar o código. Os dois quadros a seguir listam ferramentas, além das ferramentas de estilo de interação anteriores, que você pode usar ao responder a comportamentos específicos relacionados ao objetivo equivocado da criança. Exemplos de adaptações de comunicação e melhorias de comunicação não verbal estão listados para as ferramentas da Disciplina Positiva.

Ferramentas da Disciplina Positiva	Adaptações de comunicação
Ensinar às crianças o que fazer	Quadro de rotina e calendário de horários com imagens e/ou palavras
Pequenos passos	Quadro de rotina com imagens e/ou palavras
Uma palavra	Imagem ou palavra impressa
Escolhas limitadas	Quadro de escolhas ou quadro branco com imagens e/ou palavras
Consequências naturais e lógicas	Quadro antes-depois com imagens e/ou palavras impressas
Focar em soluções	Quadro branco para anotar as possíveis resoluções de problemas
Acompanhamento	Apresente novamente informações visuais por meio de imagens e/ou palavras impressas
Colocar as crianças no mesmo barco	Quadro de escolhas ou quadro branco com imagens e/ou palavras
Criar oportunidades para a criança ser bem-sucedida	Imagens e/ou palavras no quadro de rotina, quadro de escolhas, quadro branco
Pedir ajuda	Imagem e/ou palavras impressas, representando "por favor, me ajude"
Trabalhar para alcançar a melhora, não a perfeição	Imagens e/ou palavras impressas que mostram o que você observa
Definir limites respeitosamente	Cronômetro ou quadro numérico que mostre visualmente o tempo limite; imagens e/ou palavras em um quadro de escolhas ou no quadro branco

(continua)

Ferramentas da Disciplina Positiva	Adaptações de comunicação
Oferecer oportunidades para o uso construtivo de poder	Imagens e/ou palavras em um quadro de escolhas ou no quadro branco
Redirecionar para o poder positivo	Imagens e/ou palavras em um quadro de escolhas ou em um quadro branco; quadro antes-depois
Envolver em uma tarefa útil	Imagens e/ou palavras no quadro de rotina, quadro de escolhas, quadro branco
Permitir a decepção/ frustração quando a criança estiver aprendendo novas habilidades	Imagens de sentimentos e/ou palavras impressas
Roda de escolhas	Quadro branco; imagens e/ou palavras em uma placa circular com opções
Roda de escolhas da raiva	Imagens de sentimentos e/ou palavras impressas; quadro branco; imagens e/ou palavras em uma placa circular com opções
Pausa positiva	Imagens de sentimentos e/ou palavras impressas; imagens e/ou palavras impressas para o espaço de pausa positiva

Ferramentas da Disciplina Positiva	Aprimoramentos de comunicação não verbal
Ensinar às crianças o que fazer	Modele interações respeitosas
Mostrar confiança	Expresse confiança na criança por meio de expressão facial e tom de voz
Não desistir da criança	Expresse cuidado e preocupação por meio de expressão facial e tom de voz
Desapegar-se	Se afaste; observe
Agir sem palavras	Aja com uma expressão facial neutra
Decidir o que você vai fazer	Aja com uma expressão facial neutra
Acompanhamento	Faça contato visual com a criança; se posicione ao nível dos olhos da criança; adote uma postura de braços abertos e não cruzados; observe a criança com expressão facial neutra; mantenha o volume de voz em alcance médio

(continua)

Combinar tudo: Disciplina Positiva ao longo do dia

Ferramentas da Disciplina Positiva	Aprimoramentos de comunicação não verbal
Mensagem de amor	Faça contato visual com a criança; se posicione ao nível dos olhos da criança; adote uma postura de braços abertos e não cruzados; expresse cuidado por meio de expressão facial e tom de voz; suavize o volume da voz
Pedir ajuda	Faça contato visual com a criança; se posicione ao nível dos olhos da criança; adote uma postura de braços abertos e não cruzados; use tom neutro de voz
Evitar punição e retaliação	Relaxe o corpo; faça movimentos vagarosos; respire profundamente; suavize o volume e o tom de voz
Definir limites respeitosamente	Faça contato visual com a criança; se posicione ao nível dos olhos da criança; adote uma postura de braços abertos e não cruzados; use tom neutro de voz
Evitar disputas por poder	Retire-se, se possível, ou permaneça calmo e neutro em seus movimentos corporais, expressão facial e tom de voz; mantenha o volume da voz entre suave e médio
Não brigar e não ceder	Mantenha-se calmo e neutro em seus movimentos corporais, expressão facial e tom de voz; mantenha o volume da voz entre suave e médio
Não forçar a criança	Relaxe o corpo; faça movimentos vagarosos; respire profundamente; suavize o volume e o tom de voz
Retirar-se do conflito	Retire-se, se possível, ou permaneça calmo e neutro em seus movimentos corporais, expressão facial e tom de voz; mantenha o volume da voz entre suave e médio
Permitir desapontamento/ frustração quando a criança estiver aprendendo novas habilidades	Faça contato visual com a criança; se posicione ao nível dos olhos da criança; adote uma postura de braços abertos e não cruzados; expresse cuidado e preocupação por meio da expressão facial e tom de voz; suavize o volume da voz

(continua)

Ferramentas da Disciplina Positiva	Aprimoramentos de comunicação não verbal
Pausa positiva	Faça contato visual com a criança; se posicione ao nível dos olhos da criança; adote uma postura de braços abertos e não cruzados; expresse cuidado por meio da expressão facial e do tom de voz; suavize o volume da voz
Foque na melhora, não na perfeição	Faça contato visual com a criança; manifeste interesse e cuidado por meio da expressão facial e do tom de voz

Sua rede de recursos para apoiá-lo em suas jornadas: ferramentas da Disciplina Positiva para fortalecer sua rede de apoio

Reuniões semanais de família ou de classe constituirão uma das ferramentas mais importantes que você poderá usar para construir uma rede de apoio para você e as crianças. O senso de aceitação e importância que é possível durante essas experiências contínuas, previsíveis e encorajadoras, com uma pauta que aborda, com suporte e de forma respeitosa, as preocupações de todos e se esforça em obter soluções ganha-ganha, não pode ser perdido.

Se você é professor, também pode usar as *oito habilidades para reuniões de classe*. Os oito passos para construção das reuniões incluem os seguintes objetivos para as crianças:

1. Formar uma roda.
2. Praticar reconhecimentos e apreciações.
3. Criar e usar uma pauta.
4. Desenvolver habilidades de comunicação.
5. Aprender sobre realidades separadas.
6. Resolver problemas por meio da encenação e elaboração de ideias.
7. Reconhecer as razões pelas quais as pessoas fazem o que fazem.
8. Focar em soluções não punitivas.

As oito habilidades para reuniões de classe são descritas com mais detalhes em *Disciplina Positiva na sala de aula*.[18] À medida que as crianças começam a aprender os passos para reuniões de classe bem-sucedidas, elas desenvolverão importantes habilidades de relações interpessoais, maior interesse social e maior capacidade de ajudar a encontrar soluções que beneficiarão todo o grupo. Embora algumas crianças estejam limitadas em sua capacidade de aprender as habilidades de reunião mais avançadas (de 5-8), em virtude de seus níveis de desenvolvimento e/ou deficiências, elas também começarão a desenvolver o interesse social e habilidades sociais úteis em função de sua exposição regular às habilidades de reunião anteriores (de 1-4).

No Capítulo 12, descrevemos um método para esquematizar visualmente a rede de apoio da criança. Se você está em um ambiente escolar, não se esqueça de incluir outros funcionários e alunos da escola na rede de apoio da criança, mesmo que ela tenha pouco contato com essas pessoas. Essas crianças *pertencem* à escola que frequentam, e é útil quando o pessoal da escola – assim como os outros alunos ao prédio – saúda sua presença. O potencial para desenvolver relacionamentos com outras crianças no intervalo ou no refeitório da escola será significativamente expandido se a rede de apoio da criança se ampliar a outras crianças além da sala de aula. A probabilidade de ter as necessidades da criança colocadas na pauta da equipe da escola (como as necessidades relacionadas aos espaços de acesso ao prédio ou de ser significativamente incluída nos eventos especiais da escola) será muito maior se a rede de apoio da criança se estender a outras pessoas no espaço da escola.

Finalmente, o apoio pessoal a você durante sua jornada em Disciplina Positiva está disponível de várias maneiras. Treinadores certificados em Disciplina Positiva, candidatos a treinadores em Disciplina Positiva e educadores de pais e sala de aula em Disciplina Positiva ministram aulas e *workshops* nos Estados Unidos e em partes do Canadá, México, Colômbia, França, Hungria, Jordânia, Chipre e Brasil. A Positive Discipline Association (www.positivediscipline.org) mantém uma lista de pessoas certificadas com as quais você poderá entrar em contato para se informar sobre os cursos oferecidos. Além disso, Jane Nelsen, a principal autora deste livro, desenvolveu uma série de *sites* nos quais você pode encontrar informações importantes sobre Disciplina Positiva (www.positivediscipline.com). Você encontrará encorajamento e suporte na rede social *on-line* Disciplina Positiva Brasil, na qual muitos grupos específicos são formados, incluindo grupos regionais.

Encorajamento para você na sua jornada

Até agora você provavelmente está se perguntando se é possível ser mãe ou pai ou ensinar a criança com deficiência, integrando com sucesso todas as ferramentas a que você foi exposto ao longo deste livro. Com confiança, nós podemos dizer que sim. Também reconhecemos plenamente que é, de fato, um processo de aprendizado contínuo entender os princípios da Disciplina Positiva, bem como desenvolver e aplicar as habilidades necessárias para ensinar de forma efetiva as características valiosas e as habilidades de vida para crianças com deficiência usando as muitas ferramentas que nós descrevemos.

Ao olhar para o que você leu, pode parecer assustador e você pode realmente se perguntar como vai se lembrar, para aplicar sozinho, de todos esses princípios e ferramentas. Não é necessário nem provável que você guarde todos na memória. Ao buscar os objetivos que tem para a criança, você inevitavelmente cometerá erros, assim como ela. Ao tratar uns aos outros com dignidade e respeito, cada um de vocês aprenderá com seus erros. Lembre-se de ter a coragem de ser imperfeito. Você é pai, mãe ou professor, não um santo. Evite punir-se quando cometer erros. Aprenda e recomece.

Nossa esperança ao escrever este livro é que nós demos a você uma estrutura para pensar em como criar ou ensinar – e não apenas gerenciar – a criança com deficiência. Algumas das ferramentas que descrevemos parecerão especialmente relevantes para você de imediato; é provável que você as tente primeiro. Use este livro como referência e como um recurso ao qual você pode recorrer repetidamente. Assim como é verdade em um grande trabalho artístico, diferentes aspectos da estrutura da Disciplina Positiva se destacarão em momentos diferentes. Ao usar todas as ferramentas que apresentamos, você será mais beneficiado se compreender o princípio por trás das ferramentas, em vez de vê-las como técnicas. Quando você entender o princípio, colocando o seu coração e usando sua sabedoria interior, você encontrará muitas maneiras únicas de aplicá-lo. Tenha confiança em si mesmo e confiança em sua criança. Essas são as melhores ferramentas de todas.

CONCLUSÃO

Acreditamos que as crianças com deficiência são capazes de crescer positivamente e mudar. Na sua jornada em Disciplina Positiva, com perspectiva em longo prazo e um conjunto abrangente de ferramentas, as crianças podem desenvolver maior capacidade de assumir a responsabilidade por suas vidas. Ao longo do caminho elas podem ter relacionamentos profundos, satisfatórios e cooperativos com pessoas importantes em suas casas, escolas e comunidades.

À medida que você acolhe os princípios da Disciplina Positiva em seu coração e usa a sabedoria interior enquanto aplica com as crianças tudo o que aprendeu, você pode se perguntar como essa filosofia se encaixa no "grande cenário" da comunidade profissional que atende crianças com deficiência e avalia quão bem suas abordagens funcionam. Nós enfatizamos ao longo deste livro que a Disciplina Positiva é uma abordagem baseada em relacionamentos para ajudar as crianças a desenvolverem características valiosas e habilidades de vida, aumentando seu senso de aceitação e importância em casa e na escola. Como tal, está em congruência com duas importantes tendências nos campos da educação e da educação especial.

A primeira tendência é o *envolvimento da família* nos programas de instrução de crianças com deficiência. Os pais e outros membros da família são encorajados não só a participarem no desenvolvimento da intervenção precoce de seus filhos e nos planos de educação especial, mas também a fazerem parceria com a equipe da escola para ensinar a seus filhos importantes comportamentos sociais e habilidades de vida, tanto em casa como na comunidade. Qual é o estilo mais eficaz de interação para os pais ajudarem seus filhos com deficiência a desenvolverem essas habilidades úteis? Em uma revisão ampla da literatura sobre o impacto dos estilos parentais no desenvolvimento das crianças, a dra. Jody McVittie, uma treinadora líder da Positive Discipline Association, enfatiza que um estilo de parentalidade *respeitoso* é o mais eficaz, tanto para aumentar o desempenho acadêmico como para diminuir comportamentos socialmente arriscados em crianças e adolescentes.[19] Disciplina Positiva ensina um estilo respeitoso de parentalidade, o qual é gentil e firme e apoia a conexão pais-filho por meio da definição de limites claros, exatamente o tipo de abordagem que pais de crianças com deficiência podem usar para ajudar seus filhos a desenvolverem comportamentos socialmente responsáveis em longo prazo.

A segunda tendência nos campos da educação e da educação especial é uma ênfase crescente nos currículos escolares sobre a *aprendizagem socioemocional*. A importância da aprendizagem socioemocional para aprimorar as habilidades de relacionamento interpessoal e aumentar as habilidades cognitivas em crianças com deficiência tem sido descrita extensivamente pelo dr. Stanley Greenspan.[20,21] Disciplina Positiva, com sua forte ênfase em ajudar as crianças a aprenderem habilidades socioemocionais para responder aos desafios pessoais e interpessoais cotidianos, é, mais uma vez, exatamente o tipo de abordagem que pode ajudar crianças com deficiência a se tornarem membros conectados e responsáveis de suas comunidades.

Relatos do uso benéfico da Disciplina Positiva (com ênfase no envolvimento familiar e aprendizagem socioemocional) em crianças com deficiência estão aumentando em um grande município no oeste dos Estados Unidos, onde a semente para essa ideia foi plantada em 2001. Na intervenção precoce e no programa de Educação Especial na Primeira Infância do Condado de Clackamas, Oregon, que atende pelo menos 1.000 crianças com deficiência por ano, muitos pais e a maioria do corpo docente foram ensinados pela abordagem da Disciplina Positiva. Ao longo dos últimos oito anos, pais e professores relataram sucessos com suas crianças pequenas com deficiência. Mesmo as crianças mais comprometidas têm sido ajudadas com a Disciplina Positiva, e seus pais e professores implementaram efetivamente as muitas ferramentas deste livro.

Conforme compartilhamos na introdução deste livro, uma mãe tocou nossos corações ao final de um *workshop* de Disciplina Positiva para crianças com deficiência quando veio até nós com lágrimas nos olhos e disse: "Todos os especialistas em intervenção de tratamento quiseram que eu apenas gerenciasse meu filho. Vocês estão me dizendo que eu consigo criá-lo". É nosso desejo que você aprecie criar e ensinar suas preciosas crianças com deficiência.

APÊNDICE

Elogio *versus* Encorajamento*

Elogio	Exemplo	Encorajamento	Exemplo
Estimula a rivalidade e a competição	*Você é o melhor pintor em pores do sol da sala.*	Estimula a cooperação e a contribuição para o grupo	*Você ajudou Sarah a misturar as cores para fazer a pintura do pôr do sol.*
Concentra-se na qualidade do desempenho	*Você ganhou o jogo!*	Concentra-se na quantidade de esforço e alegria	*Você é tão focado quando está segurando a bola.*
É avaliador e faz julgamento; sente-se bem no momento	*Bom menino!*	Tem pouca ou nenhuma avaliação da pessoa ou ação; convida à autoavaliação	*Você continuou montando esse quebra-cabeça até terminar.*
Promove o egoísmo à custa dos outros	*Você aprendeu a escrever seu nome antes dos outros.*	Promove interesse próprio que não fere os outros	*Você realmente aprendeu a escrever seu nome com rapidez.*
Enfatiza a avaliação global da pessoa	*Você é sempre tão elegante e arrumada.*	Enfatiza atribuições específicas	*A sala parece bem organizada desde que você arrumou a estante de livros.*
Soa bem, mas pode fazer a criança ter aversão ao risco (*E se eu falhar?*)	*Outra nota 10! Eu estou tão orgulhoso de você!*	Inspira a criança a tentar (*Eu imagino que posso*)	*Seu esforço realmente valeu a pena.*

(continua)

Elogio *versus* Encorajamento* *(continuação)*

Promove o medo do fracasso	*Você cantou essa música perfeitamente!*	Promove a aceitação de ser imperfeito	*É uma música difícil de aprender, mas você continua tentando!*
Estimula a dependência	*Você fez muito bem!*	Promove a autossuficiência e a independência	Diga-me como você fez isso.
Ligação de receber valor pelo comportamento/ talento	*Estou tão orgulhoso de você dançar tão bem.*	Não deixa o comportamento/ talento definir a criança	*Eu realmente gosto de assistir você dançando.*
Muitas vezes não é específico	*Você é tão legal.*	É específico	*Você compartilhou seus lápis de cor.*
Muitas vezes não é genuíno	*Maravilhoso! (especialmente se o trabalho não é tão bom)*	É genuíno	*Obrigado por arrumar a mesa. Conte-me sobre o seu desenho.*
Coloca a importância no que agrada aos outros	*Eu adoro o seu vestido.*	Concentra-se nos interesses e sentimentos da criança	*O seu vestido tem flores amarelas. Eu sei o quanto você ama amarelo!*

* Os autores agradecem a John Taylor por seu trabalho sobre as importantes diferenças entre elogios e encorajamento. Partes do quadro apresentado aqui foram tiradas diretamente desse trabalho. Veja http://www.noogenesis.com/malama/encouragement.html. Essa contribuição foi importante o suficiente para ser citada por Dreikurs em sua própria escrita, em 1978. Ao longo dos anos desde então, Jane Nelsen e Lynn Lott, assim como muitos outros praticantes de Disciplina Positiva, ampliaram esse empenho, muitas vezes anonimamente, mas em geral para grande benefício. Nós incluímos esse quadro aqui em tributo tanto a John Taylor como a muitos outros contribuidores subsequentes.

Os exemplos de encorajamento nesse quadro são apenas palavras em uma página. Como sugerimos em outros momentos, o tom de voz é importante. Crianças geralmente sabem quando estamos sendo sinceros e quando não estamos. Usar um tom sincero de voz deve ser um desejo genuíno de entrar no mundo da criança e vê-la a partir de sua perspectiva.

NOTAS

1. Jody McVittie and Al M. Best, "The Impact of Adlerian- Based Parenting Classes on Self- Reported Parental Behavior," *Journal of Individual Psychology 65* (outono 2009): 264-85.
2. Daniel J. Siegel and Mary Hartzell, *Parenting from the Inside Out* (New York: Jeremy P. Tarcher/Penguin, 2003).
3. Carol Gray, *The New Social Story Book: Illustrated Edition* (Arlington, TX: Future Horizons Inc., 2000).
4. Edward Christophersen and Susan Mortweet VanScoyoc, "What Makes Time-out Work (and Fail)?" *Pediatric Development and Behavior Online*, 22 jun. 2007.
5. Roslyn Ann Duffy, "Time-out: How It Is Abused," *Child Care Information and Exchange* 18, n. 111 (set. 1996): 61-62.
6. Stanley I. Greenspan and Serena Wieder, *The Child with Special Needs: Encouraging Intellectual and Emotional Growth* (Reading, MA: Addison--Wesley, 1998).
7. Para obter mais informações sobre os desafios do processamento sensorial em crianças, consulte Carol Stock Kranowitz, *The Out-of-Sync Child* (New York: Perigee, 2005).
8. Para mais informações sobre temperamentos, consulte Stella Chess and Alexander Thomas, *Temperament: Theory and Practice* (New York: Brunner/ Mazel, 1996). Ver também Jane Nelsen, Cheryl Erwin, and Roslyn Ann Duffy, *Positive Discipline for Preschoolers* (New York: Three Rivers Press, 2007).
9. Daniel J. Siegel, *The Developing Mind: Toward a Neurobiology of Interpersonal Experience* (New York: Guilford, 1999).

10. Greenspan and Wieder, *The Child with Special Needs*.
11. Siegel, *The Developing Mind*.
12. McVittie and Best, "The Impact of Adlerian-Based Parenting Classes."
13. Garry L. Landreth, *Play Therapy: The Art of the Relationship* (Muncie, IN: Accelerated Development, 1991).
14. Alfred Adler, *Superiority and Social Interest*, ed. Heinz L. Ansbacher and Rowena R. Ansbacher (New York: W.W. Norton, 1964).
15. David Feinstein and Donna Eden, "Six Pillars of Energy Medicine: Clinical Strengths of a Complementary Paradigm," *Alternative Therapies in Health and Medicine* 14, n. 1 (2008): 44-54.
16. William A. Tiller, "Subtle Energies," *Science and Medicine* 6, n. 3 (maio/ jun. 1999): 28-33.
17. Daniel J. Siegel, "An Interpersonal Neurobiology Approach to Psychotherapy: Awareness, Mirror Neurons, and Neural Plasticity in the Development of Wellbeing," *Psychiatric Annals* 36, n. 4 (abr. 2006): 248-56.
18. Jane Nelsen, Lynn Lott, and H. Stephen Glenn, *Positive Discipline in the Classroom*, 3.ed. (New York: Three Rivers Press, 2000). [4ª edição publicada no Brasil com o título *Disciplina Positiva em sala de aula*. Barueri: Manole, 2017.]
19. McVittie and Best, "The Impact of Adlerian-Based Parenting Classes."
20. Stanley I. Greenspan and Nancy Lewis, *Building Healthy Minds: The Six Experiences That Create Intelligence and Emotional Growth in Babies and Young Children* (New York: Perseus Books, 1999).
21. Greenspan and Wieder, *The Child with Special Needs*.

BIBLIOGRAFIA

Adler, Alfred. *Superiority and Social Interest*. Ed. Ansbacher and Rowena R. Ansbacher. New York: W.W. Norton & Company, 1964.

Chess, Stella, and Alexander Thomas. *Temperament: Theory and Practice*. New York: Brunner/Mazel, Inc., 1996.

Christophersen, E., and S. M. VanScoyoc. "What Makes Time-out Work (and Fail)?" *Pediatric Development and Behavior Online* (22 jun. 2007). Disponível em: *http://www.dbpeds.org/articles/detail.cfm?TextID=739* (em inglês).

Duffy, Roslyn Ann. "Time-out: How It Is Abused." *Child Care Information and Exchange* (set./out. 1996). Disponível em: *http://www.childcareexchange.com/search/?search= Time- Out%3A+How+It+Is+Abused* (em inglês).

Feinstein, David, and Donna Eden. "Six Pillars of Energy Medicine: Clinical Strengths of a Complementary Paradigm." *Alternative Therapies in Health and Medicine* 14, n. 1 (2008): 44-54.

Gray, Carol. *The New Social Story Book: Illustrated Edition*. Arlington, TX: Future Horizons Inc., 2000.

Greenspan, Stanley I., and Serena Wieder. *Engaging Autism*. Cambridge, MA: Da Capo Press, 2006.

Greenspan, Stanley I., and Nancy Lewis. *Building Healthy Minds: The Six Experiences That Create Intelligence and Emotional Growth in Babies and Young Children*. New York: Perseus Books, 1999.

Greenspan, Stanley I., and Serena Wieder. *The Child with Special Needs: Encouraging Intellectual and Emotional Growth*. Reading, MA: Addison-Wesley, 1998.

Greenspan, Stanley I., and Jacqueline Salmon. *The Challenging Child: Understanding, Raising and Enjoying the Five "Difficult" Types of Children*. Cambridge, MA: Da Capo Press, 1996.

Kranowitz, Carol Stock. *The Out-of-Sync Child*. New York: Perigee, 2005.

Landreth, Garry L. *Play Therapy: The Art of the Relationship*. Muncie, IN: Accelerated Development, 1991.

McVittie, Jody, and Al M. Best. "The Impact of Adlerian- based Parenting Classes on Self- Reported Parental Behavior." *The Journal of Individual Psychology* 65 (outono, 2009): 264-85.

Nelsen, Jane. *Positive Discipline*. New York: Ballantine Books, 2006. [3ª edição publicada no Brasil com o título *Disciplina Positiva*. Barueri: Manole, 2015.]

Nelsen, Jane. *Positive Time-out: And Over 50 Ways to Avoid Power Struggles in Homes and Classrooms*. New York: Three Rivers Press, 1999.

Nelsen, Jane, Cheryl Erwin, and Roslyn Ann Duffy. *Positive Discipline for Preschoolers*. New York: Three Rivers Press, 2007.

Nelsen, Jane, Lynn Lott, and H. Stephen Glenn. *Positive Discipline in the Classroom*, 3.ed. New York: Three Rivers Press, 2000. [4ª edição publicada no Brasil com o título *Disciplina Positiva em sala de aula*. Barueri: Manole, 2017.]

Siegel, Daniel J. "An Interpersonal Neurobiology Approach to Psychotherapy: Awareness, Mirror Neurons, and Neural Plasticity in the Development of Well-Being." *Psychiatric Annals* 36 (abr./maio 2006): 248-56.

Siegel, Daniel J. *The Developing Mind: Toward a Neurobiology of Interpersonal Experience*. New York: Guilford, 1999.

Siegel, Daniel J., and Mary Hartzell. *Parenting from the Inside Out*. New York: Jeremy P. Tarcher/Penguin, 2003.

Tiller, William A. "Subtle Energies." *Science and Medicine* 6 (maio/jun. 1999): 28-33.

ÍNDICE REMISSIVO

A
Abraços, 52, 193-194, 197-198
Aceitação, 113, 120
  e objetivos equivocados, 68
  ferramentas de Disciplina
    Positiva para, 64-68
  pensamento adleriano sobre,
    113-114
  senso de, 1-2, 12-17
Ações sem palavras, 200-201
Acomodações, 134, 172-175, 185
Acompanhamento, 162-163, 199
Acordos, 194-195
Adaptabilidade, 96-97
Adaptações de comunicação, 64-
  -65, 174, 189-190
  acomodações, 175
  e pausa positiva, 51-52, 199
  ferramentas de Disciplina
    Positiva para, 193, 199
  para o indivíduo, 177
Adler, Alfred, 1, 2-4
  Gemeinschaftsgefühl, 1, 114,
    171
  psicologia individual, 118
Agradecimento, 84-86, 109, 116
Ajuda, pedir, 70, 124, 199-201
Alan
  buscar aceitação e
    importância, 13-15
  comportamento equivocado
    de, 14-16
  dar pequenos passos, 28-29
  e comportamentos inocentes,
    25-29
  linguagem verbal limitada
    de, 11
  na nova escola, 11-12
  perspectiva da Disciplina
    Positiva em, 12-13
Amizades, 137
Amor, mensagem de, 66-67, 108-
  -109, 200-201
Apoio
  círculos da rede de, 171
  comunicação não verbal de,
    197-198
  energético, 50, 180, 197
  para empoderar a criança,
    173
  rede de, 201-204
Apreciação, 194-195

Aprendizado socioemocional, 206
Ari, 165-186
  adaptações de comunicação,
    177
  apoio energético para, 180
  colocar as crianças no mesmo
    barco, 174-176
  deficiência visual de, 165-166
  e mimos, 171-174
  e profecia autorrealizável,
    167-168
  e resolução, 176-177
  empoderamento, 174
  encorajamento de, 179-181
  Ferramentas de Disciplina
    Positiva para, 183-185
  identificar esperanças e
    desejos para, 169-170
  pequenos passos, 177-179
  rede de apoio para, 170-171
  relato do caso de, 165-167
Atenção
  comunicação não verbal, 196
  estilo respeitoso de
    envolvimento, 147, 205
  indevida, 16-19, 139-142
  manter a atenção, 96-97
Atraso de fala e comunicação, 23
Autocontrole, 60-61
Autocuidado, 135-138, 168, 182
Autodisciplina, ferramentas de
  Disciplina Positiva para,
  198-202
Autorreflexão, 37-38

B
Benjy, 91-110
  defesa sensorial de, 93, 102
  e a hora da arte, 91-92
  e empatia, 101-102
  e tempo livre, 106-107
  entrar no mundo da criança,
    91-93
  ferramentas de Disciplina
    Positiva para, 105-109
Best, Al, 124
Brigar, evitar, 200-201

C
Caminhar, 137
Cérebro, 31-40

córtex, 32-37
decisões de luta, fuga ou
  paralisação no, 32-35
desenvolvimento do, 31-33
e defesa sensorial, 94
e estresse, 31-35
e sentimentos, 33-34
e tonsila do cerebelo, 33-35
fluxo de energia no, 32-33
funções executivas, 33-35
na palma da mão, 33-36
parte reativa, 32-33
processamento de via
  superior *vs.* de via
  inferior, 36-38
raciocínio, 32-33
sistema límbico, 32-35
Três R da Reparação, 37-40
Chess, Stella, 95-97
Círculos da rede de apoio, 170
Compartilhamento, 114-115
Comportamento
  alternativo, 79
  de crianças com deficiência,
    7-8
  equivocado, 14-25, 28, 198
  intensificar, 17
  investigar abaixo da
    superfície, 147-148
  listas de, 28-29
  modelagem, 58-60, 149-151,
    197-198
  não socialmente útil, 12, 25
  objetivo principal de, 1-2
  objetivos equivocados de, 1-2
  pausa positiva para mudança,
    42-43
  reação adulta ao, 15-16
  repetitivo, 27-28
  socialmente motivado, 25
  socialmente neutro, 27-28
Comportamentos inocentes, 3-4,
  25-29, 68-69, 80
  comportamentos
    equivocados *vs.*, 198
  fonte de, 113-114
  interpretações equivocadas
    de, 107-109
Compreensão, 81-82
  expressão de, 72-73, 150-152
Comunicação
  construtiva, 162

Disciplina Positiva para crianças com deficiência

de amor e carinho, 66-67, 108-109, 200-201
escutar, 101-104
fazer perguntas, 103-105
não verbal, 193-198, 201-202
Comunidade, senso de, 171
Concessões, 134
Conexão
antes da correção, 66, 105, 196
comunicação não verbal, 196
consequências, naturais e lógicas, 199
ferramentas de Disciplina Positiva para, 116-126
social, oportunidades para, 121-126
Confiança, 57-58, 83-86, 119--121, 168, 180-182, 197-198, 200-201
Conquistar as crianças, de 150
Consideração, 174-176
Contar até dez, 136-137
Contribuições
ferramentas de Disciplina Positiva para, 121-126
oportunidades de fazer, 194
significativas, 113-114
social, 141-143
Controle, 27-28, 152-153, 157--158, 196
do estresse, 136-137
Conversar consigo mesmo, 137
Cooperação
adaptações de comunicação, 194-195
passos para conseguir, 72-75, 150-153
Coragem, 120
Córtex, 32-37
Cortisol, 136-137
Crença na criança, 168
Crenças equivocadas, 12-44
Criação de filhos, perspectiva tradicional de, 4-5
Criança como um todo, 54-55
apreciar a, 60-61
e objetivos equivocados, 56
ferramentas de Disciplina Positiva para, 55-61
foco na, 132-138
reuniões familiares/de classe para, 59-61
Crítica, parar a, 56-57
Crosby, Greg, 138
Cuidado infantil, 137
Cuidado temporário, 137

D

Damon, 127-143
e atraso mental, 127-130
ferramentas de Disciplina Positiva para, 138-143
Decepção, 23, 139-141, 199-201

Decisões, 1-2, 146-147
com base em interpretações equivocadas, 2-3, 15-16
dos pais, 71-72, 79
e o cérebro, 33-34
Defesa sensorial, 93-95
Deficiência, 2-4
antes de tudo crianças, 174
comportamentos de, 7-8
e educação, 5-8
e internação, 5-6
limitações associadas a, 11
Desafios de aprendizagem, 97
Desapegar-se, 168, 182-184, 200
Desconforto, expressões de, 11-12
Descontrole
e o cérebro, 34-37
pausa positiva do, 43-44
resposta de luta, fuga ou paralisação, 47-48
Desencorajamento, 23
Desenvolvimento de habilidades, 139-141
Disciplina Positiva
ambiente para, 189-190
itinerário para, 190-193
juntar tudo, 187-204
lente da, 3-5, 12-14
perspectiva da, 12-13, 187
resumo da, 188-189
Disputas por poder
afastar-se das, 158-160
evitar, 157-159, 200-201
Distração, 83-84, 155-156, 194
Dreikurs, Rudolf, 1-3, 187
Duffy, Roslyn, 44-45

E

Educação, 5-8
especial, 5-6
Empatia, 57-58, 185
adaptações de comunicação, 194-195
e entrar no mundo da criança 99-102, 121
e o cérebro, 32-35
para todas as crianças, 174
sem desculpas, 72-73, 150
Empoderamento, 168, 172-174
Encorajamento
adaptações de comunicação para, 193-194
comunicação não verbal, 196
e a criança como um todo, 57
e comportamento socialmente útil, 59, 121
e focar na criança, 142-143
e interações, 148-149, 153
e pausa positiva, 45-47
e profecia autorrealizável, 168, 179-181
Ensino
adaptações de comunicação, 199

comunicação não verbal, 200-201
dedicar tempo para o, 131, 168, 177-179, 185, 194
temperamento, 95-98
Entorno, 190
Entrar no mundo da criança, 91
comunicação não verbal, 197-198
e objetivos equivocados, 105
empatia, 99-102, 121
ferramentas de Disciplina Positiva para, 93-106
Envolvimento da família, 205
Equilíbrio, desenvolver o, 183
Erros
adaptações de comunicação para, 194-195
como oportunidades de aprendizado, 83-84, 158-159, 183, 196
ensinar como consertar, 39
Escolhas
em estado calmo, 161
limitadas, 70-72, 124, 159--162, 199
mensagem decodificada, 22--23, 69-70
quadro de imagens de, 141--142
roda de, 81-84, 161, 199
Escuta, 73-74
ativa, 86-87, 194-196
com mais do que apenas os ouvidos, 102-103, 196
para todas as crianças, 174
Esforço, 131, 133-134
Espaço, para pausa positiva, 48
Espelho, 194-195
Esperanças e desejos, identificar, 168-171
Estado da mente, 50-52
Estresse
e o cérebro, 31-32, 34-35
de parentalidade, 136-137
Exercício, 137
Expectativas, 131-135, 156-157

F

Falta de resposta, 24
Ferster, Charles, 42-43
Flexibilidade, 32-35
Fluxo de energia, 32-33
Foco na criança, 132-138
Foco nos pontos fortes, 57-58
Força, evitar o uso de, 200-201
Fraquezas, 97-100
Freud, Sigmund, 1
Frustração, 139-141, 199-201
Função executiva, 33-35

G

Gemeinschaftsgefühl (interesse social), 1, 113-114, 171

Índice remissivo

Gentileza e firmeza, 67, 71, 123, 131, 148-154, 194-196
Gostos e aversões, 93-95
Gratidão, 194-195
Greenspan, Stanley, 66, 115, 206

H
Habilidade de vida
  ensino, 58-59
  ferramentas de Disciplina Positiva para, 167-184
  identificar, 172
  visão em longo prazo de, 169
Hannah, 53-61
  autismo de 53-54, 80
  ferramentas de Disciplina Positiva para, 55-61
Hartzell, Mary, 33-37
Humor, 136-137, 194-195, 197
  qualidade de, 96-97

I
Imagens, 139-140
  de sentimentos, 51-52, 100--101
Importância, 1-2, 12-15
  e crenças equivocadas, 68-75
  ferramentas de Disciplina Positiva para, 64-68
  pensamento adleriano sobre, 113-114
Impulsividade, 22-23
Inadequação, assumida, 20-24
Independência, 178
Ingber, Lois, 35-36
Interações
  e objetivos equivocados, 157
  ferramentas de Disciplina Positiva para, 148, 192
  modelagem, 149-151
  na brincadeira, 114-115
Interesse, construir, 59-60, 194
  social, 1, 113-114, 171
Internação, 5-6
Interpretações equivocadas, 107
  decisões baseadas em, 2, 68
  de comportamento inocente, 107-108
Intervenções e Apoios Comportamentais Positivos, 7
Intuição, 32-34

J
Jamie
  e quatro passos para conseguir cooperação, 72-75
  e transtorno do espectro autista, 63, 68-69
  ferramentas de Disciplina Positiva para, 64-68
  interação dos pais com, 63

L
Lance, 145-164
  atrasos de desenvolvimento de, 145
  desvinculação de, 146-148, 158-160
  e acompanhamento, 162-163
  e quatro passos para conseguir cooperação, 150-153
  e roda de escolhas, 161
  ferramentas de Disciplina Positiva para, 147-163
  modelar comportamento para, 150-151
  na nova escola, 145-147
  olhar abaixo da superfície, 147-151
  perda auditiva de, 145-147
Leitura, 137
Lentes, 3-5
Limiar sensorial, 96-97
Limites, definição, 149, 194, 199
Luta ou fuga, 32-35, 47-48

M
Manter a calma, 34-35
Mão, cérebro na palma da, 33-36
Mau comportamento, 1-2
McVittie, Jody, 120, 124, 205
Medo, 11-12
Melhora *vs.* perfeição, 83-84, 187, 199, 201-202
Mensagens decodificadas, 15-21
Mimos, 1-4, 185
  como gentileza excessiva sem firmeza, 131
  comunicação não verbal, 196
  e concessões, 134
  evitar, 171-174
  pensamento adleriano sobre, 171-172
Motivação, 1-2, 16-17

N
Natalya, 111-126
  como órfã russa, 111-112
  e efeito do álcool no feto, 112, 116
  e transtorno do estresse pós--traumático, 112
  e transtorno opositivo desafiador, 112
  falta de habilidade em compartilhar, 111-114
  ferramentas de Disciplina Positiva para, 116-125
  potencial de, 116
Negligência, 3-4
Negociação, 140-141
Neurônios-espelho, 35-36
Nível de atividade, 96-97
Nível de distração, 96-97

Novas escolas, ingresso de crianças em, 11-12, 24--29, 145-147

O
Objetivos equivocados, 1-2, 18
  e a criança como um todo, 55-61
  e o potencial da criança, 84
  e profecia autorrealizável, 183-185
  e senso de aceitação e importância, 68-75
  entrar no mundo da criança, 105-109
  focar na criança, 138-143
  inspiração por meio da interação, 157-163
  oportunidades para conexão social e contribuição, 121-126

P
Palavras de sentimentos, 101-102
Palma da mão, cérebro na, 33-36
Parentalidade
  sentimentos neutros, 27-29
  modelos de papéis em, 82--83, 149-151, 197-198
  e autocuidado, 135-138, 168, 182-184
  grupos de apoio para, 137
  visão em longo prazo para, 7-10
  desafios de, 17, 26-27
Passeios, 190-193
Passividade, 24, 122
Pausa positiva, 41-52, 87-88, 199
  adaptações de comunicação relacionadas com 51-52, 199
  aprender com, 43-44
  como escolha, 48-50
  como estado da mente, 50-52
  comunicação não verbal, 201-202
  e encorajamento, 45-47
  espaço para, 48-51, 189-190
  excluir, 42-43
  ideia promissora não cumprida, 42-46
  pensamentos adlerianos sobre, 43-44
  positivo, 45-51, 87-88, 199
  respostas negativas para, 48
  uso adulto de, 49-50
  utilidade do, 50-51
  visto como castigo, 43-45
Pedido de desculpas, 389, 86, 196
Pensamento adleriano
  aceitação e importância, 113-114
  disputa por poder, 117-118
  mimos, 171-172

Disciplina Positiva para crianças com deficiência

natureza e criação, 79
pausa positiva, 43-44
Pensamento emocional, 66-67
Pequenos passos
adaptações de comunicação, 199
dividir tarefas em, 56-57
foco em, 168, 177-179
mensagem decodificada, 24, 56-57
no ingresso à nova escola, 28
Perfeição, melhora *vs.*, 83-84, 187, 199, 201-202
Perguntas, 103-105
curiosas, 132, 196
Persistência, 58-59, 96-97
Perspectiva, tradicional, 4-5
Planejamento, 138
Poder
adaptações de comunicação, 199
e escolhas limitadas, 70-72
mal direcionado, 17, 108, 122
positivo, 108-109
uso construtivo do, 159-160
Pontos fortes
adaptações de comunicação, 194-195
estimular, 154-156
foco em, 97, 118, 149, 154
Potencial
e crenças equivocadas, 84-88
Ferramentas de Disciplina Positiva para, 82-84
reconhecimento de, 116, 133
Prazer, 197-198
Prazo final, definição, 162
Processamento de via inferior, 35
Profecia autorrealizável
ferramentas de Disciplina Positiva para, 167-184
objetivos equivocados para, 183-185
Professores
de crianças com deficiência, 5-8
respostas de, 16-17
visão em longo prazo, 7-10
Punho, com raiva, 35-36
Punição
evitar, 85-86, 200-201
Quatro R da, 46-47
e sofrimento, 44-45
pausa positiva vista como, 43
colocar as crianças no mesmo barco, 168, 174-176, 199
eficácia da, 8-9

R

Raciocínio, 32-33
Raiva, 35-37, 81
Reações
e o cérebro, 32-33

intensidade de, 96-97
Rebeldia, 46-48
Recompensas e punições, eficácia de, 8-9
Reconciliar, 37-39, 67-68, 196
Reconhecer, 37-38, 67-68, 196
Recuo, 46-47
Reparação, Três R da, 37, 66, 196
Rede de apoio, 170, 201-204
Redirecionamento, 70-71, 83-84, 155-156, 194-195
Reflexão, 37-38, 83-84
Relacionamentos
experiências estruturadas para, 117-119
ferramentas de Disciplina Positiva para, 198-202
Reparação, fazer, 86-87, 196
Repetição, 27-28
Resistência, 107-108
Resolução de problemas, 38-40, 47-48, 67-68, 140-141
adaptações de comunicação para, 194-195
focar em soluções, 72-73, 150-152, 162, 185, 199
Respirar, profundamente, 136
Responsabilidade por, 44-45, 178
Resposta inicial, 96-97
Resposta, 96-97
Ressentimento, 46-47
Retaliação, evitar, 85-86, 200
Retirar-se, 47-48, 108, 200-201
Reuniões, familiares/de classe
adaptações de comunicação para, 194-195
construindo habilidades para, 201-202
e a criança como um todo, 59-61
e conexão social, 125-126
e o potencial da criança, 87
e senso de aceitação, 73-75
espaço para, 189-190
Ricky, 77-89
apego desorganizado de, 80
comportamento agressivo de 78-81
e roda de escolhas da raiva, 81-82, 84
ferramentas de Disciplina Positiva para, 82-88
na pré-escola, 80-82
Ritmicidade, 96-97
Roda de escolhas, 81-84, 161, 199
Roda de escolhas da raiva, 81, 199
Rotinas, 72-73, 122, 190-195
Rótulos, 91-99, 130

S

Segurança, 45-46
Sentimentos
compartilhar, 72-73, 150-152, 162

e o cérebro, 33-34
empatia por, 100-101
neutros, 27-29
validar o, 76-67, 83, 101-102
Sentir-se melhor, 44-45
Serviço especial, 1-2, 139-140
Siegel, Daniel, 33, 117, 181
Sinceridade, 38-39
Síndrome alcóolica fetal (SAF), 112, 116
Síndrome de Down, 2, 15, 80
Singularidade, 54-55
Sistema límbico, 32-35
Sistemas visuais, 139-140, 190
Socialmente útil
comportamentos fora da definição de, 12-13, 25
e crenças equivocadas, 26-27
e educação especial, 5-6
uso do termo, 1-3
Sofrimento, 44-45
Soluções
foco em, 72-73, 150-152, 162, 185, 199
ganha-ganha, 194-195
Sucesso, oportunidades para o, 58-59, 199
Superioridade, busca por, 117-118
Supervisão, 155-156

T

Talentos, 99-100
Tarefas, 194-195
úteis, 199
Tempo especial, 104, 141, 163
Tempo livre, 106-107
Thomas, Alexander, 95-97
Tiller, William A., 181
Transição, para nova escola, 28
Transições, 191-193
Transtorno do espectro autista, 31-40, 51-52
Transtorno do estresse pós--traumático, 112
Treinamento, tempo para, 66, 83
Tronco cerebral, 32-35

V

Validação, 83-84, 99-101
adaptações de comunicação, 194-195
mensagem decodificada, 23, 84-85
Via superior *vs.* via inferior, 35-38
Vingança, 20-21, 46-48, 84-86
Visão em longo prazo, 7-10